Beate Szillis-Kappelhoff
Prußen – die ersten Preußen

Beate Szillis-Kappelhoff

Prußen – die ersten Preußen

Geschichte und Kultur eines untergegangenen Volkes

Lindenbaum Verlag

IMPRESSUM:
Beate Szillis-Kappelhoff, Prußen, die ersten Preußen

2. korrigierte Auflage 2014, Lizenzausgabe im Lindenbaum Verlag GmbH
Internetadresse: http://www.lindenbaum-verlag.de
Email-Adresse: lindenbaum-verlag@web.de
Druck: Eigendruck
Printed in Germany
ISBN: 978-3-938176-48-1

Inhaltsverzeichnis

Vorwort

Dieses Buch ist eine Zusammenfassung und Ergänzung des vorhandenen Materials. Als langjährige Moderatorin in mehreren Internetforen für Ahnenforschung sowie in historisch-politischen Diskussionsforen hatte die Autorin mit sehr vielen, über die ganze Welt verstreut lebenden, jungen Menschen zu tun, die im Rahmen der Ahnenforschung auf das Volk der Prußen stießen und nun motiviert sind, sich mit der Geschichte und der Kultur ihrer Vorfahren zu befassen. Bisher sah sie das Internet als das geeignete Medium an, Wissen zu verbreiten und für künftige Generationen vorrätig zu halten. Viele ihrer Artikel im Ostdeutschen Diskussionsforum, bei Genwiki, Wikipedia, bei den Memelländern und auf Onomastik-Sites wurden inzwischen im Sinne der erhofften Multiplikation ganz, teilweise oder als Zitat in etlichen Sprachen von anderen übernommen. Dieses Buch ist lediglich als eine Einführung zu betrachten und wendet sich nicht an Historiker und Kenner der Materie. Damit das Buch leicht lesbar ist, wurde auf eine Zitation verzichtet, wörtliche Zitate sind lediglich in Kursivschrift hervorgehoben. Fachleute werden ohnehin die Fundstellen kennen. Geschrieben wurde ausschließlich aus prußischer Innensicht. Wer sich über christliche Missionare, den Ritterorden oder die Preußen informieren möchte, wähle bitte die entsprechende, reichlich vorhandene Literatur. Die Autorin ist Mitglied der prußischen Arbeits-Gemeinschaft „Tolkemita e.V.“ Besonderer Dank gilt Sigrid Kaminsky, die auch die Texte in alten Schriften gestaltet hat, Reinhard Grunenberg, Friedrich Dobrat, Klaus-Peter Jurkat, Gerhard Salemke für die Lagepläne der Burgen und Wälle, Bernhart Jähnig und Bernd Kappelhoff.

Geografische Lage

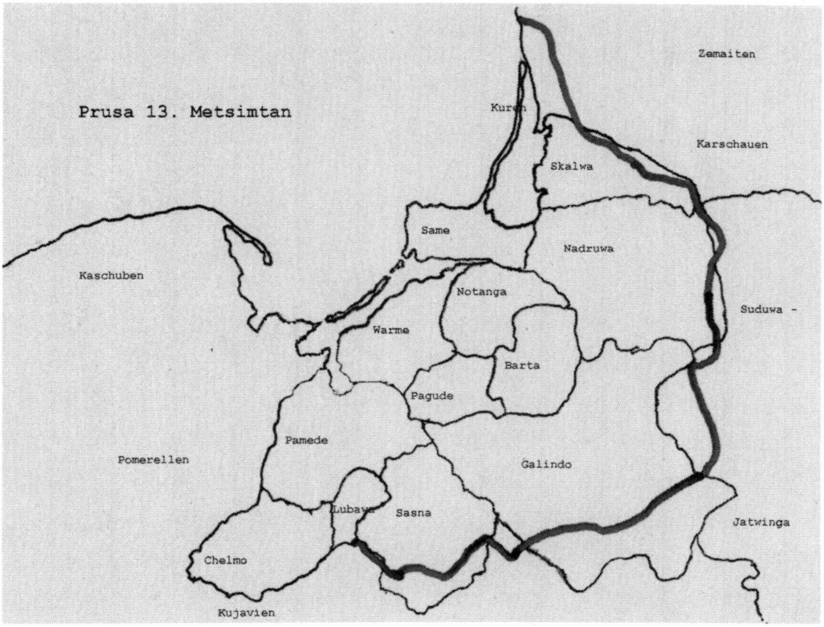

Das Siedlungsgebiet der Prußen lag mindestens zwischen der Weichsel und der Minge, die von Norden kommend bei Heydekrug in das Delta der Memel mündet. Nach Meinung etlicher Linguisten reichte das baltische Sprachgebiet vor Ankunft der Slawen auch weiter in den Westen, nämlich westlich der Weichsel bis an die Persante, wenn nicht sogar bis an die Elbe. Die südliche Grenze bildeten Drewenz, Ossa und Narew. Die östliche Grenze ist nicht genau auszumachen, liegt jedoch weit im heutigen Litauen, in Polen und im heutigen Weißrussland.

Die Prußen gehören zur baltischen Sprachfamilie, weshalb es hier notwendig erscheint, zunächst in einem kurzen Abriss die Balten darzustellen. Angeblich führte Adam von Bremen im 11. Jahrhundert den Namen Mare Balticum für die Ostsee ein, nach anderen Quellen entstand der Sammelname Balten später. Jedoch dürfte dieser Begriff von den damaligen im nordischen Raum weithin bekannten Küstenbewohnern, nämlich den Prußen, den Kuren und den Letten übernommen worden sein, denn in ihren Sprachen bedeutet „balt, baltas“ weiß; also ist die Ostsee das Weiße Meer. Die Žemaiten und Litauer lebten damals weit im Osten im Binnenland und hatten keinen Zugang zur Küste. Die baltischen Sprachen werden grob in westbaltisch und ostbaltisch unterschieden. Zu den Westbalten zählen die Prußen mit ihren zwölf Stämmen Barta, Galindo, Chelmo mit Lubawa, Nadruwa, Notanga, Pagude, Pamede, Same, Sasna, Skalwa, Sudowa und Warme ebenso wie die Kuren mit ihren Landschaften Vredecuronia, Wynda, Bandowe, Bihavelanc, Duvzare, Ceclis, Megowe, Pilsaten, Lamotina und die einen kurisch-lettischen Dialekt sprechenden Nehrungskuren. Den Ostbalten zuzurechnen sind die Letten mit ihren Mundarten kurisches Tahmisch, livisches Tahmisch, nord-kurische Mundarten, semgallisch-kurische Mundarten, Hochlettisch und Semgallisch. Zu den Ostbalten gehören auch die Litauer, die sich aufteilen in Hochlitauisch (aukštaicz) und Niederlitauisch (žemaitisch oder samogitisch). Das Hochlitauische teilt sich auf in Westaukštaicz, Ostaukštaicz

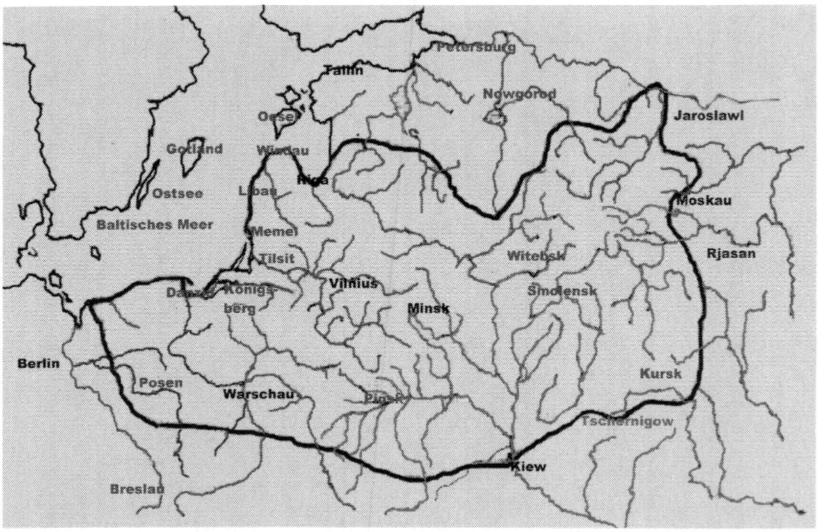

Gebiet baltischer Flussnamen – die ältesten Sprachdokumente überhaupt

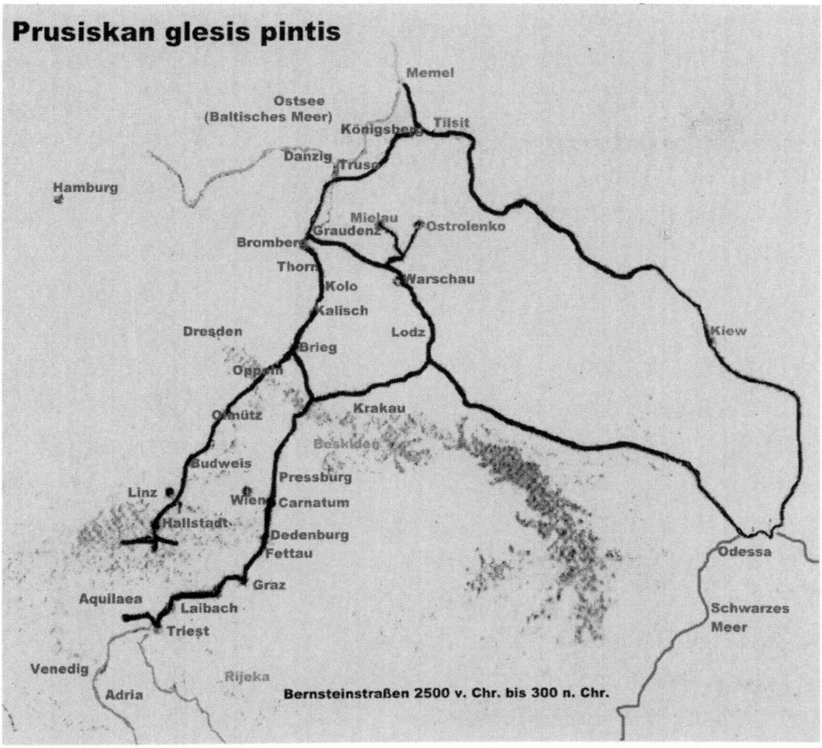

und Südaukštaicz, wobei letzteres in der prußisch-sudauischen Region um Marijampole liegt, die zu frühen Ordenszeiten an Litauen abgetreten wurde. Das Niederlitauische kann eigentlich nur den Bereich um Tauroggen als eigene žemaitische Sprache für sich beanspruchen, denn alle anderen Dialektgebiete liegen in ehemals kurischen Landschaften und sind demnach altkurisch beeinflusst.

Die Balten stellen einen Teil der indogermanischen Sprachfamilie dar. Der baltisch-slawisch-germanische Ast zweigte sich vom indoarisch-griechisch-armenischen ab. Später zweigte sich der germanische vom balto-slawischen Zweig ab, was die oft auffallende Ähnlichkeit baltischer und slawischer Begriffe einerseits und die verblüffende Ähnlichkeit mit Latein, Griechisch und Sanskrit andererseits begründet. Unter Wissenschaftlern herrscht

Unstimmigkeit über den Ursprung der Indogermanen, insbesondere der Balten. Die einen sehen Deutschland und Dänemark als Urheimat, die anderen den Raum nördlich des Schwarzen Meeres (Kurgan-Hypothese). Die Kurgan Theorie wird vornehmlich von der amerikanisch-litauischen Archäologin Marija Gimbutas vertreten. Ihre Arbeit wird von westlichen Forschern negativ beurteilt, jedoch kann man von ihr wenigstens behaupten, dass sie als Baltin die örtlichen Sprachen kennt und ebenfalls mit den archaischen Überlieferungen vertraut ist, sie also von innen heraus versteht und nachvollziehen kann. Die Vertreter der deutsch-skandinavischen Theorie übersehen anscheinend die klimatischen Verhältnisse nach der letzten Eiszeit. Ein weiteres Indiz für die Richtigkeit der Kurgan-Hypothese ist die Musik. Im baltischen Bereich gibt es auffällige Ähnlichkeiten mit dem Balkan und dem vorderen Orient. Baltische Intervallsprünge ähneln dem „Zigeuner-Moll", und dem baltischen Trubas entspricht die Kosakenflöte Truba in der Ukraine. Da die Balten zudem zu den Reitervölkern zählten, ist es schwer vorstellbar, wie sie diese Lebensart unter den geografischen Gegebenheiten Deutschlands und Skandinaviens hätten entwickeln sollen.

Die Prußen

Eigenname, Fehlschreibungen und Aussprache

Immer wieder liest man das Wort Pruzzen, manchmal sogar Prutzen. Das ist falsch, denn die baltischen Sprachen klingen weich und kennen auch keine Zisch- und Stolperlaute. Der Eigenname der Prußen lautet Prûsai (sprich Pruhßai). Die Prußen waren auch unter den Bezeichnungen Altpreußen, Prussen oder Pruteni bekannt, wobei die Schreibweise Pruzzen aus dem Mittelalter stammt, als das geschwänzte S, das wie das nach unten geschwungene altdeutsche Z aussieht, für das stimmlose ss stand und später in lateinischen Buchstaben als zz dargestellt wurde. Bei der Deutung des Eigennamens sind sich die Linguisten nicht einig: Ableitungen von „prûta/ prûota" (Verstand, Klugheit), „prûsna" (Angesicht), „prûsas" (hoch gewachsen), „prûsiskai" (klug, verständig), altindisch „purusah" (Mensch, Mann) sind denkbar.

Den Ordensrittern standen anfangs gar keine, später nur sehr wenige prußische Dolmetscher zur Verfügung, so dass Polen engagiert wurden, in der Annahme, sie würden die Sprache ihrer Nachbarn kennen. Das war nicht der Fall, und so kam es zu Hör- und Schreibfehlern, die zu Verstümmelungen, Verballhornungen und sinnentstellenden Umdeutungen führten. Beispielsweise wurde aus dem Namen Absdange (wie eine Espe in den Himmel gewachsen) der deutsch anmutende Name Habedank, aus dem Friedensreiter Pakmor, also ein Diplomat, wurde der Raufbold „pack am Ohr", und aus Kalweit (Schmied) wurde Kahlweiß. Da die Polen mit baltischen Lauten nicht vertraut waren, wussten sie sich beim Aufschreiben nicht anders zu helfen als ihre eigenen Schriftzeichen anzuwenden. Jedem sind wahrscheinlich schon die vielen ostpreußischen Namen mit Sz aufgefallen. Polnisch wird Sz wie Sch ausgesprochen, was dem baltischen Š entspricht.

Gewinnung des Bernsteins
Aus: Tacuinum Sanitatis, 1390

Die Dolmetscher wandten diese Schreibweise aber auch auf den baltischen Ž-Laut an, der wie das G in Gelee oder das zweite G in Garage oder das französische J in Journal ausgesprochen wird. Andere Laute und Buchstaben haben eine ähnlich komplizierte Geschichte. Das sollten insbesondere Ahnenforscher wissen, denn häufig sucht man vergeblich einen Namen und übersieht dabei die anderen schriftlichen Ausdrucksmöglichkeiten. So wird prußisch c wie unser tz gesprochen, während cz wie tsch gesprochen wird; prußisch s wird wie ss oder ß gesprochen, und z wie das stimmhafte S in sausen. Sehr verwirrend wird es mit dem Buchstaben G, denn für den gibt es viele Möglichkeiten der Aussprache, aber keine Entsprechung im Deutschen. Als kleine Hilfe kann folgende Regel dienen: Folgt ein Vokal, so wird das G meist wie J gesprochen (Jejend statt Gegend, Jilje statt Gilge, Danje statt Dange, Minje statt Minge, Pojejen statt Pogegen); folgt dem G ein Konsonant, so wird ein weiches gutturales Ch gesprochen (Chlumse statt Glumse, Chraudenz statt Graudenz). Das R wird hinten im Rachen geformt und nicht mit der Zungenspitze, und die häufigen Doppel- und Dreifachvokale werden gemächlich und breit nacheinander gesprochen. So viel Zeit muss sein. Zweisilbige Namen werden übrigens meist auf der Endsilbe betont, außer sie enden auf us/ is/ ius/ io. Dann wird nämlich der Wortstamm betont. Drei- und mehrsilbige Wörter werden wie im Griechischen auf der drittletzten Silbe betont.

Besetzungen durch den Deutschen Orden

Archäologische Gräberfunde weisen die Prußen als ein sehr bodenständiges Volk aus. Zwar gab es jederzeit Immigrationen, jedoch außer ab dem 19. Jahrhundert keine archäologisch nachweisbaren Emigrationen. Die einheimische Bevölkerungszahl blieb stabil, Einwanderer wurden mit der Zeit assimiliert. Dass sie friedliebend waren und lieber Ackerbau, Jagd, Viehzucht und Handel trieben als kriegerische Auseinandersetzung, beweisen Grabbeigaben. Der Ruf, die letzten Heiden Europas zu sein, lockte etliche christliche Missionare an, die zwar skeptisch beäugt aber immer gastfreundlich aufgenommen wurden, schließlich waren die Prußen infolge ihrer Handelsbeziehungen bereits mit Christen vertraut. Viele ließen sich taufen, die meisten aber widerstanden den christlichen Missionierungsversuchen. Auch unterlagen die Missionare einem Denkfehler: Sie wandten sich an die prußischen Häuptlinge, in der Annahme, das prußische Herrschaftssystem entspräche dem Lehensrecht des Deutschen Reiches und folgerten daraus, wenn der Häuptling bekehrt wäre, dann hätten alle Gefolgsleute ebenfalls den Glauben anzunehmen. Als schließlich beobachtet wurde, dass Tabus gebrochen, heilige Plätze geschändet wurden und dass Christentum anscheinend mit Unterwerfung und Aufgabe der eigenen Kultur einherging, scheute man sich durchaus nicht, diese Missionare zu töten und wieder zum alten Glauben zurück zu kehren.

Zum Begriff Häuptling, der im Folgenden öfter Verwendung finden wird, muss etwas Grundsätzliches angemerkt sein: Im normalen prußischen Leben gab es keine. Der jeweilige Verwandschaftsverbund wurde von seinen Wîtingis oder Kunegiks (Führern, Ältesten) beraten und geführt. Sie hatten größeren Grundbesitz, unfreies Gesinde und stellten im Frieden die Schutzherrschaft und im Krieg die Führer. Beraten wurde gemeinsam und zwar so lange, bis der Beschluss allen gefiel. Polnische Quellen berichten, dass sie „ohne König und Gesetz“ lebten, und Adam von Bremen wusste, dass sie keinen Herrn über sich dulden wollen. Stand jedoch eine Kriegshandlung bevor, so fand eine „kâriawoytis“, eine Heeresberatung statt, bei der Einzelheiten des „kârijagos“, des Feldzuges erörtert und die fähigsten „kârijs“ (Krieger) zur Leitung bestimmt wurden. Diese „Häuptlingschaft“ galt ausschließlich für diesen einzigen Kriegszug. Da sich der Widerstand gegen die Ordensritter 53 Jahre lang hinzog, blieb es nicht aus, dass diese kriegserfahrenen Männer länger im Dienst bleiben mussten und von den Ordensrittern, welche ihre eigene Hierarchie auch bei den Feinden voraussetzten, als Edelinge betrachtet wurden.

Erst mit dem Eindringen der Slawen begann das prußische Elend, denn ab 1002 n. Chr. verstärkten sich die polnischen Übergriffe auf prußische Gebiete. Die Polen respektierten nicht die die prußische Heimatverbundenheit, sondern strebten eine Verbindung zur Ostsee an und überzogen ihre Nachbarn ständig mit neuen kriegerischen Überfällen. Hatten sich die Prußen für lange Zeit lediglich auf ihre Verteidigung verlassen, änderten sie im 12. Jahrhundert ihre Taktik und gingen zu Vergeltungsschlägen über. Dadurch wurden sie zu einer direkten Gefahr für nordpolnische Gebiete, mit der bekannten Konsequenz, dass der mit den Polen taktierende Konrad von Masovien den Deutschen Orden zu Hilfe rief. Hier erwies sich die Gliederung in Einzelstämme als unvorteilhaft, zumal diese sich auch untereinander bekriegten, statt ihre Kräfte wie die Žemaiten und Litauer unter einem König zu bündeln.

Außerdem waren die Prußen den Schwertrittern rein waffentechnisch unterlegen. Als Waffen zur Jagd dienten Pfeil und Bogen, die Kriegswaffe der Edlen war die Armbrust und die hölzernen Keulen die der Fußleute. Die Keulen muss man sich etwa wie Baseball-Schläger vorstellen, die sehr effektiv eingesetzt werden konnten. Etwa ein Dutzend von ihnen steckte sich der

M. Waisselius – Von dem Lande Preussen
Königsberg in Preussen 1599

Krieger in seinen Gürtel, das schlanke Ende oben. Im Nahkampf, aber auch als treffsicher geschleuderte Wurfgeschosse, wurden sie vom Feind sehr gefürchtet. Zusätzlich war der Kämpfer mit einer übermannsgroßen Keule ausgestattet, die mit zwei Leder-Gelenken versehen war. Während der Griffstock noch relativ schlank war, verdickte sich das kurze Mittelstück, und die eigentliche Keule am Ende war recht wuchtig. Von Kriegskleidung oder gar Uniformen kann man nicht sprechen: Der Mann trug ein Wams mit Gürtel, eine wadenlange Hose aus grobem Leinen und an den Füßen Fußlappen mit den typischen „Pareisgen“, Sandalen, deren Riemchen aus Birkenbast-Rinde bis unters Knie gebunden wurden. Solche „Schuhe“ blieben im Sumpf nicht stecken und verschafften Vorteile. Hilfe fanden die Angegriffenen allenfalls bei der Natur, denn nur bei strengem Frost konnten ihre Feinde mit ihrem schweren Schuhwerk die unwegsamen Sümpfe und Urwälder begehen. Als die Ordensritter 1230 in das Land eindrangen,

Prußischer Urwald

musste trotz zäher Tapferkeit eine solche Kriegsausrüstung auf Dauer unterlegen sein, auch wenn die Widerstände erstaunlicherweise so lange Jahre brauchten, um vom überaus starken, dauernd mir frischen Kräften aufgestockten Ordensheer endgültig bezwungen zu werden. Die Ritter, ausgestattet mit metallenen Waffen und Rüstungen, waren anscheinend ziemlich beeindruckt von solch einer minimalen Bewaffnung, denn sie ließen mehrere Zeichnungen der prußischen Krieger anfertigen. Die eigentliche Unterwerfung begann mit der Eroberung des Kulmer Landes. Danach fielen nacheinander die prußischen Stammesgebiete:

Kulmer Land (Ausgang von Thorn): 1230 Nessau, 1231 Thorn, 1232 Kulm, 1234 Rehden (Westpreußen), 1234 Graudenz

Pomesanien (Ausgang von Kulm): 1234 Marienwerder, 1234 Schlacht bei Christburg, 1248 Christburg, 1248 Preußisch Holland, 1250 Marienburg, 1398 Dirschau, 1398 Danzig

Warmia (Ausgang von Marienwerder): 1237 Elbing, 1239 Braunsberg, 1239 Balga

Natangen (Ausgang von Balga): 1240 Creuzburg

Samland (Ausgang von Balga): 1255 Königsberg, 1255 Schlacht bei Rudau, 1258 Labiau, 1258 Wehlau, 1265 Tapiau

Pogesanien (Ausgang von Braunsberg): 1241 Heilsberg

Barta (Ausgang von Heilsberg): 1245 Rößel

Sassen (Ausgang von Thorn): 1260 Löbau, 1268 Neidenburg, 1272 Gilgenburg, 13. Jh. Osterode, 1306 Soldau

Galindien (Ausgang von Creuzburg): 1285 u. 1348 Lötzen, 1335 u. 1396 Angerburg, 1345 Johannisburg, 1360 Ortelsburg

Nadrauen (Ausgang von Wehlau): 1275 Kamswykus (Nadrauerburg an der Angerapp)

Sudauen (Ausgang von Lötzen): ca. 1280 u. 1398 Lyck, 1283 Region Suwalki (1398 an Litauen), 1392 Methenburg (1398 an Litauen)

Schalauen (Ausgang von Labiau): 1288 Region Ragnit-Tilsit

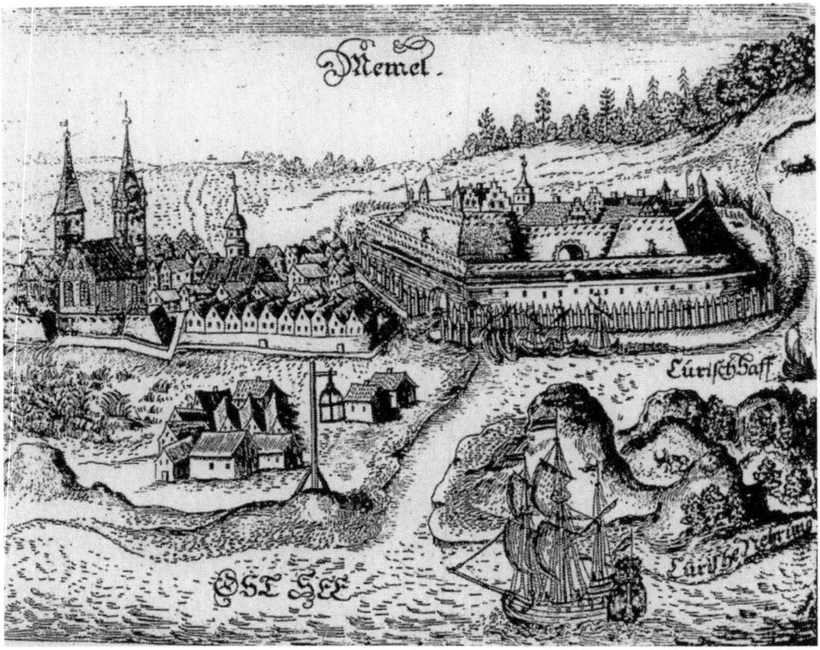

Sonderrolle Memelgebiet

Im Memelgebiet wurde nur der südliche prußisch-schalauische Teil vom Deutschen Orden erobert. Der nördliche Teil mit den kurischen Landschaften wurde von den Schwertbrüdern des Livländischen Ordens eingenommen und von Riga aus verwaltet. Die Stadt Memel wurde bereits 1252 gegründet, während der Deutsche Orden erst 1288 Schalauen erobern konnte. 1298 siedelte das Memeler Domkapitel nach Windau in Lettland um. 1328 trat der Landmeister von Livland die Memelburg mit der Umgebung an den Deutschordens-Hochmeister als Landesherrn von Preußen ab, weil die Memelburg von Livland aus unmöglich zu verteidigen war. Als Sprachgrenze zwischen den Kuren und den Prußen gilt der Fluss Minge. Um 1253 verlief die Grenze zwischen dem Deutschen und dem Livländischen Orden von der Windenburger Ecke in nordöstliche Richtung bis zum linken Quellfluss der Windau in Žemaitien, wobei zu beachten ist, dass diese Grenze eher theoretischer Natur war, weil sie durch unwegsames urwaldähnliches Gelände führte. Die Žemaiten waren die hartnäckigsten und meist gefürchteten Feinde der beiden Ritterorden, und so konnten sie zwischen 1388 und 1410 ihr Gebiet auf kurischem Areal bis an die Ostsee bei Polangen ausdehnen und einen knapp 20 km langen Küstenstreifen besetzt halten. Die Verbindung zwischen den beiden Orden wurde auf dem Landweg nachhaltig unterbrochen.

Unterwerfung

Der Orden übernahm weitgehend prußische Burgen, die aus Holz, Erde und Steinen erbaut waren. Jedoch errichtete er auch Burgen aus gebrannten Ziegeln, bei denen Kriegsgefangene und prußische Bauern Frondienste leisteten. Diese Burgen waren meist für 2.000 Mann ausreichend und fassten einen Versorgungsvorrat, der für eine zweijährige Belagerung vorgesehen war. Die militärische und organisatorische Überlegenheit der Ritter veranlasste die prußischen Häuptlinge zu Verhandlungen. Besonders erfolgreich waren solche Häuptlinge, die man mit Versprechungen geködert hatte, insbesondere mit dem, dass niemand zur Taufe gezwungen werden solle. Die Geistlichen waren aber bestrebt, in erster Linie das Christentum zu verbreiten und scherten sich nicht um gegebene Versprechen. Außerdem schickte man etliche prußische Knaben nach Deutschland, vor allem nach Magdeburg und Lübeck, damit sie dort in christlicher Lehre und deutscher Sprache unterrichtet wurden. Von diesen liefen jedoch viele in den Befreiungskämpfen wieder zu ihren Landsleuten über und kämpften dann gegen den Ritterorden. Sie werden bis heute als Helden betrachtet.

Im Schutz der errichteten Burgen siedelten sich in den Vorburgen, den so genannten Lischken, Handwerker, Gewerbetreibende

Prußenbekehrung
(Der Deutsche Ritterorden v. G. Freytag um 1926)

und Bauern an, so dass diese rasch zu Städten heranwuchsen. Prußisch „liški“ bedeutet eigentlich Korb oder auch Speisevorratslager und wurde dann auf die Ansiedlung um eine Ordensburg übertragen. Später wurden in die Stadtordnungen diskriminierende Punkte aufgenommen, wonach Prußen, Polen, Litauern und Juden das Wohnen in den Städten nicht erlaubt war. Schließlich siedelten in den Städten nur noch Deutsche. Auf dem flachen Land durften zunächst auch Prußen ihren angestammten Besitz behalten, später wurde dies von der Taufe abhängig gemacht.

Bereits 1232 rief Papst Gregor IX. zum Kreuzzug auf. Die Eroberungen wurden zwar unter dem Vorwand der Christianisierung betrieben, jedoch handelte es sich um reine Machtpolitik. In der Regel wurde den besiegten Stämmen die Forderung zur Annahme der Taufe überbracht. Kamen diese der Forderung nicht nach, so wurde sie teils unter Folter und Bedrohung mit dem Tode, teils auch durch öffentliches Köpfen einiger Leute erzwungen, so dass es die Übrigen angesichts dieser Fakten vorzogen, der Forderung zur Taufe schleunigst nachzukommen. Es hat andererseits viele freiwillig Bekehrte gegeben, doch bestand für die Neubekehrten stets die Gefahr vor der zügellosen Begehrlichkeit der christlichen Nachbarfürsten. Zudem wurden sie durch die Auflage abgeschreckt, dass ihr Eigentum in den Besitz der Kirche übergehe, wenn keine männlichen Nachfolger vorhanden sind, ein Erbfolgerecht, das dem prußischen Verständnis nicht entsprach. Die Quellenlage bezüglich der angerichteten Gräueltaten der Ordensritter ist schwach. 1416 ließ Hochmeister Kuchmeister in Braunsberg Schriften einsammeln und verbrennen, in denen das Verhalten der Ordensritter kritisiert wurde. Auch heute noch werden die Archive des Deutschen Ordens geschlossen gehalten, und selbst harmlose Anfragen der Arbeits-Gemeinschaft Tolkemita e.V. das Archiv zur Erforschung des prußischen Wortschatzes benutzen zu dürfen, werden negativ beschieden. Interessant ist auch, dass sowohl Texte als auch Quellen zur prußischen Zwangschristianisierung in der deutschen Wikipedia regelmäßig gelöscht und Artikel bis ins Rudimentäre verstümmelt werden. Der immer noch existierende Deutsche Orden oder die katholische Kirche scheinen es nötig zu haben, weiterhin zu verschleiern.

Der Ordenschronist Peter von Dusburg zieht es vor, die Taten des Ordens zu beschönigen, dafür aber die Übeltaten der Prußen hervorzuheben. So berichtet er über die Not der neuen Kolo-

Kapitell Marienburg

nisten aus Deutschland, die der Orden herbeigelockt hatte um seine Position zu stärken, dass sie ihre Felder nur im Schutze der Dunkelheit bestellen und dann trotzdem nicht sicher sein konnten, dass ihre Ernte nicht gestohlen oder vernichtet wurde. Die Not der Prußen, denen ihre Äcker und damit ihre Lebensgrundlage entzogen worden war, sieht er nicht: *„Mehrere andere Burgen bauten Edle und Lehnsleute, welche von Deutschland her mit ihrem Haus, ihrer Familie und Verwandtschaft zur Unterstützung des genannten Landes gekommen waren, deren Namen Gott allein weiss ... Und sie tödteten elendiglich alle alten Christen, welche aus Deutschland zur Unterstützung des Landes Preussen gekommen waren, und schleppten die Frauen und Kinder in ewige Gefangenschaft"*. Lediglich bei Simon Grunau, ein Dominikaner aus dem Westpreußischen, finden sich Passagen, die auf die Gewalt der Ordensleute weisen.

Erst mit der Christburger Friedensurkunde von 1249 erhielten die Prußen überhaupt Rechte: Freies Erwerbsrecht, weit gehendes Erbrecht, bedingtes Veräußerungsrecht über Mobilien, Verkaufsrecht von Immobilien, jedoch mit Stellung einer dem Wert entsprechende Kaution, damit sie nicht zu den Ordensfeinden überliefen. Der Orden hatte jedoch stets Vorkaufsrecht und weiterhin das Recht frei und selbständig vor weltlichen und geistlichen Gerichten die Sachen zu führen. Sprösslinge edler Geschlechter konnten in den Ritterstand aufsteigen und in den deutschen Adel aufgenommen werden. Dazu gehörten beispielsweise die Skomant, und die aus Witings- oder Kunigasfamilien hervorgegangenen Saucken, Legendorf, Kalnein und Perbandt. Ihnen oblagen die Pflichten, den Zehnten aus den Scheuern an den Orden zu zahlen, an allen Kriegsreisen teilzunehmen und Bewaffnung je nach Verhältnissen zu stellen. Witinge, Kunigas oder auch loyale niedere waffenfähige Gruppen konnten in den deutschen Adel aufgenommen und mit bevorrechtigten Orten belohnt werden. Viele erhielten küstennahe Vitten (prußisch

Westlich von Rudau, auf dem Hünenberg, zwischen Eißelbitten und Erkritten kam es zur entscheidenden Schlacht im Samland. Der Kern des samischen Adels hatte sich in der Burg Rogymte verbarrikadiert.
Die 60 000 Angreifer vor Augen, kapitulierte der Adel.

Unermüdlich taufte der Bischof von Olmütz die Edlen und die Hörigen.

So fiel eine Kultstätte nach der anderen.

"Die niet gedoopt enn was, sy masten sterven"

schreibt lapidar eine Ordenschronik

„weten", lettisch „vieta": Platz, Wohnhaus aus Weidenzweigen, Dienststelle) mit der lukrativen Fischereigerechtigkeit. Alle Rechte gingen jedoch verloren, sobald jemand zum Heidentum abfiel. *„Und die selbigen Bekehrten haben zugestanden, welches Land und welche Person auch immer künftig abfallen werde, solle die vorhin genannte Freiheit gänzlich verlieren"*. Rechte, Besitz und Privilegien blieben also mit Wohlverhalten, Taufe und Christentum verknüpft, und selbst „de nobili prosapia" wurden „ignobiles". Also Sprösslinge edler Familien verloren ihren Adelsstatus. Der Vertrag von Christburg war allerdings nur mit den Pomesaniern, Warmiern und Natangern geschlossen worden. Die übrigen Stämme, sofern sie Kenntnis davon hatten, fühlten sich nicht daran gebunden, und der Ritterorden hatte ihnen gegenüber auch keinerlei Rechtsgrundlage. Pomesanien hatte eine Sonderrolle, da in diesem Gebiet polnisches Recht galt, und die Bauerndörfer einem Starosten unterstellt waren. In Sasna kolonisierende Pomesanier bestanden auf Beibehaltung des polnischen Rechts und weigerten sich, nach preußischem Recht eingestuft zu werden.

Volkssagen aus West- und Ostpreußen bieten ein weiteres, nicht zu unterschätzendes Quellenmaterial. Hier wird vom Fällen heiliger Bäume, vom Töten heiliger Schlangen und vom Schänden heiliger Haine berichtet, Taten, zu denen oft die Einheimischen herangezogen wurden. Auch wird erzählt, dass diese auf das Brechen des Tabu mit Schlaganfällen („ein schiefs Maul"), Herzinfarkten („tot umfielen") und psychosomatischen Krankheiten („vom Lager nicht aufstanden") reagierten. Motivation für die prußischen Aufstände war neben all diesen Zwängen und Freveln die Enttäuschung über nicht eingehaltene Versprechen der Ordensritter, gepaart mit günstigen politischen Konstellationen. Hochmeister Siegfried von Feuchtwangen erließ 1307 etliche diskriminierende Gesetze: *„Wer Preussisch Gesinde hält/ soll verpflichtet seyn/ daß er sein Gesinde dazu halte/ daß ein ieglicher alle Sontage seine Beichte soll dem Priester thun/ und sollen zu der Kirchen gehen/ und sollen mit niemand Preussische Sprache reden/ bei Straffe drei guter Marck." „Wir setzen und gebiethen/ daß in Städten und Vorstädten/ in Teutschen Dörffern/ Höfen/ Krügen/ und Kindelbieren/ kein Preuß zu einem Regiment soll gesetzet werden/ und soll auch nicht Bier schencken/ weder Fraue noch Mann/ sondern sie sollen die wüsten Erbe/ wüste Huben reumen und bewohnen/ und die wüsten Aecker bauen/ bei verlust z. guten Marcken." „So ein Dienstbothe entlieffe seiner Herrschafft/ so mag man demselben nachreisen/ und ihn mit einem Ohr annaglen/ wo er ihn überkömbt." „Niemand soll aufnehmen und beherbergen verlauffene Bauern/ und Verlauffen Gesinde in seinem Hause/ bei Straffe dreissig guter Marck." „Kein Gärtner soll über zwey Pferde halten/ ohne Verlaub der Herrschafft/ bei Verlust seiner Pferde."* Andererseits erkennt er selbst, dass die Prußen ihr Land besser kennten und besser damit umzugehen wüssten als die vom Orden hierher gebrachten Fremden und gibt Anweisung, dass die Neusiedler „von den Preußen ablernen“ und sich eine Kenntnis über das Land erwerben sollen.

Nach der Zeit / als Sigfrid von Feuchtwangen An. 1307. in Preussen nach Marienburg seinen Sitz auß Teutschland versetzet / soll er folgende Gesetze denen Innwohnern deß Preussischen Lands gegeben haben / wie solches Caspar Schütz und Th. Waiffelius (m) berichten.

(m) Schüz lib. 2. Chron. fol. 54. Waiffel. fol. 105.Seq. Grunau tract. II. cap. I.

Von den Preussischen Rechten.

1.

GOtt zu Lobe / und Christo zu Ehren / setzen wir / und wollen es ernstlich gehalten haben: Erstlich/ daß kein Jud / kein Schwartzkünstler / kein Zauberer / kein Weideler / und wie sie mögen genant werden / die mit deß Teuffels Gespenst in Ehrung desselben / und Mißbrauch deß Glaubens / handeln und wandeln / dieselbigen sollen in unseren Landen nicht gehalten noch geduldet werden / und wer sie verhalten würde / der soll mit ihnen leiden / was solche Unglaubige und Unseelige von Rechtswegen leiden werden.

2.

Sintemahlen wir nicht eigene Müntze haben (Culmische Vierchen außgenommen) und Böhmische Müntz in unsern Landen gangbahr ist / so wollen wir / daß dreissig Böhmische Groschen sollen eine gute Marck seyn in unsern Landen.

3.

Wer Preussisch Gesinde hält / soll verpflichtet seyn / daß er sein Gesinde darzu halte / daß ein jeglicher alle Sontage seine Beichte soll dem Priester thun / und sollen zu der Kirchen gehen / und sollen mit niemand Preussische Sprache reden / bei Straffe drei guter Marck.

4.

Wir setzen und gebiethen / daß in Städten und Vorstädten / in Teutschen Dörffern/Höfen / Krügen / und Kindelbieren / kein Preuß zu einem Regiment soll gesetzet werden / und soll auch nicht Bier schencken / weder Fraue noch Mann / sondern sie sollen die wüsten Erbe / wüste Huben reumen und bewohnen / und die wüsten Aecker bauen / bei verlust 3. guter Marcken.

5.

Einen Knecht soll man mieten auf ein Jahr / und der sein Geschire wohl machen kan / dem soll man geben vierdthalbe Marck / einem fertigen Wagentreiber das gantze dritthalbe Marck / einer wohlgewachsenen Magd / das Jahr zwo Marck / einer Kindermagd / das Jahr eine halbe Marck / einer Wärterin der Krancken die Wochen 15. Culmische vierchen / einem Taglöhner / sechs vierchen den Tage. Welche Herrschafft weniger oder mehr geben würde / die soll verfallen seyn / hundert Marck / und bei derselben Straffe soll niemand mieten / ohne Wissen und Willen der Dienstbothen nechsten Freunde.

6.

So ein Dienstbothe entlieffe seiner Herrschafft / so mag man demselben nachreisen / und ihn mit einem Ohr annaglen / wo er ihn überkömbt. Wiederumb / wo ein Dienstbothe von seiner Herrschafft enturlaubet würde / ohne redliche Ursache / dem soll man geben seinen gantzen Lohn / aber keinen Lediggänger soll man leiden / bey grosser Straffe.

7.

So Dienstbothen / einer mit dem andern wollen in den Heiligen Stand der Ehe tretten / das soll unverhindert bleiben / und soll ihnen von aller Herrschafft vergönt werden / außgenommen im Augste / im Heuschlage / im Weinlesen/ im Hopfenpflücken : alsdann sollen die Dienstbothen ihrer Herrschafft die Arbeit außrichten / darnach mögen sie zu Hause ziehen/ und zu Hause wohnen. Die hierüber thun würden / die verliehren ihren Lohn / und sollen der Obrigkeit 3. guter Marck verfallen seyn.

8.

Die Brauer in den Städten sollen ihr Bier selbst schencken / und auf den Dörffern die Krätschmar oder Krüger / und nit durch andere Bierhöcker / bej der Straffe 6. guter Marck.

9.

Alles / was man verkauffen will / soll man in die Städte auf die Märckte führen / würde jemand einen Vorkauf thun / der soll der Waare verfallen seyn / und darzu der Herrschafft dreissig Marck zur Busse geben.

10.

Ein jeglicher Handwercker soll sein gewöhnlich Merck haben / und damit/ was er gearbeitet / oder gemacht hat / zeichnen / daß man sehen kan / wer die Arbeit oder das Werck gemacht habe / bej Straffe 3. guter Marck.

11.

In Gastgebothen / in Köstungen/ in Kindelbieren/und Freyersleuten. Unsere Schultzen sollen und mögen Gäste habe auf sechs Fasse / die Bürger in den Städten und Vorstädten / auf vier Fasse. Und das soll allein geschehen auf einen Montag / bej der Straffe zehen guter Marck.

12.

Zu einem Lawelbier / und zu einem Kirchgange / soll man nicht mehr geben / dann eine Mahlzeit / und nicht über vier Fasse/ bey Peen 3. guter Marck.

13.

Kein Freyer / kein Schultz / kein Handwercker / kein Bauer / in den Städten oder Dörffern/sollen fort mehr für die Brüche/ die unter ihnen gefallen werden / nicht mehr zu Bier gegeben werden / sondern der da gebricht / der gebe Gelt / und das soll angelegt werden an Harnisch / und an andere Gewehre/ bey Straffe zehen guter Marck.

14.

Kein Kauff soll an dem Sontag und an anderen heiligen Tagen geschehen / an keiner Waare / ehe die hohe Messe geendet sey / bej verlust der Waare / und drei guter Marck.

15.

Keine gemachte Kleider soll man zu Lande führen zu verkauffen / und man soll auch kein Gewand anders färben / sondern man soll es lassen bey seiner ersten Farbe / bej Verlust der Waare und zehen guter Marck.

16.

Kein Schultheiz/ kein Bauer / soll umb Lohn fuhrwercken / auch nicht Kauffschlagen / außgenommen welche mögen Bier / Hering/ Ael/ Honig/ Saltz / rc. auß den Städten holen und verkauffen / die andere sollen ihren Acker bauen / bej Verlust zehen guter Marck.

17.

Niemand soll einen Erbe verkauffen / ohne wissen und willen seines Erbherren / bej Verlust deß Erbes.

18.

Niemand soll der wüsten Güter gebrauchen / ohne Erlaubnuß und Zulassung der Obrigkeit / bej Peen zehen guter Marck.

19.

Niemand soll aufnehmen und beherbergen verlauffene Bauern / und verlauffen Gesinde in seinem Hause / bej Straffe dreissig guter Marck.

20.

Man soll umb keinerley Schuld das Viehe pfänden / das einem Manne täglich nütze wird / bej Straffe 10. guter Marck.

21.

Kein Gärtner soll über zwey Pferde halten / ohne Verlaub der Herrschafft / bej Verlust seiner Pferde.

22.

Niemand soll roden Holtz auf dem seinen Hauen / zu verkauffen / es wäre dann Sach / daß er den Acker dahin machen wolte / bej verlust deß Holtzes / und Straffe 3. guter Marck.

23.

Einem jeden Mann soll frey sein / ohn alle Gerichte / sich seinen Schaden lassen aufrichten / nach guter Leut Erkandtnüß.

24.

Alle Jahr sollen die Schultzen mit ihren Rahtsherren die Gräntze bereiten / und werden die Gräntze unerkäntlich seyn / die sollen sie verneuren/ bey der Straffe der Bezahlung alles Schadens / so davon möchte kommen.

25.

Niemand soll Doppelspiel verhegen / so gering es immer sey oder wolle / bej der Straffe zehen guter Marck.

26.

Wer jemanden will anklagen vor Gerichte/ und er sich beruffet auf einen Eid/ der Kläger sol erst klagen / und der Beklagte soll ihm antworten/ bej 10. guten Marcken.

27.

Die Vormunder der Wittwen und der unmündigen Kinder / die sollen alle das Gut / da sie Vormunder darüber sind / beschreiben lassen / und sollen das wieder überantworten / nach Erkäntnüß guter Männer / bej verlust ihrer Ehren.

28.

Ein jeder Schultz soll 4. Wochen nach Martini /dem Pfarrherrn seinen Decem einmahnen / und Ungehorsame soll er straffen / mit Ernst und mit Pfänden.

29.

Alle Schultsen sollen haben vier freye Huben / und darvon sollen sie einen Hengst und einen Harnisch zu einem Manne halten / und sollen auf ihre eigene Zehrung zu ihrem Herren reisen/ bey Verlust aller ihrer Freyheit und ihres Ampts.

30.

Den Gesandherren / welche die Herren Bischöffe alle umb das dritte Jahr außsenden / denen soll man Beystand thun wider die Boßhafftigen und Ungehorsame / wo es noth wird thun / bey Straffe drey guter Marck.

NB. In allen Städten/ Dörffern / und Gemeinden / sollen diese Satzungen gehalten werden / und dreymahl im Jahr gelesen werden / nehmlich auff Cathedra Petri/ Pfingsten / und Michaelis bey grosser Straffe.

aus: Chronica Alter Preusscher/Eifflendischer/und Curlendischer Historien von dem Lande Preussen M. Waisselius Königsberg in Preussen 1599

Freiheitskämpfe

Im Laufe des 13. Jahrhunderts gelang es dem Deutschen Ritterorden durch steten Zufluss an neuen Kräften nach langen Auseinandersetzungen, die Prußen zu unterwerfen und zu christianisieren. In den von Prußen bewohnten Dörfern wurden meist bekehrte Prußenhäuptlinge als Verwalter eingesetzt, die beim eigenen Volk höchst unbeliebt waren, zumal sie die unterjochten Bauern mit Waffengewalt zu Frondiensten zusammentrieben. Diese Ausbeutung, zusammen mit nicht eingehaltenen Versprechen besonders in Glaubensdingen, steigerte die Empörung im Volke. Selbst Peter von Dusburg und Simon Grunau schildern Verbrechen der Ordensritter, die diese aus Wut über das zähe Festhalten der Prußen an ihren Göttern und ihren Heiligtümern begingen. Dies war unter anderem auch Anlass für die Prußenaufstände. Der pommersche Fürst Swantepolk kam den Prußen zu Hilfe, möglicherweise nicht ganz uneigennützig, hatte er doch gesehen, dass der Orden sich nicht allein mit der Versklavung der Prußen begnügt hatte sondern dabei war, einen mächtigen Staat zu errichten. Ihn traf dann auch folgerichtig der Bannstrahl des Papstes. Danach galt er als vogelfrei.

Die Ursache der Prußenaufstände ist in den Niederlagen der Ritterorden in den Schlachten von Šiauliai (1236) und an der Durbe (1260) zu sehen. In Schaulen besiegten die Žemaiten unter Vykantas den Schwertbrüderorden und an der Durbe die Litauer den Deutschen Orden, hier allerdings ohne direkte Beteiligung Mindaugas. Mindaugas gilt als Begründer des litauischen Reiches. In Anbetracht der Bedrängsisse durch die beiden Ritterorden, sah er sich gezwungen zum Christentum zu konvertieren und erhielt im Gegenzug das Königreich Litauen zu Lehen. Dies hatte zur Folge, dass sich die heidnisch gebliebenen Žemaiten seinem Machtbereich entzogen und ihm Schwierigkeiten bereiteten. Mindaugas kehrte wieder zum alten Glauben zurück. Die Ritterorden versuchten, ihre gewonnenen Territorien zu befestigen und wollten den ständigen Kampf gegen die Žemaiten endgültig beenden. Sie versicherten sich des Beistands der dänischen Vasallen Estlands, auch die Kuren hatten den Ritterorden ihre Hilfe zugesagt, unter der Bedingung, dass ihnen ihre als Geisel genommenen Frauen und Kinder zurückgegeben werden. Ihre Bitte wurde abgeschlagen, die Kuren zogen sich vom Schlachtfeld zurück und die Esten folgten ihrem Beispiel. Der Orden musste letztlich die žemaitischen Burgen aufgeben, da die Kuren den Verrat der verhassten Ritter nicht verzeihen konnten. Die Nachricht des Sieges ereilte die Prußen, und der Funke zündete.

Die prußischen Söhne, welche der Deutsche Orden zur Erziehung nach Deutschland geschickt hatte, wurden dort herabsetzend und nicht gleichwertig behandelt. Sie hatten an Feldzügen gegen die eigenen Leute teilzunehmen, hatten Hand- und Spanndienste zu leisten, mussten Burgen bauen und befestigen, sie beobachteten Gewalttätigkeiten wie Pfändung der Kinder und Geiselnahmen um Dienstleistungen zu erzwingen. Sie erlebten hautnah die Kreuzritter als eine verheerende, brennend und plündernd durchs Land ziehende brutale Horde, sie sahen die Verwüstung der Felder, die Hungersnot ihrer Landsleute, die Vergabe des Landes der Geflüchteten oder Erschlagenen an deutsche Neusiedler, das Verschleppen der Frauen und Kinder in Sklaverei, und sie hatten selbst Angehörige verloren. An der Spitze der Aufstände standen nun all diese jungen Männer, die sich zudem in der Kampfführung des Ordens bestens auskannten. Dies waren Auctuno „der Hochstehende“ aus Pogesanien und sein Nachfolger Linko „der Verlassene“, Synko „der Stieglitz“ aus Pomesanien, Glappo „der sich Windende“ aus Warme, Dywane Clekine „der flinke Bär“ aus Barten, Erkus Mants „der wohlhabende Bezwinger“ (Herkus Monte) aus Natangen und Glands „der Trost“ (Richard Glande) aus dem Samland.

Inzwischen hatten die Prußen fast ihr gesamtes Gebiet zurückerobert, sogar einige Ordensburgen eingenommen. Nur die Burgen Elbing, Balga, Thorn, Kulm und Rhedin trotzten den Angriffen. Der Herzog von Masovien half dem Orden, so dass dieser das Kulmerland wiedergewinnen konnte. 1243 rief Papst Innozenz IV. zum Kreuzzug gegen die Prußen auf. Swantepolk wurde 1244 zu Friedensverhandlungen gezwungen, den Vertrag unterzeichnete er jedoch erst, nachdem der Orden die Zusicherung gegeben hatte, den Krieg nicht fortzusetzen und von der Unterdrückung der Prußen abzulassen. Der Orden hielt auch diese Versprechen nicht ein, so dass Swantepolk im Jahr 1245 den aufständischen Prußen zu Hilfe eilte und die Ritter vertrieb. Dem Orden blieben nur die Burgen Balga, Elbing, Kulm und Thorn. Während Prußen und Pommern sich im jahrelangen Kampf erschöpft hatten, rekrutierte der Orden ständig neue Ritter, die meist nur ein Jahr, selten zwei, unter Waffen standen. So ließ man sich schließlich im Jahr 1249 auf Friedensverhandlungen ein. In Christburg wurden bezüglich der westlichen Stammesgebiete in 18 Punkten die gegenseitigen Rechte und Pflichten festgelegt, wobei sich diejenigen für die Prußen nicht wesentlich von denen der Deutschen unterschieden. Trotzdem legten die Prußen insbesondere in den östlichen und nördlichen Stammesgebieten ihre Waffen nicht ab, hatten sich die Versprechen des Ordens zu oft als brüchig erwiesen. Wegen der Unwegsamkeit des Gebietes konnte von einer Beherrschung durch die Ordensritter ohnehin nicht die Rede sein, schon gar nicht von einer kontinuierlichen Eintreibung von Abgaben.

1250 endete ein Versuch, die Natanger zu unterwerfen mit der Niederlage des Ordens. Nach Simon Grunau kamen dabei 54 Ritter und 1.500 Waffenträger ums Leben. Die noch nicht eroberten Galinder wollten ihrer Unterjochung zuvorkommen und wandten sich an die Herzöge von Kujavien und Masovien. Der Orden war damit nicht einverstanden und führte 1253 mit Hilfe frisch eingetroffener Kreuzritter einen Kriegszug gegen die

Barter und Galinder. Da die meisten Bewohner geflüchtet waren, blieben größere Kampfhandlungen aus. Inzwischen bereitete der Orden mit aller Macht die Eroberung des Samlandes vor. Poppo von Osterna, seit 1254 Landmeister, erhielt Hilfe von Ottokar von Böhmen, Rittern aus Sachsen, Thüringen, Meißen, Brandenburg und vom Rhein. Nach Grunau sollen es 60.000 Mann gewesen sein. Ebenso unterstützten der Markgraf von Brandenburg, die Bischöfe von Kulm, Ermland und Olmütz sowie Rudolf von Habsburg das Unternehmen. Vor dieser Übermacht ergaben sich die Samländer und ließen sich taufen. Der schwache Widerstand der Samländer lässt sich wohl auch damit begründen, dass sich bedingt durch den Jahrhunderte währenden Überseehandel eine bequem taktierende besitzende Schicht herausgebildet hatte, der der Komtur Burkhart von Hornhausen ihr Eigentum verbürgte. Nicht selten wurden einem Edlen noch 15 bis 25 Familien aus dem Volk zugewiesen und ihnen zu Gehorsam verpflichtet. Die Edlen zahlten im Gegensatz zu den untergebenen Familien keine

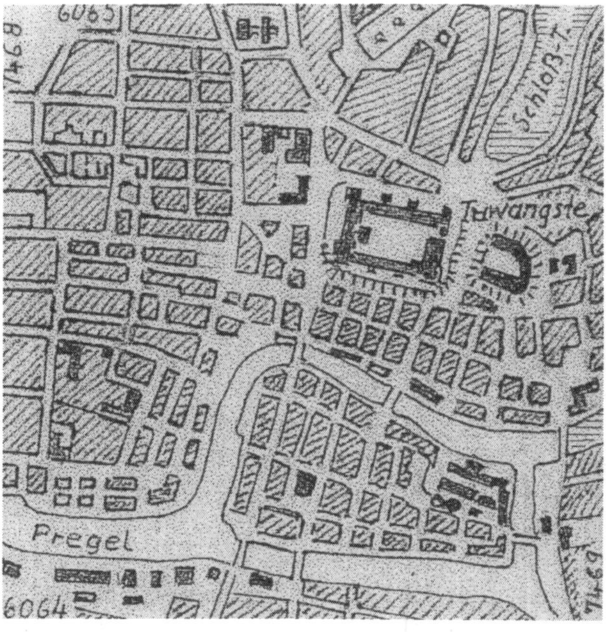

Wehranlage Tuwangste in Königsberg, östlich des Schlosses. Gelände wurde von der Reichsbank überbaut

Abgaben. 1255 erbauten die Ordensritter zur Sicherung ihrer Eroberung die Burg Königsberg anstelle der alten Prußenburg Twangste, einem Ausgangspunkt der legendären Bernsteinroute. 1326 heißt es urkundlich: *„edicaverunt castri Kunigsberg ... (apud Pruthenus dicitur) Tuwangste. Tunwangste e nomine silva, que fuit dicto loco"*. Der lateinische Name weist auf eine Waldung (wangus). Zusätzlich ist im prußischen Namen auch der Hinweis auf die Lage in einem Überschwemmungsgebiet enthalten, welches durch ein Wehr zu einem Teich gedämmt wurde. Hier floss der Lebo, welcher der Stadt Löbenicht seinen Namen gab. Später wurde er in Katzbach umbenannt, von dem es heißt, dass erst die Ordensritter begonnen haben ihn zu stauen. Der Teich war der spätere Schlossteich.

1256 erhoben sich die Natanger erneut, ein Jahr später kam es zum ersten Aufstand im Samland. Auch in den nächsten Jahren versuchten es prußische Abordnungen, mit Hinweis auf ihnen gegebene Versprechen, in Verhandlungen mit dem Orden die Verringerung der Abgaben und Frondienste zu erreichen. 1261 hatte der westfälische Ordensvogt Walrod Mirabilis eine solche Abordnung nach Lenzenburg bei Balga am Frischen Haff zu einem Gastmahl eingeladen, wo einer der Gäste einen erfolglosen Mordanschlag auf ihn verübte. Darauf stand der Feuertod, den Mirabilis auf seine eigentümliche Art vollstreckte: Er lud erneut eine Delegation ein, ließ sie im Versammlungshaus einschließen und das Haus verbrennen. Daraufhin brach in sechs Landschaften ein allgemeiner Aufstand aus. Lediglich das Kulmerland und Pomesanien blieben dem Christentum und dem Ritterorden treu, und auf die Samländer war nicht immer zu zählen. Der Hass der Aufständischen richtete sich vor allem gegen Kirchen, Kapellen und Geistliche. Auf die Burg Balga, dem strategisch wichtigsten Punkt der Ordensritter, zielten die stärksten Ausfälle. Der Kreuzfahrer Hirzhals aus Magdeburg wurde, auf seinem Pferd festgebunden, den Göttern geopfert und den Flammen übergeben.

Quelle: Kurt Gerber, Vom alten Preußenland

Dusburg berichtet von einer weiteren charakteristischen Begebenheit:

In Lemptenburg, nahe dem späteren Brandenburg, hatte der Orden eine Prußenburg in Besitz genommen. Dort hatte der Vogt Volrath, schon immer als „der Wunderliche" bekannt, Prußen zur Abendmahlzeit eingeladen:

„Und do si also sazin",

da wurde von jemand das Licht gelöscht. Als alle im Dunkeln saßen, schlug jemand auf den Ordensvogt los, doch der hatte zu seinem Glück den Brustpanzer unter der Kleidung. Als das Licht wieder anging, saßen alle still in der Runde und keiner war es gewesen. Alle waren sich einig, der Täter müsse verbrannt werden. Eines anderen Tages lud der Vogt wieder welche zu sich in den Amtssitz ein. Die gleichen Prußen waren es sicher nicht. Als alle am Tisch saßen, verließ der Vogt den Raum, verrammelte die Tür und verbrannte sie alle, zusammen mit der hölzernen Burg.

In der gereimten Chronik heißt es dazu:

„Und as sie also saßin,	Und als sie da saßen,
gegenandir maßin.	und sich gegenseitig abschätzten,
und do si ubirtrunken sich,	waren sie schon betrunken,
si begundin aber ot	und sie fingen an von
runen vaste uf sinen tot.	seinem Tod zu flüstern (raunen).
Unde do er daz irhorte,	Und als er das herauszuhören
di rede in bekorte."	meinte, reizte ihn das.

Wieviel von dem Ganzen wahr ist, bleibt sicher im Dunkeln der Geschichte

Sein alter Kamerad Erkus Mants hatte ihn retten wollen, aber nachdem das Los dreimal auf Hirzhals gefallen war, musste sich Erkus dem göttlichen Zeichen beugen.

Erkus Mants verwüstete das Kulmerland. Der ihn bis Lubawa verfolgende Vizemeister Helmrich konnte zwar die Prußen aus ihren Verhauen heraustreiben, aber diese wandten eine Guerillataktik an, verstreuten sich und töteten schließlich den abziehenden Helmrich und 40 seiner Leute. Das Ordensheer war geschlagen, eine Schmach, die moralisch schwerer wog als die verlorene Durbenschlacht. Der Orden konnte wieder nur die großen Burgen Elbing, Balga und Königsberg halten, bis ein neues Heer unter Heinrich zu Rechenberg herangeführt wurde. Dies traf jedoch kaum auf Widerstand, da sich die Prußen vorsorglich in ihre Verhaue in den Wäldern zurückgezogen hatten. Erst bei Pokarben in Natangen überfielen die Prußen unter Erkus Mants die Kreuzfahrer und bereiteten ihnen eine empfindliche Niederlage. Ein zweites Ordensheer wurde 1263 von den Samländern unter Glands aufgerieben. Die Burgen Heilsberg, Braunsberg konnten genommen werden, während Königsberg, Creuzburg und Bartenstein in Ordenshand blieben. Die Nadrauer eilten immer wieder zu Hilfe und bestürmten die Grenzburg Wehlau. Erst nach Mindaugas Ermordung 1263 beteiligten sich auch Litauer unter der Führung Triniotas an Kriegszügen gegen das Kulmerland und Pomesanien. In dieser Zeit belagerte Nalube „der Baumstarke“, ein Pruße aus Quednau, mit seinen Leuten die neue Burg Königsberg, indem sie Schiffe in die Pregelmündung brachten und so den Ordensrittern die Zufuhr nach Königsberg sperrten. Daraufhin überlistete ein prußisch sprechender Lübecker Bürger die Bootsmannschaften, indem er sich als Freund ausgab, insgeheim aber deren Boote durchbohrte. Die Prußen bauten daraufhin eine Pontonbrücke über den Pregel, die sie an beiden Uferseiten mit Verschanzungen verstärkten. Mit dem Mut der Verzweiflung konnte sich schließlich die Besatzung der Königsberger Burg der prußischen Übermacht erwehren. Eine neue Einschließung Königsbergs musste unterbleiben, weil inzwischen bekannt geworden war, dass Erkus Mants verwundet worden war. Um dies zu rächen überfiel Nalube erneut Königsberg und zündete die Burg an. Mit Hilfe der Livländer und abtrünniger Prußenhäuptlinge eroberte der Orden 1264 das

Samland zurück. Auch Nalube wurde letztlich geschlagen, und die Burg Königsberg wurde in diesem Jahr erneut errichtet.

Altestadt Königsperg an ein ander Ort verleget

Königsperg die Stadt lag erstlich auff dem Steinthamm, da jetzunder S. Niclaus Kirch ist, war aber nicht sehr fest, derhalben die Samen es heimlich einkrigten, alles erschlugen und verbranten, wurd derhalben an einen bequemern ortt geleget, nemlich zwischen das Schlos und Pregel, da noch die Altstadt ligt.

Umb das Jahr 1268 war ein Bruder des Ordens zu Königsperg. Der war so starck, das wenn er zween gewapnete Menner mit zweyen fingern an Gürteln ergriff, hub er sie mit gewalt in die höhe. Diesem ward befohlen, das er die Schiffe so dem Orden zu gute und nutze kamen aus anderen Lendern welcher sonsten die Prußen viel beschedigten und die Leut ermordeten, beschützen solte. Als nun dieser Bruder Ulrich von Magdeburg auffwartet, da kamen die Prußen in fünff Schiffen mit gewaldt auff ihn getrieben. Er aber erwünscht den Mastbaum in seinem Schiffe und schlug so ungeheuwer auff die Feinde, das ihnen Riemen und steuer entfielen und an die 50 ersuffen. Da das die anderen ersahen, flohen sie davon.

Aus: Die Reisen des Diplomaten Sigismundus Freyherr von Herberstein im Auftrag des österreichischen Kaisers Maximilian I.

Barta, Natangen, Teile Warmiens, Pogesanien und Pomesanien wurden von Prußen beherrscht. Unter Erkus Mants wurden mit Hilfe von Belagerungsmaschinen die letzten Burgen genommen, zuerst Creuzburg und dann Bartenstein. Bei Löbau erlitt der Orden eine weitere Niederlage. In einer Kreuzzugspredigt von Papst Urban IV. heißt es: *„Nicht ohne Tränen haben wir gehört, wie für des Glaubens Sache, die bisher in jenen Landen unter so unendlichen Mühen und Bedrängnissen gefördert wurde, jüngst fast 1.000 Ordensbrüder durch die grausame Hand der Ungläubigen erschlagen worden sind.“* 1265 erschien dann ein weiteres Ordensheer, das wegen des milden Winters jedoch kaum etwas ausrichten konnte, da die ostpreußischen Sümpfe von Fremden nur bei Frost betreten werden konnten. Die Ritter begnügten sich mit der Erbauung der Burgen Tapiau und Brandenburg am Frischen Haff und zogen dann wieder ab. Swantepolk verstarb 1266, und sein Sohn Mestwin setzte die Politik seines Vaters fort, indem er die Weichselschifffahrt blockierte und dem Orden die Versorgung abschnitt. In dieser Zeit stürmten die Barter unter Clekine Christburg und die Pomesanier unter Synko Marienwerder. Die Verteidigung fand hauptsächlich in den westlichen Stammesgebieten statt. Von Süden kamen die Sudauer unter Skomant („welcher reich auftafelt“) zu Hilfe. Sie eroberten Löbau, belagerten Kulm und Thorn, zerstörten die Festungen Starkenberg und Wartenberg. Die Burg Rhedin wurde immer wieder erobert und vom Orden mit Hilfe der Masovier zurückgewonnen. 1271 rückte Clekine bis Schönburg vor, starb jedoch ohne die Burg erstürmt zu haben. Papst Clemens IV. rief zu einem neuen Kreuzzug auf, danach 1272 Gregor X. Diesmal wurde das Ordensheer durch einen starken Winter begünstigt. 1273 wurde Glappo erhängt, ebenso geriet Erkus Mants in die Hände der Ritter und erlitt denselben schmachvollen Tod. Diwane Clekine wurde vor der Burg Schönsee erschossen und Glands war ebenso wie Synko gefallen. Nur Auctuno kämpfte weiter. Die herbeieilenden Sudauer wurden zurückgedrängt. Dreizehn Jahre hatte der letzte große Freiheitskampf gedauert, nun aber ihrer Führer beraubt, gaben die Prußen ihren Widerstand auf und ergaben sich. Stellenweise war die Bevölkerung ganz ausgerottet, viele Gebiete waren wüst und verödet und die Wildnis vergrößerte sich, denn die Natur holte sich ihren Teil zurück.

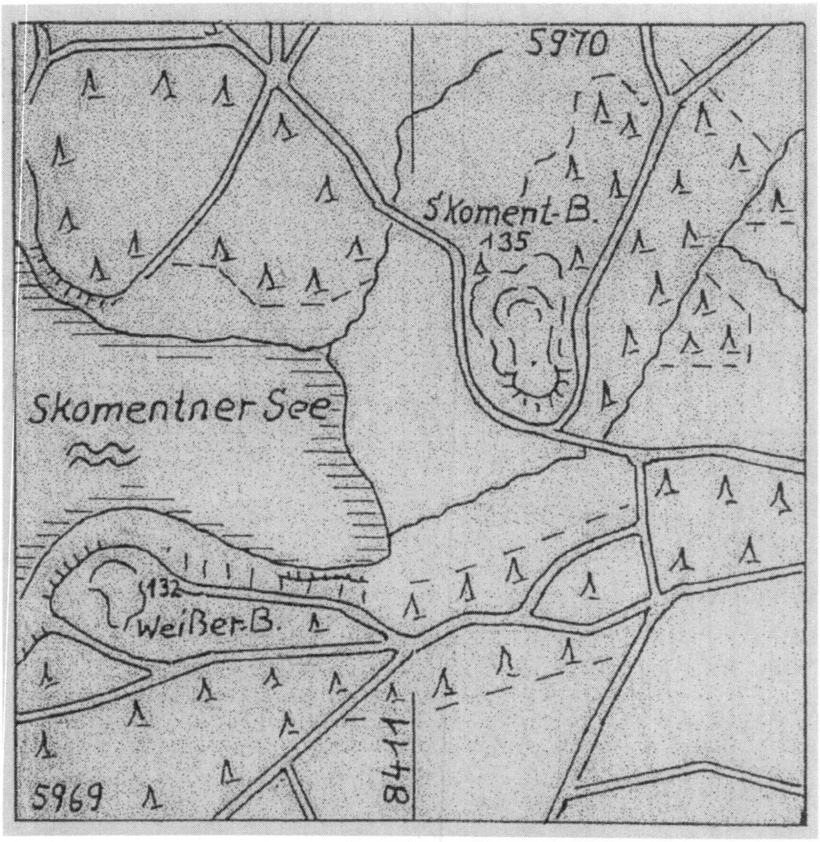

Skoment-Berg am Ostufer des Skomentner-Sees

Da von den entmutigten Prußen kaum noch Widerstand zu erwarten war, nutzte der Orden die Zeit um sich neu zu organisieren. Lediglich die drei Nordstämme der Nadrauer, Schalauer und Sudauer waren bisher unbesiegt geblieben, und diese Versäumnisse galt es nun anzugehen. 1276 wurden die Nadrauer mit Hilfe neuer Kreuzritter unterworfen, doch viele Einwohner flohen ins benachbarte Litauen. Ein Ordenschronist berichtet, dass die Schilderung aller Einzelheiten dieses Kriegszuges zu ermüdend und widerwärtig sei und deshalb unterbliebe. Im nadrauischen Gebiet Retowe wurden eine ganze Reihe prußischer Burgen erobert, darunter Otolichien und Kamswykus. 1277 rückten die Ritter in Schalauen ein, stießen jedoch kaum auf Widerstand. Um die Stammesbande zu zerreißen, wurden die Schalauer umgesiedelt. Der Zug 1278 gegen die Sudauer, die häufig Unterstützung durch die Litauer erhielten, endete mit einer Niederlage, erst 1283 konnte dieser Stamm besiegt und Skomant zur Taufe bewegt werden. Als Belohnung erhielt er das Gut Stegnio, später Steegen. Auch Kantegirde („der mit der Leier rühmt"; Kantlis = Leier, girdiu = rühmen) ließ sich taufen und zog mit einem Gefolge von 3.000 Menschen ins Samland, in die später den „Sudauischen Winkel" genannte Region. Andere Sudauer wurden, sie bewusst zersiedelnd, nach Schalauen verbracht. Die letzten unbezwungenen Sudauer zogen mit ihrem Häuptling Skurdo „der Spitzhammer" nach Litauen und kehrten nicht wieder. Nach 53 Jahren war das gesamte Prußenland unterworfen. Dass die Eroberer sich keinesfalls sicher fühlten, beweisen weitere Errichtungen von Burgen und Befestigungsanlagen. Viele der nach Litauen geflüchteten Prußen wanderten später wieder in ihre Heimat zurück, wurden nun allerdings vorsichtshalber mit Namenszusätzen wie „Litaw" und ähnlich gekennzeichnet.

In der Endphase des Ritterordens ließ er zur Belustigung des westlichen Adels so genannte „Reisen", „Heidenjagden" oder „Litauenfahrten" stattfinden. Folgendes berichtet das Reisegedicht „Von Herzog Albrechts Ritterschaft" des Herolds Peter Suchenwirt: *„Der österreichische Herzog Albrecht begibt sich 1377 mit 150 Mannen auf eine Preußenfahrt, waffengerüstet zu Pferd und zu Schiff. Auch der Hochmeister und seine Amtsleute verprovian-*

tieren sich, weder Silber noch Gold sparend, auf drei Wochen zu Ehren des Gastes. Das Heer zog durch das Niemandsland über Insterburg an die Szeszuppe. Dort erblickten sie vier Brücken geschlagen. Die Schiffer trafen ein, die Ruderer scheuten keine Mühe. Von mittags bis abends waren an 30.000 Mann mit 610 Schiffen anwesend. Drei Pferde und ein Knecht ertranken. Dieses Heer brachte seinen Gast nach Szameiten. Eine Hochzeit fand dort statt; die Gäste kamen uneingeladen. Ein Tanz wurde mit den Heiden getreten, dass ihrer 60 tot blieben. Das Dorf wurde vom Feuer rot und die Lüfte brannten. Ich hätte nicht Bräutigam sein wollen. Was ihnen wehtat, tat uns wohl. Das Land war voll von Menschen und Gut, den Christen - ein Gewinn, den Heiden - ein Verderb, wenn man es mit der Waage des Krieges misst. Eine Lust war das! Die Heiden ließen auch nachts nicht ab mit scharfer Wehr, stachen, schlugen und schossen; sie schrien mit lauter Stimme wie die wilden Tiere. Sie erstachen Leute, schossen Pferde ab und flüchteten dann in die Moore. So trieben sie es die ganze Nacht. Als Morgen wurde, brach das Heer auf, zündete alles an, dass die Lüfte brannten. Man sah da sehr viele Frauen mit 2 Kindern an den Leib gebunden, eins vorne, eins hinten, auf einem Pferde; sie kamen ohne Sporen barfuß geritten. Die Heiden litten große Not. Man fing ihrer viele ein, band ihnen die Hände zusammen und führte sie wie die Jagdhunde".

Lage der ländlichen Bevölkerung

Archäologische Funde aus der Eisenzeit zeigen, dass die Menschen bereits Züchter von Pferden, Rindern und Schweinen waren. Gräberfunde weisen auf eine Sozialstruktur, welche Ähnlichkeit mit der Kurgan-Kultur am nördlichen Schwarzen Meer hat. Während der Bronzezeit war jedoch bereits eine Entwicklung vom Hirtennomadentum zur bäuerlichen Wirtschaft vollzogen. Es gab Landeigentum, während die Jagd abschwächte. Als Haustier kam die Ziege hinzu, das Rind wurde als Zugtier gebraucht, während das Pferd als Reittier oder der vornehmen Wagenbespannung diente. In Siedlungsstätten der Sudauer entdeckte man eine große Menge Waldpferdeknochen vom Tarpanschlag ebenso wie Knochen von kleinwüchsigen, dünnbeinigen Rindern. Über die Agrarstruktur während der Vorordenszeit kann man nur mutmaßen, denn jedes prußische Stammesgebiet grenzte sich von seinen Stammesnachbarn durch große, schwach oder halbnomadisch besiedelte Waldgürtel ab, sämtlich unter Tabu stehende heilige Wälder. Da heilige Haine nicht betreten werden durften, minimierte man so die Streitigkeiten untereinander. An den Rändern befanden sich Wehranlagen und meistens lag auch der Hauptort direkt an der Grenze. Nur an Ortsnamen kann abgelesen werden, wie die Landschaft im Kern eines jeden Gebietes ausgesehen hat, welche Bodenbeschaffenheit und welcher Bewuchs nützlich oder schädlich waren oder welches Getier und welche Wetterbedingungen den Landwirt plagten. Erstaunlich differenziert ist die Vielzahl an Begriffen für Moorflächen, Moräste und Sümpfe. Sie zeigen an, ob und wie sie betreten oder gar genutzt werden können. Der Tarpan wurde auch Schweikenpony genannt (prußisch „sweikis“: Pflugpferd) und war ein Vorfahr der ostpreußischen Trakehner.

Es ist davon auszugehen, dass landwirtschaftliche Flächen jeweils von einer Sippe unter der Leitung eines Ältesten bewirtschaftet wurden, denn der prußische Wortstamm „gint-“

Oben: Der Tarpan wurde auch Schweikenpony genannt (prußisch „sweikis“: Pflugpferd) und war ein Vorfahr der ostpreußischen Trakehner.

Dollar hat noch ein echtes Trakehnergesicht, denn der Traber hatte die Flucht in den Westen mitgemacht.

beinhaltet gleichzeitig Mensch, Freund, Jagdverbund, Familie, Sippe und Stamm, also jemand, auf den man sich verlassen kann. Diese Verwandtschaftsverbände („gintos“, litauisch „bendras“) siedelten in so genannten Gartendörfern, das heißt, die Gehöfte lagen verstreut um ein mehrere Hektar großes Feld („laukas“) herum und waren jeweils durch Staketenzäune gegen wilde Tiere gesichert. Diese Siedlungsform, die Benderwirtschaft, hielt sich noch lange im nördlichen Ostpreußen. Geleitet wurde solch ein Sippendorf, in dem nicht alle Mitglieder zwingend blutsverwandt sein mussten, von einem Ältesten, welcher „kunagis“ (Herr) genannt wurde. Wulfstan verstand „cyningc“ und Grunau „kongos“ und leiteten daraus, ihrem Verständnis entsprechend, König und Fürst ab. Die Macht der „kunigas“ oder „kunegs“ war auch kultisch begründet, denn die Burgen lagen nahezu alle in heiligen Wäldern. Grunau berichtet, dass im Gegensatz zu Beerdigungen einfacher Leute der Älteste weit aufwändiger bestattet wurde: *„So is aber ein kongos, dos ist ein furste, war, so vorsamleten etliche waidlotten und in vorbrandten und die Asche sie in neu teppe legten und sie under ihen höfen adir festen in die berge gruben.“* Die Perbandts, eine der alten prußischen Edelfamilien, hatten tatsächlich ihr Erbbegräbnis in einem Burgwall gehabt

Die Gartendorf-anlage ist noch erkennbar.

Ostpreußische Skudden (Foto: Peter Kalisch)

(prußisch „perbanda“: Prüfung, Kontrolle, Herr über die Herde). Neben den in Dörfern angesiedelten Bauern gab es auch das Gesinde („prußisch „seimîns) und die Grundbesitzer, welche dann Lehnsmänner (prußisch „laukinîks“) des Ritterordens wurden. Sie hatten Rossdienste zu leisten und siedelten meist außerhalb auf „Abbau“ genannten Feldern. Die unterste Schicht bildeten die besitzlosen „kumetis“ (höriger Kleinbauer).

Heutige Familiennamen geben zusätzliche Hinweise auf die Landwirtschaft. Züchter der seit der Steinzeit bekannten kleinen, robusten und genügsamen Skudden-Schafsrasse, die sich gut für magere Standorte eignet, erkennt man an Namen wie Schode, Scode, Skudde, Schudike, Schudde und Schudig. Der Name bezieht sich auf die Landschaftspflege, nämlich übermäßigen Wildwuchs zu verhindern: Sudauisch „skust“ (rasieren), preußisch-litauisch „skuta“ (kahle Stelle, bis auf den Grund vernichten), prußisch „skaudist, skaudet, škûdit“ (verletzen, wehtun, schmerzen, schaden). Wosegau, Wosegien, Wosgow und Wosgein deuten auf Ziegenzüchter, und die Namen Keiker, Keykot, Kekow, Kekutte und Keikuth zeigen einen Pferdezüchter an. Der Pferdezüchter Berio, Bereke oder Bereck hatte sich auf den rotbraunen Farbschlag spezialisiert. Bei Schaffran handelt es sich um einen Schweinezüchter und der Familienname Auge weist auf einen Pflanzenzüchter.

Auch wenn das Hauptziel des Ordens darin lag, die eroberte Region auszunutzen, so war ihm, zumindest in seiner Anfangszeit bewusst, dass einem gesunden Bauernstand außerordentliche Wichtigkeit beizumessen sei und richtete deshalb bald sein Augenmerk auf die bäuerliche Kolonisation. Die Kolonisation der westlichen Teile der prußischen Stammesgebiete lief etwa im 14. Jahrhundert ab und zog sich in den Wildnissen bis zum 15. Jahrhundert hin. Einem deutschen Lokator, aber auch einem preußischen Freien, das waren Prußen, die sich an den Aufständen nicht beteiligt hatten oder übergelaufen waren, wurde ein sehr großes Areal zu Lehen gegeben, das sie jedoch allein wegen seiner Größe nicht selbst bewirtschaften und kultivieren konnten. Also hatten sie ein gesteigertes wirtschaftliches Interesse daran, Bauern zu finden, denen sie es als Unterlehen weitergeben konnten. Diese wiederum, aber auch der Oberlehnsherr, konnten das Land weiter zergliedern, bis es gut zu bewirtschaften war. Die Größe eines landwirtschaftlichen Areals wurde für angeworbene deutsche Siedler in Hufen gemessen, auch Hube genannt, die etwa 17 Hektar zu vier Morgen betrug. Die Hufengröße war von Region zu Region verschieden, sie konnte auch bis etwa 30 Hektar groß sein. Prußen wurden im Zuge der Besiedlung enteignet, konnten aber, so sie sich taufen ließen, ein bis zwei in Haken bemessene Areale erhalten, die je etwa 10 Hektar groß waren. Das war die Fläche, die mit dem traditionellen Hakenpflug bearbeitet werden konnte. Haken unterstanden dem preußischen Recht, und der prußische Bauer blieb persönlich unfrei. Der Lokator behielt für sich eine Fläche von vier bis sechs Hufen. Die Hauptabgabe war der Hufenzins. Ein Zinsdorf betrug annähernd 50 bis 60 Hufen. Wer nicht erfolgreich wirtschaftete, konnte aus dem Lehen entlassen werden. Der Lokator war zugleich der Schulz und hatte damit nicht nur die Verwaltung und Eintreibung der Steuern sondern auch die Gerichtsbarkeit auszuüben. Sobald ein Pruße als ungefährlich für den Ritterorden eingestuft worden war oder sich durch besondere Loyalität auszeichnete, konnte er zu einem „Kleinen Freien“ aufsteigen, welchem meist vier Haken zur Bewirtschaftung überlassen wurden. Auch das prußische Fußvolk (prußisch „tallokiniks“: Freienscharwerk) und die „laukinîks“ konnten im Laufe der Zeit in die rechtliche Stellung eines Kleinen Freien aufrücken, so etwa wenn ihr Herr geflüchtet oder gefallen war. Sie waren dem Orden durch Leistung des leichten Reiterdienstes und wohl auch Burgwerksdiensten (prußisch „rataj“: Kriegsdienst) nützlich, so dass er ihnen gegenüber eine recht freundliche Politik betrieb. Nach der verlorenen Schlacht von Tannenberg, nachdem ihre Dienste entbehrlich geworden waren, wurde ihre Lage ungemütlich, denn sie wurden zusammen mit ihren Gütern an Adlige verliehen. „Große Freie“ konnten nur deutsche Siedler, polnische Gefolgsleute oder übergelaufene prußische Häuptlinge und Edelinge werden. Sie wurden Witing genannt und erhielten bevorzugte landwirtschaftliche Plätze, die Vitten, verbunden mit dem Recht der Jagd und Fischerei. Diese Freien stiegen teilweise in den deutschen Adel auf. Fischer erhielten meist nur einen „Garten“ von ein bis zwei Morgen zur Bewirtschaftung. Ihre steuerliche Abgabe bezog sich auf „Gründe“.

An alten Wegkreuzungen wurden gezielt Krüge (prußisches Lehnwort aus dem Slawischen „karczemo“) errichtet. Das waren ebenfalls mit Deutschen besetzte einfachste Gastwirtschaften oder Herbergen mit oft nicht mehr als sechs Trinkgefäßen. Der Krüger hatte die Aufgabe, der deutschen Sprache und Kultur als Multiplikator zu dienen, da an diesen Treffpunkten auch die Einheimischen einkehrten. In der Nachordenszeit lehnten deutsche Adlige es meist ab, Dörfer zu gründen, da sie keine freien Bauernschaften dulden wollten. Und umgekehrt zogen es die Kolonisten vor, sich unter die Oberhoheit des Landesherrn zu begeben. Außer den Witingen erhielten nur Deutsche die Jagd- und Fischereigerechtigkeit ebenso wie die Bewirtschaftung der Schmieden und der Mühlen. Letztere dienten gleichzeitig der einfachen Rechtsprechung sowie der Kontrolle der Erntemenge und damit der steuerlichen Festsetzungen.

Im 14. Jahrhundert geschah die Verleihung meist nach Magdeburger Recht, weil das Gut in Todesfällen zunächst nicht an die Erben fiel und häufigere Verleihungsmöglichkeiten bot. Danach unterstanden Hufenzinsdörfer dem Recht der Stadt Kulm, sie hießen daher Kölmer. Zunächst war nur die Vererbung an männliche Nachkommen möglich, nach 1487 auch an weibliche. Das preußische Recht kannte dagegen kein Erbrecht. Wer von den Prußen nach günstigerem Recht eingestuft worden oder sonst wie erfolgreich aufgestiegen und möglicherweise Schulze geworden war, versuchte recht bald, seinen Namen zu ändern um seine Herkunft zu vertuschen. So ließ sich beispielsweise der Samländer Tunge von der Familie Tüngen aus Würzburg bescheinigen, einem Zweig dieser Familie anzugehören. Oft wurde ein prußischer Name einfach ins Deutsche übersetzt oder lautmalerisch angepasst, so dass es heutzutage äußerst schwierig ist, anhand eines Familiennamens die ethnische Zuordnung vorzunehmen. Hinter jedem deutschen Namen kann sich auch ein Pruße verbergen. Wirtschaftsbetriebe konnten nach 1750 durch Einkaufsgeld in Erbpacht ausgetan werden. Ab 1850 ermöglichte man den Erbpächtern durch Kapitalabfindung oder Rentenzahlung das volle Eigentum zu erwerben, sie wurden so zu Erbzinsern.

Die Prußen waren durch Aufstände, Kriegsfahrten und Seuchen derart dezimiert, dass im gesamten Gebiet ein Arbeitskräftemangel herrschte. So wurden neben dem Gesinde, das sich aus Kindern deutscher und prußischer Bauern zusammensetzte, auch „Gärtner“ und freie Landarbeiter gegen Lohn eingestellt. Gärtner waren keine Gärtner im heutigen Sinne sondern Kleinstbauern. Sie wurden meist nach Kulmischem Recht beliehen, jedoch nur mit einer kleinen landwirtschaftlichen Stelle, also einem Garten von wenigen Morgen Größe, die eine Familie oft nicht ernähren konnte. Die Gärtner wurden in manchen Gegenden auch als „Eigenkätner“ bezeichnet. Die Kölmer waren zum Reiterdienst bei der Landesverteidigung verpflichtet und hatten deswegen große Freiheiten: So leisteten sie nur geringe Abgaben an Wachs, Geld und Pfluggetreide, konnten an Söhne und Töchter vererben und sogar mit Vorwissen des Ordens Land verkaufen. Weiter waren sie von allem Scharwerk befreit und bekamen die Privilegien der Brauerei, der Fischerei sowie der mittleren und minderen Jagd. Die Zahl der prußischen Landarbeiter war jedoch so gering, dass etwa um 1500 auch eingewanderte deutsche Bauern zum Scharwerksdienst herangezogen wurden und somit in die Hörigkeit gerieten. Deutsche leisteten Zinszahlungen in Geld und Prußen in Naturalien. Hochzinser waren solche Bauern, die sich durch zusätzliche Geldleistungen vom Scharwerk befreien konnten und nur mit einigen Bediensten und Fuhren belastet wurden.

Solange der Orden die Zügel in der Hand behielt, waren die Hintersassen vor gar zu großer Ausnutzung und Überlastung mit Diensten sicher. Es ging ihnen besser als den unter polnischer Feudalherrschaft stehenden Litauern und den zuvor während der Kriegshandlungen nach Litauen geflohenen Prußen. Scharen misshandelter Leibeigener flohen aus dem polnisch-litauischen Gebiet hinüber in das mildere Recht des Ordens. Nach der Schlacht von Tannenberg 1410, in der der Orden durch Polen-Litauen besiegt worden war, änderte er gezwungenermaßen seine bauernfreundliche Politik, denn er war pleite und musste seine Soldaten mit Land statt mit Geld auszahlen. Eine Unzahl von Söldnern und deutschen Adligen erhielten Großgrundbesitz und damit die Herrschaft über die Bauernschaften. Aus diesen Söldnern entstand der ostpreußische Adel, der sich prächtige Herrenhäuser baute. Die Misswirtschaft und Willkürherrschaft dieser Leute sprach sich bald herum und der Zuzug deutscher Siedler ließ dramatisch nach. Zudem zog es viele ansässige Bauern in die Städte, denn „Stadtluft macht frei!" Dies war folgenreich, weil es vermehrte Scharwerksdienste für die verbliebenen Bauern bedeutete. Die Gutsherren konnten wegen des geschwächten Ordens eigene Arbeitsverfassungen einführen, und der Adel nutzte die Lage aus, indem er auch deutsche Bauern gutsuntertan machte, zunächst nur dinglich, später erbuntertänig. Die Entweichungen der Bauern in die Städte oder auf die Nachbargüter mit weniger Scharwerksdiensten häuften sich schließlich derart, dass jetzt die Gutsherren von den abwandernden Kolonisten die Stellung eines Sohnes oder sonstigen Ersatzmannes forderten. Die Dienste der prußischen Landwirte und die Gesindedienste ihrer Kinder standen selbstverständlich dem Gutsherrn zu, während die Kinder deutscher Bauern die volle Verdingungsfreiheit hatten und frei entscheiden konnten, zu wem sie in Stellung gingen. Das Gesinde war sich allerdings seiner Unentbehrlichkeit durchaus bewusst und hat seine Stellung dem Adel gegenüber stets zu wahren gewusst, wenn auch auf eine untertänige keck-verschmitzte Weise. Die Steuersätze, nachzulesen in den Türkensteuerlisten von 1540, wurden nach dem nicht hinreichend geklärten Begriff „nacht" oder Nachtgeld berechnet: 1 nacht entspricht 1 Pferd oder 1 Rind, dagegen haben Schweine, Schafe und Ziegen je nur den Wert einer ¼ nacht.

Im Jahre 1525 zettelten prußische Freie unter der Führung des Müllers von Caymen, des samländischen Hans Gericke, und der Natanger Hans Pflegel, Kaplan Georg Frenzel und Pfarrer Markus aus Allenburg einen Bauernaufstand an, der schnell auf deutsche Bauern überschwappte. Voraus gegangen waren schwere Unrechtshandlungen der Junker, welche versuchten, die verbrieften

Rechte auszuhebeln, Zins und Scharwerk in die Höhe zu treiben und aus den Bauern das Maximale herauszupressen. So trieben sie Bauern und Krüger von ihrem Besitz, schüchterten gerichtliche Zeugen ein und verboten die Aussaat, so dass der Familie im folgenden Jahr keine Nahrungsmittel zur Verfügung standen. Bauern, welche sich beschwert hatten, wurden mehrmals vor Gericht geladen, wozu sie lange Wege durch schwer begehbare Gegenden zurück zu legen hatten. Wenn sie dann auch noch in unbeholfener deutscher Sprache ihren Gutsherrn angeblich „beleidigt" hatten, so erhielten sie Arrest und Geldstrafen obendrein. Auch Frauen mit ihren Säuglingen kamen ins Gefängnis. Statistiken des 16. Jahrhunderts weisen aus, dass die Bevölkerung immer noch zu mindestens 60% aus Prußen bestand. Unter dem Orden war der Edelstand der prußischen Häuptlinge und Krieger wenigstens anerkannt worden, jetzt waren auch sie hörige Bauern geworden und konnten dies mit ihrem Selbstverständnis durchaus nicht in Einklang bringen. Aber der Aufstand wurde niedergeschlagen, die Anführer wurden hingerichtet und es folgten weitere Verschlechterungen: Der eigene Hof konnte nicht mehr vererbt werden und der Gutsherr konnte bei schlechter Wirtschaft beliebig neue Bauern ansetzen. Zudem wurden neue Scharwerksdienste eingeführt und auch Frauen wurden jetzt schollenpflichtig und hatten Gesindezwangsdienste zu leisten. 1595 waren die Belastungen derart umfassend, dass diejenigen von 1525 wie Erholung hätten erscheinen können. Die Landordnungen von 1577 und 1640 verfügten unter anderem: *„Ein Bauer oder eines Bauern Sohn aus einer Herrschaft dürfen in einem anderen Dorf nicht ohne schriftlichen Schein angenommen werde."* Dieser „Losschein" kostete den Bauern den Gegenwert von mehr als einem Ochsen. Männer durften sich nicht an einen anderen Ort verheiraten und konnten vom Gutsherrn zurück gefordert werden; Mädchen konnten mit Genehmigung der Herrschaft nach auswärts heiraten. Das Volk nahm seine Zuflucht zum Alkohol. *„Nachdem* *etliche Pauern ihre Wohlfahrt vergessen/ im Markt und anderen Tagen/ so hoch auf das Saufen geflissen/ dass sie Tag und Nacht auch länger und ohne Unterlaß beym Bier liegen/ ihre Pferde auf dem Markt/ Weib und Kind daheim hungern lassen/ die Arbeit versäumen/ und gründlich verderben. Hierauf befehlen wir, dass jedermänniglich bey Sonnenschein/ sich aus den Städten/ heimwärts machen und begeben/ wo er darnach befunden/ sol seyner Amtsverwaltung ergriffen/ in Ketten gespannt/ oder sonst zu harter Strafe genommen werde."*

Im Jahre 1640 war der Unterschied zwischen deutschen und prußischen Bauern verwischt, und es wirkte sich jetzt ganz besonders übel aus, dass der Gutsherr in einer Person Arbeit- und Lohngeber, Lehnsherr und Abgabeneinnehmer und zugleich der Richter war. Gärtnern erging es nun ebenso schlecht wie den Bauern; selbst „Kaufgärtner", die ihr eigenes Land erneut käuflich erworben hatten, durften es nicht mehr vererben. Lohngärtner hatten dagegen mehr Freizügigkeit und handelten meist Verträge über drei Jahre aus. Sie bekamen Geld und konnten nicht einfach zu Scharwerksdiensten herangezogen werden wie die Gärtner und Bauern. Daneben gab es noch die Inste, auch Einwohner und Einlieger genannt, die ebenfalls Freizügigkeit hatten, deren Arbeitsverhältnisse jedoch auf Saisonarbeits- und Tagelohnbasis beruhten. Das Gesinde erhielt je nach Stellung einen Jahreslohn zwischen 8 und 20 Mark sowie Zugedinge (Kleidung und Schuhe). Wer aus dem Dienst austrat, hatte innerhalb von acht Tagen ein neue Stelle anzutreten.

Die eigene landwirtschaftliche Arbeit eines jeden Untertänigen musste bis zum Feierarbeit warten, also bis Sonnenuntergang, denn die Scharwerksdienste für den Gutsherrn hatten immer Vorrang, selbst wenn die eigene Ernte zu verderben drohte. Diese Dienste waren so zahlreich, dass sie aufgeführt lohnen: Pflügen und Eggen, Ausmisten, Mistfahren, Miststreuen, alle Erntearbeiten, Waschen und Scheren der Schafe, Schafhortenfuhren, Brot- und

Malzgetreidefuhren zur Mühle, zwei Getreidefuhren nach Königsberg zu üblicher Bezahlung, jährlich ½ Fischfuhre, Wollfuhren, Fahren von Bier und Branntwein aus der Brennerei in die Krüge, Deputatholzfuhren gegen übliche Bezahlung, Deputatholzfuhren für Kirchen- und Schulbediente, Salzfuhren, wenn angefordert, Vorspann-, Kriegs- und Marschfuhren, Fouragelieferungen gegen Vergütung des gelieferten Getreides zu üblichen Preisen, Burgdienste bei Amts- und Vorwerksgebäuden, alle Mühlendienste, alle Forst- und Jagddienste, Dienste zur Verbesserung der Ströme und Dämme, Hand- und Spanndienste bei Kirchen- und Schulbauten, Reparatur der Vorwerkszäune, Reparaturen an Vorwerks-Insthäusern, Holen und Wegbringen der Justizbeamten, Fortbringen der herrschaftlichen Briefe, Botengänge nach Willkür der Herrschaft, Beiträge für Festungsbauten, sowohl an Menschen als auch an Geld, Leistung aller Dorfverbindlichkeiten, Besserung der Wege und Brücken, Weidenpflanzungen in Dörfern und an Straßen.

Wohlgemerkt, die Dienste waren, außer wenn gesondert vermerkt, ohne jede Bezahlung zu leisten. Die Belastungen führten dazu, dass der untertänige Bauer erst Mitte Juni mit der eigenen Aussaat beginnen konnte, was für die ostpreußischen Klimaverhältnisse sechs bis acht Wochen zu spät war. Zudem mussten Schulmeister und Pfarrer versorgt werden. Die Calende für den Pfarrer wurde von der Dorfgemeinschaft gemeinsam aufgebracht: Unter anderem 23 Scheffel Roggen, 23 Pfund Butter, 176 Sechstel-Ellen Wurst, 70 Mandel Eier (1 Mandel sind 15 Stück), 408 Pfund Brot, 46 feine Brote, 33 grobe Brote, mehr als 1700 Kubikfuß Klobenholz, rund 250 reingeschwungenen Flachs, 23 halbe Schweinsköpfe, Gänse, 17 Neuscheffel Roggen, 3 Neuscheffel Gerste, 13 Schock Eier (1 Schock sind 60 Stück) und knapp 40 Fuder Holz und einiges mehr. Anlässlich der Calende feierte die Bevölkerung die Kalande. Das war ein üppiger Schmaus, denn er erinnerte an das prußische Volle-Scheunen-Fest („kalene, calene“: Getreidescheune).

All dies hatte zur Folge, dass der Verantwortungswille gelähmt wurde. Die Bauern kümmerten sich weder um den Verfall ihrer Häuser noch um den des Inventars. Sollte es doch die Herrschaft in ihrem eigenen Interesse wieder aufbauen! Selbst das nach naturreligiöser Überzeugung dem Menschen gleichwertig angesehene Vieh wurde schlecht versorgt und behandelt, gehörte es doch dem Gutsherrn. Ganze Familien flüchteten, und die Obrigkeit hatte Mühe, wüst geworden Höfe mit Siedlern zu besetzen. Zu Hause verbliebene Sippenmitglieder wurden für die Flucht ihrer Verwandten mit Stockschlägen bestraft: *„dass er sie mit eisernen Flegel hat schlagen lassen, so dass beide hart darnieder im Bett liegen*“. Auch die Einführung neuer landwirtschaftlicher Techniken wurde abgelehnt, zumindest aber misstrauisch in Angriff genommen, da die ständige Bevormundung die Bauern gelehrt hatte, in jeder Neuerung nur wieder die Minderung der eigenen Lebensqualität zu vermuten. Im 18. Jahrhundert werden sie als „träge, dumm, gedankenlos, grob, trunksüchtig, misstrauisch, boshaft, rückständig, trotzig, diebisch und heimtückisch“ bezeichnet. Deshalb gingen die Gutsherren nun davon aus, dass der Bauer am besten unter Druck und in Elend seine Pflicht erfülle. Misshandlungen nahmen zu: Für geringfügige Vergehen gab es bis zu dreißig Peitschenhiebe mit der mehrschwänzigen Karbatsche, für schwere Vergehen sechs bis zehn Rutenschläge. Die Ruten wurden zuvor in Salzwasser getaucht, damit sie auf den entblößten Körperteilen nachhaltige Schmerzen verursachten. Dabei sollten es pro Rute nicht mehr als drei Schläge sein, oft wurde aber solange gepeitscht, bis die Rute zerbarst. Zwar konnte ein Untertäniger dagegen klagen, doch der Richter war zugleich sein eigener Gutsherr, der nicht nur diese Strafe verhängt sondern auch sein Gaudium daran hatte, wenn die Klage in radebrechender deutscher Sprache vorgebracht wurde. Und so trat dann das ein, was die Nachbarn spottend prophezeit hatten: „Er geht sich Ruten holen!“ Die große Masse der Landbevölkerung, und das waren in

Ost- und Westpreußen die Prußen und eingewanderten Balten und Slawen, gehörte zu den erbuntertänigen Bauern, Kossäten, Gärtnern, Hofgängern, Landarbeitern, Losmännern oder wie man sie sonst betitelte, also zum Gesinde. Als quasi Leibeigene hatten sie Abgaben und Frondienste zu leisten, durften ihren Aufenthaltsort nicht wechseln, konnten verkauft und misshandelt werden und waren der Willkür ihrer Herren ausgeliefert. Während untertänige Bauern nur zusammen mit ihren Grundstücken veräußert werden durften, konnten die Leibeigenen wie ein Stück Vieh beliebig verkauft werden. Auch Kinder wurden von ihren Eltern getrennt und als Gesinde verkauft. Es gibt Berichte, dass Mütter Mohn in einen Stoffbeutel füllten und ihren Säuglingen als Lutscher gaben, damit diese in einen Dauerschlaf versetzt, am Feldrand abgelegt werden konnten, während die Mutter ihrer Arbeit nachzugehen hatte. Von den Einheimischen wird berichtet, dass sie sich dahin gehend geäußert haben, sie wollten lieber nicht in den Himmel kommen, wenn da auch nur ein einziger Deutscher wäre. Ein Steuerinspektor im Amt Heydekrug notiert im Jahr 1736: *„Dieses aber muß hiebey benennen, daß viele unter schlechte Wirths gesetzet seyen; Ich glaube aber, wenn der Zinß leydlich, und sie nur Brodt dabey hätten, sie auch mehr Lust und Begierde zu wirtschafften haben solten, den bey diesem unerleydlichen Zinß, bald laufft einer weg, der andere komt wieder auffs Erbe, und das veruhrsacht der schwere Zinß, daß sie bald verarmen, und davon gehen müßen.“*

König Friedrich Wilhelm I., der Soldatenkönig entdeckte, dass der ostpreußische Adel infolge der Finanzpolitik des Ordens zwar nie von der Besteuerung ausgenommen worden war, dass er sich aber nach Niedergang des Ordens mehr oder weniger selbst aus der Pflicht entlassen hatte, denn er war der Überzeugung, dass die Stellung von Rittern zur Landesverteidigung ausreichend war. Die Domänenverwaltungen hatten diese Missstände zusätzlich verschleiert oder Verbesserungen für die Bauern mit der Begründung hintertrieben, das ostpreußische Klima sei ungünstig. Zwischen 1716 und 1719 bereisten Kommissionen das Land und bewerteten den Boden. Danach wurde die Steuer als „Hufenschoß“ festgesetzt, welcher später durch die Grundsteuer abgelöst wurde. Auch wenn der Adel beschwichtigt werden musste, kümmerte sich der König doch ernsthaft um die Verbesserung des Loses der Bauern, jedoch gelang ihm dies fast ausschließlich auf seinen Domänegütern. Er verringerte die Belastungen, verbot Züchtigungen und setzte die Pflichtdienste auf nur (!) drei bis vier Tage pro Woche fest. Der Adel folgte, wenn überhaupt, nur sehr schleppend. Schließlich machte sich der König die ostpreußischen Salzburger Exulanten bis heute dankbar, denn er verhalf den Glaubenflüchtlingen 1732 zu einer neuen gesicherten Existenz. Dies geschah nicht ganz uneigennützig, hatte doch die Pest von 1709 bis 1711 vor allem unter der unterernährten prußisch-litauischen Bevölkerung des nördlichen Ostpreußens gewütet und machte eine Aufsiedlung dringend notwendig. Allerdings erließ er am 13. Juli 1732 auch folgendes Dekret: *„Die schlechten Wirte in Litauen müsst ihr von den Höfen setzen und an deren Stelle Salzburger etablieren. Es sollten die Abgesetzten aber zu Gärtnern und Hausleuten in den Dörfern emploiert oder auch denen von Adel, so welche verlangen, überlassen, danebst wohl verhütet werden, dass sie nicht weg- oder außer Landes laufen.“* Am selben Tag verfügt der König für die Salzburger: *„Ansonsten sollt ihr wohl verhüten, dass diese Leute sich nicht auf litauisch kleiden noch in Pareisgen gehen oder dergleichen schädliche Tracht annehmen.“* (Anm.: mit „litauisch“ ist die prußisch-litauische Mischbevölkerung des nördlichen Ostpreußen gemeint.) Die Salzburger wurden vorwiegend in Nadrauen im Gebiet der Quellflüsse des Pregels angesiedelt. Sie erhielten etliche Privilegien, aber man muss ihnen zugute halten, dass sie selbst nicht arrogant waren und sich auch nicht von ihrer Umwelt abkapselten. Bereits ab der zweiten Generation fand die Vermischung ihrer Nachkommen mit der einheimischen

Bevölkerung statt, so dass viele heutige Prußennachkommen auch Salzburger in ihrem Stammbaum vorfinden.

Friedrich II., der Große, prägte sich deshalb positiv in die Erinnerung der prußischen Landleute ein, weil er nicht nur die Sümpfe kultivieren und Kanäle bauen ließ und so etliche Arbeitsplätze und neues Siedlungsland schuf, sondern weil er vor allem auch die Verpflichtung zum Gesindedienst untersagte und die Erbfolge wieder einsetzte. Selbst heutige Prußennachfahren gedenken seiner in liebevoller Erinnerung, wurden doch seine Wohltaten auf vielen familiären Zusammenkünften, mit Anekdoten ausgeschmückt, mündlich weitergegeben. Zudem führte er die allgemeine Schulpflicht ein und ermöglichte auf diese Weise den Kindern der prußischen Unterschicht den sozialen Aufstieg in die deutsche Gesellschaft. Wer „gut lernen konnte", durfte nun auf die höhere Schule gehen und sogar auf der Königsberger Universität studieren! Nun konnte ein prußischer untertäniger Analphabet stolz auf seinen „deutschen" Enkel sein, welcher jetzt als uniformierter Postmeister oder als angesehener Schulmeister ins Dorf zurückkehrte, die Orgel spielen konnte und in einer Sprache daherredete, die er selbst kaum verstand. In seinem Testament hob der König hervor, dass er die Fronleistungen herabzusetzen versucht hatte, weil die Bauern einen großen Anteil der Steuern einbrachten und auch die meisten Rekruten lieferten. Trotzdem blieb der Adel nach wie vor von den meisten Lasten befreit, diese lagen einseitig bei den Bauern. Neben den Frondiensten waren es Kontribution und Vorspann, Spinngeld und Fleischzehnt, Wachszins, Schafzins und Metzkorngeld sowie andere Leistungen, die den Untertanen vom Staat und dem Gutsherren auferlegt wurden, so dass einer großen Zahl Bauern nur ein Minimum des Ertrages für die Erhaltung der eigenen Familie und für die Reproduktion der Wirtschaft verblieb.

Unter seinem Neffen Friedrich Wilhelm II. „der dicke Wilhelm" wurde 1794 die Leibeigenschaft aufgehoben, obwohl es im Allgemeinen Landrecht immer noch hieß: *„Faules, unordentliches und widerspenstiges Gesinde kann die Herrschaft durch mäßige Züchtigung zu seiner Pflicht anhalten; auch dieses Recht den Pächtern und Wirtschaftsbeamten übertragen.“* Die Gutsherren gingen nun daran, die Bauern durch kostengünstigere Lohngärtner zu ersetzen, jedoch wurden nach 1807, nach den napoleonischen Kriegen, die Verwüstungen derart stark, dass auch den Bauern bessere Bedingungen geboten wurden. 1807 wurde die Erbuntertänigkeit endgültig abgeschafft und in einem Edikt von 1810 wurde die Befreiung der Domänebauern veranlasst, die der Privatbauern folgte später. Jegliche Gutsuntertänigkeit und Leibeigenschaft wurde für beendet erklärt. *„Was die Bauern betrifft, so ist ein neuer Geist in sie gefahren: ihre Lust und Tätigkeit übertreffen allen Glauben; sie fahren Tausende von Steinfuhren vom Acker, um einen viertel magdeburgischen Morgen Land zu gewinnen; sie roden Stechpfriemen, Heidekraut und Stubben aus, wo sie Jahrhunderte standen.“* Trotzdem mussten sie weiter die Befehle ihrer Herrschaft und deren Verweise mit Ehrerbietung und Bescheidenheit annehmen. Die Dienste und Abgaben der Bauern und Kossäten wurden aber durch diese Milderungen nicht berührt, so dass es zu Aufständen kam, weil sich viele Bauern mehr davon erwartet hatten und zur Selbsthilfe griffen. Freiherr vom Stein hatte zuvor erfolglos auf diese misslichen Unterschiede aufmerksam gemacht. Nach diesen Aufständen sah sich Staatskanzler Hardenberg in einem neuen Edikt veranlasst, den Adel wieder zu stärken. Die Erbbauern mussten ein Drittel, die Bauern mit begrenztem Recht die Hälfte an den Gutsherrn abgeben oder sich loskaufen, wenn sie auf ihrem eigenen Land Eigentümer bleiben wollten. Die meisten Prußen hatten jedoch gar keinen Landbesitz, für sie änderte sich kaum etwas. Insgesamt war die Lage der Insten aber nicht ungünstig, denn sie erhielten wenigstens niedrigen Lohn. Jedoch schwand zunehmend das Zusammengehörigkeitsgefühl, die Schichten divergierten und eine Schicht der Landarbeiter oder

Losmänner entwickelte sich. Die körperliche Züchtigung blieb faktisch bis 1918 erhalten. Im Hungerwinter 1846/ 47 schreibt der Adlige Ernst von Saucken-Tarputschen, selbst prußischer Abstammung, an die Staatskanzlei in Berlin: *„Die Not ist nur in den Dörfern, vorzugsweise in den königlichen, und dennoch hat die Verwaltung noch gar nichts getan und scheint auch nichts tun zu wollen. Die Hände in den Schoß, in Lust und Behaglichkeit gelegt, läßt man Menschen – Mitchristen – Untertanen des gepriesenen preußischen Staates des jammervollen Hungertodes sterben. Kirchen werden gebaut, neue Prediger werden angestellt, aber Christi Gebot: `Du sollst deinen Nächsten lieben als dich selbst!´ nicht befolgt."* Auf Drängen von Sauckens wurde ein Notstandsausschuss gebildet, der die Ursachen für die gerade in Ostpreußen so häufigen Notstände untersuchen sollte.

Die Prußen erhielten ab Mitte des 18. Jahrhunderts das Recht, in den Städten heimisch zu werden, allerdings zunächst nur als Gesinde und als neues Proletariat. Handwerker zu werden kostete Lehrgeld und war aus diesem Grunde nur selten möglich. Wer gar Meister werden wollte, musste ein gewisses Vermögen nachweisen. Aber wer von den Prußen hatte ein solches? Nach Aufhebung der Schollenpflicht nutzen insbesondere die jungen Leute die neu gewonnene Freiheit, ihre Eltern konnten sie nun nicht mehr halten. Es setzte eine Abwanderung als Industriearbeiter ein. Tausende suchten Arbeitsmöglichkeiten in den schlesischen und westdeutschen Ballungs- und Industriegebieten oder in Übersee. Andere arbeiteten als Erntehelfer in den Großräumen Hamburg und Berlin. Mädchen verdingten sich als Dienstmägde in die großen Städte. Besonders in Berlin waren die ostpreußischen „Marjellen" als fügsame Arbeitskräfte begehrt, die sich mit einem Holzverschlag als Schlafstelle, hoch über dem Herd in der Küche angebracht, begnügen mussten. Besonders im Sommer war es dort erstickend heiß, und der Dienst dauerte ohne Jahresurlaub sieben Tage die Woche rund um die Uhr. Freizeit gab es alle 14

Tage sonntags nach dem Mittagessen für ein bis zwei Stunden. Und wenn die Marjell bedauerlicherweise auch noch attraktiv war, schloss das zusätzlich die „Bedienung“ des Hausherrn und seiner Söhne mit ein. Auch wenn es seit 1909 Landarbeitergewerkschaften gab, änderte sich für die Landbevölkerung bis in die Zeit der Weimarer Republik wenig: *„Hier waren die Ärmsten der Armen zu Hause, deren Arbeitszeit von Sonnenauf- bis Sonnenuntergang ging und trotzdem nur das besaßen, was sie auf dem Leibe trugen. Viele Knechte schliefen in Bretterverschlägen neben dem Pferdestall und waren froh, daß sie es dort in der Nähe der Tiere noch einigermaßen warm hatten, während manche Mägde in oft ungeheizten Dachkammern fast erfroren. Die Kleinbauern fühlten sich zwar noch als etwas Besseres, da sie eigenes Land und einen Hof besaßen, doch ihre Arbeitszeit ging auch von Sonnenauf- bis Sonnenuntergang, oft genug wurde keine Sonntagsruhe eingehalten. Allen gemeinsam war jedoch eine auffallend große Lethargie – eine Ergebenheit in ihr Schicksal.“*

Fischerei

Schon die heidnischen Priester überwachten die Einhaltung der Tabus und übten somit eine Art Fischereiaufsicht aus. Chronisten berichten, dass die Priester bei den Gelegenheiten des Fischopfers den einzelnen Fischern Ort und Zeit des Fischfangs angewiesen haben. Hartknoch erwähnt: *„als welcher ein gott der fischer und Schiffsleute gewesen"*. Damit war der gefürchtete Gott Bardoaitis gemeint, gefürchtet deshalb, weil er Schiffe umblasen konnte und mit Fischopfergaben besänftigt werden musste. Prätorius erwähnt dreizehn Arten von Netzen, Angeln und Fischkästen. Außerdem war bekannt, dass in heiligen Seen und Teichen überhaupt kein Fischfang betrieben werden durfte. Die Göttin Ezerine bestrafte nämlich den Frevel mit dem Trübwerden des Gewässers.

In den Urkunden des Deutschen Ritterordens wird die rechtliche Regelung der Fischereiverhältnisse verzeichnet. Bald nach seiner Ankunft in Preußen nahm er die Fischerei als „Regal" für sich in Anspruch, also als ein mittelalterliches Königsrecht. Rechtsgrundlage war unter anderem die Goldene Bulle von Rimini aus dem Jahre 1226. Trotz wechselnder Regierungsformen und Rechtsauffassungen blieb die Fischerei in den preußischen Haffen bis 1945 im Eigentum des jeweiligen Staates. Städte, Gemeinden, Klöster und Großbesitzer erhielten Fischerbriefe, so genannte Keutelbriefe, in denen die Höhe des jährlichen Pachtzinses festgelegt war. An den Haffküsten bildeten sich Sümen (pr. „simt": hundert), also Fischergemeinschaften, die sich gemeinsam ihre Keutelbriefe kauften. Privatleute erhielten lediglich die kleine Fischerei *„zu des Tisches Notdurft"* oder *„sie mögen sich einen Fisch aus dem Wasser ziehen."* Der Verkauf war genau geregelt: Zuerst musste der Fang dem Ordenshaus angeboten werden, bevor er auf den Markt gebracht werden durfte. Dort war der Verkauf wiederum durch die Willküren der Städte geregelt, in denen unter anderem Qualität und Gewicht festgehalten waren. Die Flussfischerei galt

Handelsschiffe (G. Salemke 1985)

Binnenschiffe (G. Salemke

Prußen retten Schiffsbrüchige (V. Blinov 1990)

als unübersichtlich, denn die Besitzverhältnisse beruhten noch auf Privilegien aus dem 15. und 16. Jahrhundert.

Das Fischereiregal übte der Orden zum Teil in eigener Regie aus, indem er die Gewässer durch eigene Fischmeister bewirtschaften ließ, aber er verlieh auch die „Gerechtsame“ an Städte, Klöster und Einzelpersonen oder verpachtete jährlich die Fischerei gegen Zinszahlung. In ihren jeweiligen Landesteilen besaßen die preußischen Bischöfe und gleichfalls die Domkapitel das Fischereiregal. Um 1400 wird die Anzahl der Fischmeister des Ordens mit 39 angegeben. So war Heinrich Reffle von Richtenberg, der spätere Hochmeister, Fischmeister auf Pautzka (Putzig). Besonders häufig werden in jener Zeit die Fischmeister von Angerburg, Arys, Krakerort, Elbing, Ruß, Scharpau und Wolitta erwähnt. Wenn auch die Fischmeister vornehmlich den Fischfang in eigener Regie unter der Ägide des Ordens betrieben, um die Burgen, vor allem für die Fastenzeit, mit Fischen zu versehen, so stand ihnen auch schon damals die Aufsicht über die in den Privilegien

Das Bernsteinrecht

In der frühesten Zeit war es jedem frei gewesen, den von der See auf den Strand geworfenen Bernstein aufzusammeln; als aber die Brüder des Ordens das Land in Besitz nahmen, erkannten sie, wie großen Nutzen sie daraus ziehen möchten, wenn sie sich solchen vorbehielten; und Br. Anselmus von Rosenberg, der Vogt auf Samland, ließ ein Gebot ergehen, daß jeder, welcher unbefugt Bernstein sammle, mit der Strafe des Stranges belegt werden solle. Die Preußen aber, von denen viele ihren Unterhalt hieraus bezogen, insonderheit die Fischer, denen der Bernstein oft beim Fischen zur Hand kam, kehrten sich nicht daran. Da ließ der Vogt jeden, der beim Sammeln ergriffen ward, ohne weiteres Urteil und Recht an dem nächsten Baume aufknüpfen, so daß viele jämmerlich ums Leben kamen. Für diese Tat hat aber Anselmus keine Ruhe im Grabe gehabt. Noch mehrere Jahrhunderte hernach hat man zu Zeiten seinen Geist am Strande umherwandeln gesehen, ausrufend:
O um Gott, Bernstein frei! Bernstein!

Im Jahre 1523 ereignete es sich, daß einige Strandbauern, denen der Hochmeister Albrecht das Salz, was sie sonst bekommen, vorenthielt, aus Not etliche Stücke Bernstein aufsammelten und an Bürger in Fischhausen verkauften; die Sache wurde ruchbar, und die Täter wurden hart gestraft. Seit der Zeit nahm die Menge des Bernsteins so ab, daß man kaum den tausendsten Teil soviel erhielt wie früher. Wohl sah man ihn noch in großen Mengen am Ufer schwimmen, wenn man aber mit den Gezeugen hinankam, so war er entschwunden. Da meinten die Brüder, Gott habe ihnen die köstliche Gabe nicht ferner gegönnt.

Aus: „Ostpreußisches Sagenbuch"
(Nachdruck durch den Insel-Verlag Leipzig, 1982)

zugestandenen Netzarten, Maschenweiten, Fangbezirke und die Ausstellung der jährlichen Erlaubnisbescheinigungen zu. Auch für den Eingang der Fischereiabgaben waren sie zuständig. Diese wurden zunächst als Naturalien gezahlt, nach 1400 mussten sie zunehmend als Geldzins gegeben werden.

In den Verleihungsurkunden, Verordnungen und Maßnahmen des 15. Jahrhunderts unter den Hochmeistern Hans von Tiefen und Herzog Friedrich von Sachsen sind Vorkehrungen zum Schutz des Fischbestandes erkennbar, zu einer umfassenden rechtlichen Regelung zum Schutze der Fischerei ist es bis zum Ende der Ordenszeit 1525 nicht mehr gekommen. Allerdings wird zur Regierungszeit des Markgrafen Albrecht von Brandenburg

Bezug auf eine alte Regelung genommen. Seit der Umwandlung des prußischen Ordensgebietes in ein weltliches Fürstentum gewannen die Einkünfte aus der Fischerei eine größere Bedeutung. In den Fischerordnungen des 16. und 17. Jahrhunderts werden sowohl die Naturallieferungen für die Hofhaltung bestimmt als auch fischereipolizeiliche Regelungen getroffen, die der Erhaltung des Fischbestandes dienten. Es gab aber auch andere Vorschriften bezüglich der Sonntagsruhe auf den Haffen sowie des Verbotes zu fluchen, zu schelten und zu schwören. Während der Gottesdienste waren Kauf und Verkauf untersagt. Fischerknechte und Garnmeister wurden ebenfalls gegängelt, und selbst die Fischpreise, das Eigentum am Strandgut sowie die Hilfeleistung für in Seenot befindliche Wittinnen auf dem Haff wurden genauestens geregelt. Bernsteinsucher wurden mit harten Strafen belegt, denn die Einnahmen aus diesem lukrativen, Jahrtausende alten prußischen Handel wollten sich die Herrscher nicht entgehen lassen. In den Fischereiordnungen des 17., 18. und 19. Jahrhunderts sind verbesserte Schutz- und Schonbestimmungen gegen Raubfischerei zu erkennen. Zu diesen Maßnahmen gehörte auch das Gebot der Flaggenführung auf beiden Haffen, aus dem die Kurenwimpel hervorgegangen sind, die also keinen alten Brauch darstellen, sich allerdings alter heidnischer Göttersymbole bedienten.

Eine besondere Fischart im Kurischen Haff war die silberglänzende Ukelei, die nahezu ausgerottet wurde, nachdem ihre Schuppen für die Herstellung künstlicher Perlen Verwendung fanden, denn 20.000 Fische gehörten dazu, um ein halbes Kilogramm Perlessenz herzustellen. Traditionelles Boot der einheimischen Prußen und Kuren war die „seuwe“, welche einen durchlöcherten Kasten, die „seeke“ zum Frischhalten des Fangs besaß. Es gab auch spezielle flache Boote für seichte Stellen („lomm“), die bäuchlings liegend mit Brettern gepaddelt wurden, damit der Jäger im Schilf Vögel jagen konnte. Die Namen der Boote leiteten sich immer von ihrem Netz ab. Verbreitet war die Anteils- oder Partenfischerei, bei der sich gleichberechtigte Fischer zusammentaten und den Fang zu gleichen Parts teilten. Dies war auch eine Art Versicherung für die Hinterbliebenen im Falle des Todes eines Fischers. Die Boote wurden im Dorf des Fischers gebaut, während der Bootsbauer mit seinen Gesellen angereist kam und im Dorf Kost und Logis erhielt. Der Verkauf des Fanges war Sache der Fischerfrauen. Zu Markttagen fuhren sie entweder mit dem eigenen Kahn oder mit dem Dampfer zu den großen Märkten in Elbing, Memel, Tilsit, Labiau oder Königsberg. Sie verwalteten auch die Haushaltskassen und gaben ihren Männern ein Taschengeld. Was vom Markt übrigblieb, wurde zunächst versucht beim Haus-zu-Haus-Verkauf abzusetzen, ansonsten wurde geräuchert, gepökelt oder sauer eingelegt. Prußische Räucheröfen wurden meist mit Šišken (Tannen- und Kiefernzapfen) oder Kieferspänen beschickt. Das Sammeln der Schischken war Kinderarbeit. Dass es wohl Menschen gegeben hat, die anderen Leuten den Ertrag verderben wollten, beweist eine in der samländischen Türkensteuerliste von 1540 genannte Person namens „Hans scheiß in die rauch“.

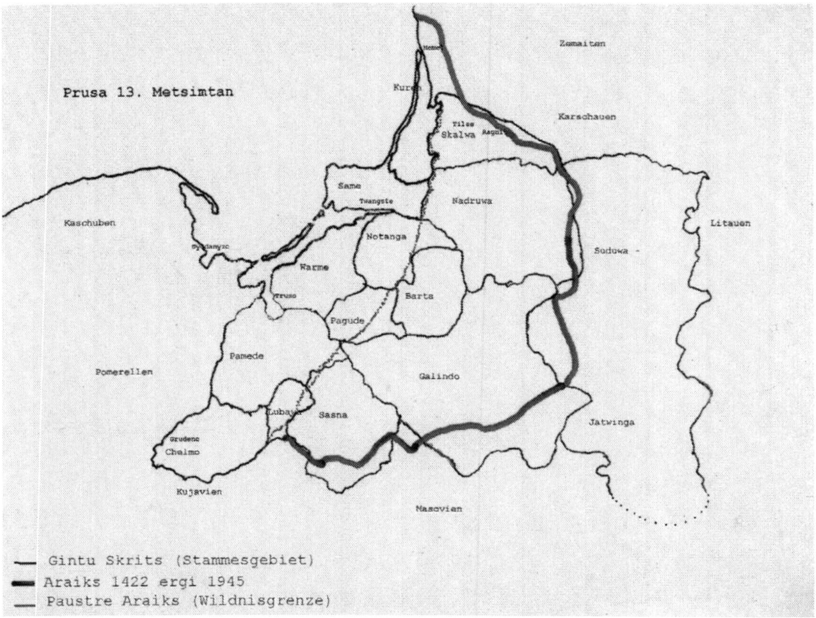

Wildnis

Die „Große Wildnis" oder „Wüste" war ein riesiges Waldmeer im prußischen Gebiet. Es befand sich östlich der Linie Ossa - Drewenz – Alle – Deime – Ostküste des Kurischen Haffs und umfasste –zumindest größtenteils- die Stammesgebiete Lubawa, Sasna, Galindien, Barta, Nadrauen und Sudauen. Man muss sich diese Wildnis aus den unterschiedlichsten Vegetationsformen zwischen völliger Offenheit und undurchdringlichem Dickicht vorstellen. Neben dem richtigen „Germe" (Urwald) und den „Grauden" (feuchter Laubwald) gab es „Damerauen" (gelichteter Eichwald) und „Gudden" (Buschwald), deren Bestand an Eichen erheblich war. Eine erstaunlich große Verbreitung hatten auch Heideflächen und Heuwiesen. Die Wildnis war keineswegs unbewohnt. Typisch waren Siedlungsinseln inmitten eines Waldringes. Zur Friedenssicherung galten diese Wälder als heilig, wie unschwer an vielen Namen erkennbar ist: Zum Beispiel Dewinte und Dewinthin („Deiws“: Gott), Alk und Alkeyne („alkas“: heiliger Waldtempel) und viele mehr.

Zeugnis geben zahlreiche Ordensberichte, denn um in ihre Ordensburgen im Nordbaltikum zu gelangen oder um gegen die kämpferischen Žemaiten und Litauer anzutreten, mussten die Ritter durch die Wildnis. Zwar bewältigten sie die Strecken auch per Schiff oder im Winter über das zugefrorene Haff, aber der bequeme Weg am Strand entlang war nicht ungefährlich, weil stets mit blutigen Überfällen aus dem žemaitischen Hinterhalt zu rechnen war. Das Durchqueren der Wildnis dauerte mitsamt dem Tross mehrere Tage und erforderte großes logistisches Geschick: *„Meylisskenfeld...do ist wassers gnug, sunder man müs off eyne*

Von den Thieren ſo man in Preuſſen findt.

DAs Land Preuſſen zeucht Bären / Wilde Schwein/Hirtzen/Wilde Ochſen / die man Vros/ vnd zu Teutſch Awrochſen nennt/ die ſehen den zamen Ochſen gar nahe gleich / allein daß ſie kürtzere Hörner haben vnd lange Bärt vnder dem Maul. Es iſt ein grimmig Thier / ſchonet weder der Menſchen noch anderer Thier. Vnnd ſo man jhm in den Wäldern zwiſchen den Bäumen nachſtellt/vnnd Schäffelin in ihn ſcheußt/ wird es alſo vnſinnig vnd ſo gar ergrimmet/wann er ſein Blut ſicht/vnd ſich an ſeinem Feind nicht rechen mag / daß er mit groſſer vnſinnigkeit wider die Bäum laufft vnnd ſich ſelbs zu todt ſtoßt. Es iſt vaſt ein groß Thier/daß auch zwen Mann zwiſchen ſeinem Gehörn ſitzen mögen.

Sebastian Munster um 1550

nacht futer mete nehmen...“; „die Milow...do findet man füters genug, das müs man die helfte behalden vf die wedirreise“; „die erste nacht...ken dem Noyken, do let ma czu eyner nacht cost vf den wedirweg...Die dritte nacht liet man zur Splitter..., do let man die andir cost...czu Wyste do let man die dritte cost.“ Das Fehlen größerer menschlicher Siedlungen sowie der Verlust von Nahrungsmitteln konnten durchziehende Heere und Einzelgruppen in die größte Verlegenheit bringen, denn der Hungertod in der Wildnis war keineswegs selten. In der Wildnis lebten teilweise verstreut oder halbnomadisierend die Ureinwohner, für die die Gaben der Wälder die wirtschaftliche Lebensgrundlage bildeten. Sie bewohnten oft mehrere einfache Holzbuden, die, wenn man weiter zog, sorgsam verrammelt wurden, während Vorräte in tönernen Gefäßen im Sand vergraben oder in Kleten aufbewahrt wurden. Neben den Heuwiesen, der Jagd und dem Pelzhandel hatte die Waldbienenzucht eine große wirtschaftliche Bedeutung. Auch der Haus- oder Budenbau erforderte Erfindungsreichtum: Steine waren zum Bau ungeeignet, da sie auf Nimmerwiedersehen im Boden verschwanden. Stattdessen fällte man Kiefern und Tannen und steckte die Spitzen in den Boden, so dass die breiten Flachwurzeln nach oben schauten. Darauf wurden eine Erdschicht fest getrampelt und Holzwände gesetzt. Das Haus hatte neben der Tür nur ein Fenster und bestand lediglich aus einem großen Raum. Der Rauch zog durch das Dach ab, denn man nutzte auch diese letzte Energie um den Fang zu räuchern und zugleich die aufgehängten Sachen zu trocknen.

Auch Kaufleute hatten die Wildnis zu durchqueren, wobei sie sich, so sie einheimisch waren, meist der Wasserwege bedienten. Waren sie jedoch Fremde, so brauchten sie wie die Heere Kundschafter, so genannte Struter, die zunächst eine unberittene irreguläre Räubertruppe gewesen waren, später auch aus übergelaufenen Einheimischen bestand. Sie streifte zu Fuß durch die Wälder und hinterließ am Wegesrand Markierungen. Von diesen

Moorbrücke

Strutern sind zahlreiche Berichte überliefert: *„...das die lute von Prussin mogin czin in das land czu Sameiten do selbins czu kouffslagen, des selbin glich zulle wir von Sameiten ouch wedir czin ken Jorgenburg, ken Ragnith und ken der Memil...“; „Der dritte hawffe was gekomen in die wiltenis, do karten sie wedder unde czogen wedder heym...wendyn woren czithunge gekomen, das die Samayten legen vor der wiltenisse“.* Die Wälder der Wildnis waren den Prußen während kriegerischer Auseinandersetzungen Rückzugsgebiet. In Kriegszeiten dienten Wall- oder Fliehburgen dem Schutz der Gemeinschaft. Außerdem schützten ringförmige Verhaue aus Baumstämmen und dornigem Gestrüpp das Gebiet. Oft waren mehrere Verhaue umeinander angelegt, so dass Alte, Frauen und Kinder in den innersten Ring verbracht werden konnten, während Feinde in den äußersten Ringwall eingelassen wurden, um sie dann, nachdem dieser nach ihrem Eindringen verschlossen worden war, niedermetzeln zu können.

Moorbrücken

Im Jahre 1896 wurden von Professor Conwentz im Sorgetal bei Baumgart, südlich vom Drausensee, Reste einer vorgeschichtlichen Moorbrücke entdeckt, deren Lage, Ausdehnung und Bauart sodann durch umfangreiche Ausgrabungen von dem Genannten eingehend untersucht wurden 1). Dabei wurde festgestellt, daß die Länge des brückenartigen Holzweges 1230 m betrug. Im eigentlichen Moorgelände bestand das Bauwerk zu unterst aus Strauchwerk (Faschinen); auf diesem ruhte eine Schicht Langhölzer (Stangenhölzer), und als oberer Belag dienten Halbhölzer (der Länge nach gespaltene Baumstämme) und bohlen- oder plankenartige Stücke. Da die Moorbrücke im Laufe der Zeit einsank, war es notwendig, sie zu erhöhen; dies geschah, indem auf die bisherige Bahn wiederum eine Längs- und eine Querschicht aufgelegt wurden (Abb. 80). An manchen Stellen hat dies nochmals wiederholt werden müssen, so daß dort im ganzen sechs Schichten übereinander lagen. Um seitliche Verschiebungen der Hölzer zu verhindern, hatte man in der untersten Schicht seitlich neben den Hölzern Pflöcke eingeschlagen. Auf der Hauptstrecke der Brücke waren, um die Lage der Belagschicht zu sichern, besondere Vorkehrungen getroffen worden: hier besaßen die Enden der Hölzer viereckige Löcher, durch welche kurze Knüppel in den Boden getrieben waren (Abb. 81). Schmale Gräben und der Wasserlauf der Sorge waren im Verlauf des Bohlenweges überbrückt worden, wie aus Pfahlresten vom Unterbau der Brücken zu ersehen war; doch war von den Brückenoberbauten nichts mehr erhalten.

Weiter talaufwärts wurde, 3 km von der Baumgarter Moorbrücke entfernt, eine zweite von ähnlicher Bauart entdeckt und untersucht, die indessen nur halb so lang war (640 m) als die erste.

Das Alter beider Moorbrücken konnte zwar nicht ganz sicher festgestellt werden, da bei den Ausgrabungsarbeiten weder metallene Werkzeuge noch sonstige Gegenstände gefunden wurden, nach denen eine genaue Zeitbestimmung möglich gewesen wäre; einige im Boden gefundene Tongefäßscherben rühren von dickwandigen Gebrauchsgefäßen her und zeigen keine für eine bestimmte Zeit kennzeichnenden Merkmale. Unter Berücksichtigung aller gegebenen Tatsachen, wie Bauart, Bearbeitungsweise der Hölzer usw. kommt Conwentz zu dem Ergebnis, daß die Moorbrücken im Sorgetal wahrscheinlich in der Latenezeit erbaut und jedenfalls jahrhundertelang, also bis in die Römische Kaiserzeit hinein, benutzt worden sind. Sie lagen im Verlaufe einer wichtigen Verkehrs- und Handelsstraße, die von der unteren Weichsel her nach Osten, nach dem Ostufer des Weichseldeltas und weiterhin nach dem bernsteinreichen Samland führte; auf ihnen wurde das sumpfige Sorgetal, zunächst wahrscheinlich an der engeren Stelle auf der kleineren Brücke, später auf der grösseren, die einen Umweg ersparte, überquert.

Die Moorbrücken im Sorgetal sind somit von hervorragender kulturgeschichtlicher Bedeutung, insbesondere für Ostdeutschland, woher andere Bauwerke dieser Art bis jetzt nicht bekannt geworden sind, und zugleich ein wichtiges Zeugnis altgermanischer Kulturarbeit aus vorgeschichtlicher Zeit.

Etliche polnische Quellen berichten davon, wie ihre Heeresführer in solchen Hinterhalt gerieten.

Die Ordensritter sahen nach der Eroberung ihr vorrangiges Ziel darin, sich durch eine Burgenkette nach Osten abzusichern. Sie zog sich auf der Linie Rehden – Neidenburg – Johannisburg – Rastenburg – Lötzen – Rhein – Sensburg – Angerburg – Insterburg – Ragnit und Tilsit dahin. Da die Burgbesatzungen sich selbst versorgen mussten und noch nicht mit kontinuierlichen Abgaben rechnen konnten, wurde es notwendig, dass die Wildnisse stärker genutzt wurden. Wer von der einheimischen Bevölkerung bereit war, Felle und die rechte Vorderschulter jeden Stückes bei der Burg abzuliefern sowie sich mit einer jährlichen Abgabe einzukaufen, erhielt das Recht auf freie Jagd. Ab 1320 plante der Ritterorden die Wildnis in seine Siedlungspolitik ein, wobei meist Kleine Freie, also Prußen, in Kleingruppen an strategisch wichtigen Wildnispunkten angesetzt wurden. Im 14. Jahrhundert wurden Wildhäuser errichtet, damit die Jäger dort ihre Beute abliefern und sich so weite Wege ersparen konnten. Damit die Landesherrschaft bessere Jagdnutzung betreiben konnte, wurden zu diesem Zweck eigens Dörfer angelegt oder vorhandene Dörfer aufgelöst. Zum Schutz der Wildnisse wurden Forstmeister und Wildnisbereiter eingesetzt, denn inzwischen hatte bereits Raubbau stattgefunden, so dass ab 1606 begonnen wurde Schonzeiten einzurichten. Ab dem 15. Jahrhundert begann die zielgerichtete Besiedlung der Wildnisse, die nun auch Maßnahmen zur Entwässerung, zur Kanalisierung und Trockenlegung nötig machten.

Waldbienenzucht

„In der Mythologie und im Kultus ältester Kulturvölker spielt die Biene eine bedeutsame Rolle“, schreibt Klose über die Waldbienenzucht. Nachdem lediglich das Einsammeln des Honigs lange Zeit die Imkerei bestimmte, so setzte die Zucht in dem Moment ein, als man den Bienen Wohnungen anbot und die Schwärme zu weiterer Nutzung einfing. Für die meisten Prußen bildeten die Gaben der Wälder die hauptsächliche Nahrungs- und Handelsgrundlage. Neben dem Verkauf von Wildtierfellen war die Waldbienenzucht ein bedeutender Wirtschaftszweig, denn der Honig war nicht nur ein zähneschonendes Nahrungs-, Süss- und Konservierungsmittel, Zucker gab es ja noch nicht, sondern auch die Ordensritter hatten einen erheblichen Bedarf an Kerzenwachs für ihre Klöster und Kirchen. Die Karelis oder Bîtinikas, also die Imker, hatten als steuerliche Abgabe den Honig- oder Wachszehnt zu leisten. Und das war nicht wenig, denn der Verkauf eines Zentners Honig konnte um 1500 bis zu 8 Gulden einbringen, was etwa 45 Euro entsprochen hat. Nicht nur im Prußenland war der „mežka“, der Zeidelbär, ein Nahrungskonkurrent. Ihn zu überlisten hatte man jedoch schnell herausgefunden, denn man brauchte ihm nur stark gegorenen Met anzubieten. Und während er seinen Rausch ausschlief, hatten der Imker und sein junger Gehilfe Zeit zur Ernte des Honigs. Der Meschkinnes, der Honigschnaps oder Bärenfang, bekommt übrigens auch dem Menschen gut.

Die wilde Waldbiene („bitti“) ähnelt im Erscheinungsbild einer Honigbiene und siedelt vorwiegend hoch oben in natürlichen Baumhöhlen. Der Waldimker suchte nun nach stattlichen Beutkiefern. Damals hat es noch Kiefern mit einem Stammesumfang von annähernd 2 Metern Umfang gegeben. Auch Eichen und Linden eigneten sich. In etwa 4 bis 5 Meter Höhe wurde dann eine möglichst bereits vorhandene Spechthöhle zu einer Beute ausgebohrt oder ausgebrannt, in den prußischen Dialekten „drawe,

> Weiter iſt in dieſem Land ein groſſe menge der Immen oder Binen/die da niſten vnd zuſammen tragen in den holen Bäumen/darauß man vberflüſſig viel Honigs und Wachß bringt. Sie ſamlen den Saft auß den grünen Aeſten vnd wilden Blümen/vnd machen wunder viel Honigs daruon. Vnd das ich mit kurtzen worten ſag/Preüſſen Land iſt ein ſollich Fruchtbar vnnd ſelig Land/das auch der Gott Jupiter (den die Heyden gedichtet haben) wann er von Himmel herab fallen ſolt/kaum in ein beſſer Land köndt fallen.

drawine, aulis, awilys“ genannt. Diese Arbeit war sehr gefährlich, und so tat sich meist ein alter erfahrener Imker mit einem jungen Helfer zusammen, der flink und wendig wie ein Eichhörnchen („wowere“) die Bäume erkletterte um die Arbeit nach Anweisung zu verrichten. Denn es reichte nicht einfach, oben irgendwo ein Loch zu schaben, nein, die Tiere mussten sich wohlfühlen und diese Höhle akzeptieren. Die Baumspitze wurde gekappt, um das weitere Wachstum nach oben zu verhindern. So wurde der Stamm dicker und die Zweige breiteten sich schirmförmig nach allen Seiten aus und hielten Wind und Regen fern. Das Flugloch („laka“) lag oft nach Süden, zumindest aber im Regenschatten, denn die empfindlichen Bienen brauchen Wärme und Trockenheit. Zusätzlich wurde im 90-Grad-Winkel, meist nach Osten hin, ein Schlitz angebracht, der es dem Imker ermöglichte, mit der Hand in die Höhle zu fassen. Dieser Eingriff wurde nach Gebrauch sorgfältig mit einem Holzpflock verschlossen. Gegen das Eindringen von

Räubern klemmte man ein Bündel Reisig unter den Spalt, *„daß auch im Winter der Grünspecht, oder die Hohlkrah, der Marder und andere ungezieffer, nicht schaden thun können.“* Außerdem hatte die Erfahrung gelehrt, dass Bienen umso lieber eine neue Wohnung bezogen, wenn sie im Verborgenen lag, so dass der Imker stets Sorge zu tragen hatte, frische Reiser anzubringen. Verdorrtes Reisig war ein Zeichen für eine verlassene Beute. Zum Ausräuchern der Bienen im Herbst gebrauchte man Kienspäne, jedoch geschah diese Tätigkeit so sorgsam, dass dabei keine Tiere getötet wurden. Denn sonst würde die Göttin Austeja, die Bienensummerin, strafen und die künftige Honigernte mindern. Wenn nach Jahren die Kiefer dem Absterben nahe war, wurde sie gefällt, aber das Mittelstück wurde in einer Länge von etwa zwei Metern herausgeschnitten und als Klotzbeute vor das Haus gestellt. Nach Jahrzehnten war dann auch diese morsch geworden und konnte nur noch als schräg gelegte Lagerbeute ihren Zweck erfüllen. Die Klotzbeutenzucht gewann an Bedeutung, nachdem sich der Wert von Wachs und Honig gesteigert hatte und sich gleichzeitig die Zucht in lebenden Bäumen verringerte. Denn die Wälder wurden trockengelegt, die Waldgebiete wichen Siedlungs- und Ackerflächen und die Gutsherren hatten den Imkern ihre Wälder verschlossen.

Häusliches Leben

In Quellen, die christlich-moralische Werte wiedergeben, und zwar nur in solchen, finden sich verächtlich klingende Hinweise auf das prußische Familienleben: Vielweiberei, Frauenkauf, dienende Stellung der Frau wie die einer Sklavin, rohe Sitten, Aussetzen und Töten der Kranken. Das klingt so ganz anders als einhundert Jahre vorher die Äußerungen des Adam von Bremen über schätzenswerte Menschen, über deren Sitten viel Löbliches gesagt werden könnte. Und so wird dann auch in anderen Quellen lediglich von vereinzelt auftretender Polygamie bei den Reichen berichtet, bei der es gestattet war, drei Frauen zu nehmen, die jedoch eine geachtete Stellung innehatten. Der prußische Begriff für Ehefrau sagt eigentlich alles über deren sozialen Rang: „supûni, supana“, die Unterherrin, eine Bezeichnung, welche auch den niederen Adel beschrieb. Frauenkauf klingt abschätzig. In unserer deutschen Kultur ist es noch gar nicht lange her, dass die Heiratschancen eines Mädchens durch die Höhe der Mitgift bestimmt waren. Wird eine Tochter höher geachtet, wenn sie nur vermöge einer Draufgabe an den Mann zu bringen ist? In vielen Kulturen ist es heute noch üblich, dass der Bräutigam einen Brautpreis zu zahlen hat, durch den sich einerseits der „Wert“ einer Tochter ausdrückt, an dem andererseits aber auch die soziale Stellung der Eltern abzulesen ist. Dass Frauen eine „dienende Stellung“ innehatten, ist zwar äußerlich richtig beobachtet, denn die Berichterstatter wurden als Gäste im Haus bewirtet und bedient. Allerdings haben sie diese Situation verallgemeinert und auf das gesamte häusliche, ihren Augen aber verborgen gebliebene Leben bezogen. Nach altem Brauch setzt sich die Hausherrin nicht zum Gast an den Tisch sondern ist unermüdlich bestrebt, ihm das Beste der Küche anzubieten. Die Sitte des „Nötigens“ bedeutet schlicht, dass ein Gast nicht hungrig sein darf und sich möglichst noch für die beschwerliche Reise Reserven anzufuttern hat.

Vereinzelt wird von Polyandrie (Vielmännerei) berichtet, bei der sich angeblich Vater und Sohn oder zwei Brüder eine gemeinsame Ehefrau teilten. Auch diese Form der Ehe wird heute noch in einigen Hochtälern des Himalajas praktiziert und dürfte in siedlungsfeindlichen, nahrungsknappen Räumen durchaus einen Sinn machen, indem so beispielsweise eine Art Geburtenkontrolle ausgeübt wird. Das „Aussetzen und Töten der Kranken" widerspricht eigentlich den weiter unten dargestellten Beerdigungsritualen. Für die frühe Zeit soll jedoch so etwas nicht gänzlich ausgeschlossen werden, denn auch die Altersschwachen einiger afrikanischer Stämme und diejenigen des Wendlands in der Lüneburger Heide haben sich zum Sterben in die Wälder zurückgezogen (Jammerholz). Es kommt im Übrigen nicht darauf an, wie wir heute etwas empfinden, sondern allein darauf, wie es in damaligen Epochen sinnvoll war. Dagegen wird in der letto-preußischen Götterlehre von Mannhardt und in der Schilderung des altpreußischen Weiberfestes durch den Archäologen Gaerte ein im heutigen Sinne unauffälliges Familienleben beschrieben. Zumindest verheiratete Frauen erscheinen, anders als Jungfrauen und alte Jungfern, innerhalb ihrer Rollen und ihrer Aufgaben durchaus selbstbewusst. Auch wird berichtet, dass Männer wie Frauen selbst kürzeste Strecken zu Pferde zurücklegten und die Pferde nicht so schonten wie die Deutschen, dass Frauen nicht nur in allen Hand- und Haushaltsarbeiten bewandert waren sondern auch auf dem Feld, beim Fischen und in der Scheune tatkräftig mitarbeiteten und sogar die Haushaltskasse verwalteten.

Die wohl früheste Beschreibung stammt von Adam von Bremen, wo dieser sich wundert, dass die Prußen Schiffsbrüchigen helfen. Dass sie dunkelgrüne Leiber, rote Gesichter und lange blonde Haare haben sollen, mutet dann aber doch merkwürdig an. Gemeint war wohl die aus Schilf und Binsen gewebte Sommerkleidung. Dusburg spricht von Wollkleidern, während die kostbaren Pelze als Handelsware galten. Nach Wulfstans Beobachtung tranken

Die Prußen haben noch nicht des Glaubens Licht erblickt; es sind Leute von vielen natürlichen Gaben, sehr menschenfreundlich gegen Notleidende. Schiffbrüchigen und von Seeräubern Bedrohten fahren sie sogar entgegen und helfen ihnen.

Gold und Silber gilt ihnen sehr gering, doch im Überfluß haben sie Felle, deren Duft in unsere Welt das tödliche Gift des Hochmuts gebracht hat.

Jene freilich bewerten sie nicht höher als Mist (und sprechen) - glaube ich - unser Urteil, die wir nach dem Marderwams lechzen wie nach der höchsten Glückseligkeit. Daher bieten sie für Wollkleider, welche wir „faldones" nennen, solche kostbaren Marderpelze an.

Viel könnte man zum Lobe der Sitten dieses Volkes sagen, glaubten sie nur an Christus, dessen Prediger sie (aber) wild verfolgen.

Der berühmte Bischof Adalbert von Böhmen wurde bei ihnen mit der Märtyrerkrone geschmückt.

Wirklich ist bis heute bei ihnen, die doch sonst alles mit uns teilen, das Betreten der Haine und Quellen verboten; denn diese würden nach ihrer Meinung durch den Besuch von Christen beschmutzt.

Von dem Fleisch ihrer Zugtiere ernähren sie sich, deren Milch und Blut sie auch trinken, so daß sie (sogar) davon berauscht werden sollen.

Sie sind blauäugig, rotgesichtig und langhaarig.

Im Übrigen wollen sie, in (ihren) Sümpfen unangreifbar, keinen Herren bei sich dulden.

Aus der „Chronica Slavorum“ des deutschen Geschichtsschreibers Helmold von Bosau (1168)

die Armen Met (das aus Lindenblütenhonig gegorene „lippiz“), während die Reichen gegorene Stutenmilch („aswinan dadan“) zu sich nahmen. Das ist eine Verallgemeinerung, denn diese Getränke waren, ebenso wie das „alus“ (Bier) ausschließlich festlichen Gelegenheiten vorbehalten. Zum Durstlöschen trank man Wasser, Fruchtsäfte oder Putrus, die stets in Tonkrügen vorrätig gehaltene, sehr erfrischende und mit Dill oder Sauerampfer gewürzte kalte Suppe aus Gerstengrütze und Sauermilch. Das „poskuleis“ oder „poskailes“ (wörtlich „Ermahne!“ im Sinne von „Tu es!“) war eine mit Rinderblut vermischte Stutenmilch. Sie hatte magischen Charakter und wurde nur dann zur Stärkung getrunken, wenn es darum ging, besondere Aufträge zu erfüllen. Denn selbst für Reiche waren Rinder einfach zu kostbar um ihnen etwa für den alltäglichen Durst Blut abzuzapfen. Schließlich begnügte sich selbst Perkunos mit Ziegenopfern. Die unbeschränkte Gastfreundschaft schien allen Beobachtern ebenso hervorhebenswert wie das bis zum völligen Rausch aller Beteiligten dauernde Zutrinken, das unaufhörliche „Palabindama“ (Freude zuprosten) und „Sweiks“ (gesund). Aber auch dies geschah nur zu besonderen Anlässen und lässt keinerlei Rückschlüsse auf eine daueralkoholisierte Gesellschaft zu.

Später wurde das Aussehen der Männer etwas differenzierter beschrieben: Sie haben dunkelblonde Haare, eine frische Gesichtsfarbe und helle, etwas listig blickende Augen, jedoch eine insgesamt angenehme Physiognomie. Sie tragen oft einen Schnurrbart, lassen die Haare bis über den Nacken fallen, ihre Kleidung besteht aus einfachen Leinenkitteln und –hosen. Die Ärmel haben einen kleinen Aufschlag, der Kittel ist jedoch ohne Knöpfe. Als Kopfbedeckung tragen sie einen Filzhut, dessen Krempe kronenartig hochgeklappt werden kann, im Winter dagegen eine dem Südwester ähnliche gewachste Sturmkappe, die auch Gesicht und Nacken bedecken kann. Die Hosen wurden mit den Pareisgen über der Wade verschnürt und hingen beutelig-locker herunter. Zur Hofarbeit brauchte man keine Pareisgen sondern trug selbst gedrechselte Holzklompen, im Haus lief man in Filzschlorren. Sobald die Witterung es zuließ, liefen alle barfuß. Deutsche mokierten sich über die Flößer, welche selbst im Sommer ihren Pelzmantel trugen, allerdings nun die Fellseite außen, weil die Dzimken wohl der Ansicht wären, dass Pelz *„so gut gegen Hitze*

Prußische Kleidung (Hartknoch)

wie gegen Kälte schütze". Ach, hätten doch die Lästermäuler etwas mehr über Isolierung gewusst! Das handwerkliche Geschick der Einheimischen erregte bei Deutschen fast bewunderndes Staunen, denn man hatte beobachtet, dass, obwohl er über keinerlei modernes metallenes Werkzeug verfügte, ein Mann in den Wald hinein geritten war und nach einiger Zeit mit einem vom Pferd gezogenen Fuhrwerk oder Schlitten wieder herauskam. Auch diese Fahrzeuge wiesen nicht das kleinste Stückchen Eisen auf. Neben dem Hakenpflug, welcher nur eine Furche rillen konnte, gab es den effizienteren Fichtenpflug. Hier wurde der Baum der Länge nach halbiert, und die Zweige wurden so auf eine Ebene beschnitten, dass sie die Erde mit mehreren Spuren gleichmäßig ritzen konnten. Die Prußen ihrerseits wunderten sich ebenfalls: Die Mixkai verirrten sich nicht nur in den Wäldern, sie ertranken auch an Stellen, die niemals von einem Einheimischen aufgesucht worden wären, sie traten auf der Wiese dorthin, wo das Gras am saftigsten stand und schrieen dann einsinkend um Hilfe. „Kwailas kai Mixkai" (Dumm wie ein Deutscher) war eine stehende Rede-

Eisherstellung bei den Prußen
(nach Wulfstan, 9. Jahrhundert / V. Blinov 1990)

wendung. Ein Miksis oder Mixkai ist übrigens ein Stammler oder Stotterer, und das ist die prußische Bezeichnung für Deutsche.

Die Kleidung wurde von den Frauen hergestellt. Jeder Haushalt verfügte über einen Webstuhl und über eine Art Spindel für die Herstellung der Jostenbänder, welche nicht nur als Gürtel Verwendung fanden sondern auch kultischen Zwecken dienten. Gebügelt wurde mit einem ganz glatten dicken Stock, wobei die zu plättende Wäsche auf einen Holzklotz gelegt und mit dem Stock so lange feste bestrichen wurde, bis sie faltenlos war. Eine Art Handmangel also. Die Tracht der Frauen war farbenfroh und wechselte in selbst nahe gelegenen Regionen. Einheitlich aber war bei allen die Marginne, ein langer und breiter Schal, welcher vorne und hinten fast bis zum Boden reichte. Sie konnte aber auch über die Schulter getragen und an der Hüfte mit einem Jostenband gegürtet werden. Darunter wurde ein mit Rautenmustern verzierter Rock getragen sowie ein hochgeschlossenes weißes Hemd, das an den Ärmeln mit Symbolen aus der Mythologie bestickt war. Dazu trugen sie feuerrote oder blaue Zwickelstrümpfe. An der Anzahl der übereinander getragenen Röcke und Schürzen waren nicht nur der Reichtum und die Stellung der Frau abzulesen sondern auch, ob sie es nötig hatte selbst zu arbeiten. Fast an jedem Finger trug die Dame einen „blitzenden Ring“, in die oft „böhmische Steine“ eingefasst waren. Den Deutschen war die Tracht zu überladen, zu bunt und zu grellfarbig als dass man sie hätte für geschmackvoll halten können. Sie machte auf sie einen fremdartigen und an den Orient erinnernden Eindruck.

Bei Familienfeiern („swintintun“), bei der Ernte („bengti, dage, pjute, âust“), beim Tâlkâtun (Dreschen), bei dringender Feldarbeit („laukas dîlan“) und dem Brechen des Linnan (Flachs) pflegten sich die Kaimîns (Nachbarn) gegenseitig zu helfen. Diese kollektive Hilfe musste der Buttataws (Hausherr) anschließend mit einer Tâlkâ vergüten. Dies war ein Festschmaus, bei dem es lustig und froh herging. Auf einem Bûrwalks (Gehöft) wurden viele, dem jeweiligen Zweck dienende Grintan (Gebäude) errichtet. Das Buttan (Wohnhaus) hatte einen Dimstis (Laubenvorbau) zum Verrichten fraulicher Arbeiten und zum abendlichen Ausruhen. Den Hofplatz umgaben das kleine Häuschen mit der Pirt (Sauna), mehrere Kleten (Schuppen) für das Heu, die Vorräte und das Getreide, in denen auch Gästekammern vorhanden waren. Zum Weg hin lag der halb in die Erde eingelassene Leduskrinia (Eiskeller), und weit von allen Gebäuden entfernt stand auf hohen Füßen die Jauje, das Flachsdörrhaus, unter welchem ein Feuer schwelte. Die Giebel zierten kunstreich geschnitzte Zirgis, das sind die von einander abgewandten stilisierten Pferdeköpfe. In der Wohnstube befanden sich der große Stabni (Kachelofen) mit einer langen Sâstâ (Bank), ein riesiger Stals (Esstisch), das Laztâ (Ehebett) mit der Suprinis (Kinderwiege) und im Winter auch der Stâkles (Webstuhl). Hier versammelten sich abends alle Hausbewohner; die Frauen stellten Textilien her, die Männer besserten Wirtschaftsgeräte aus oder

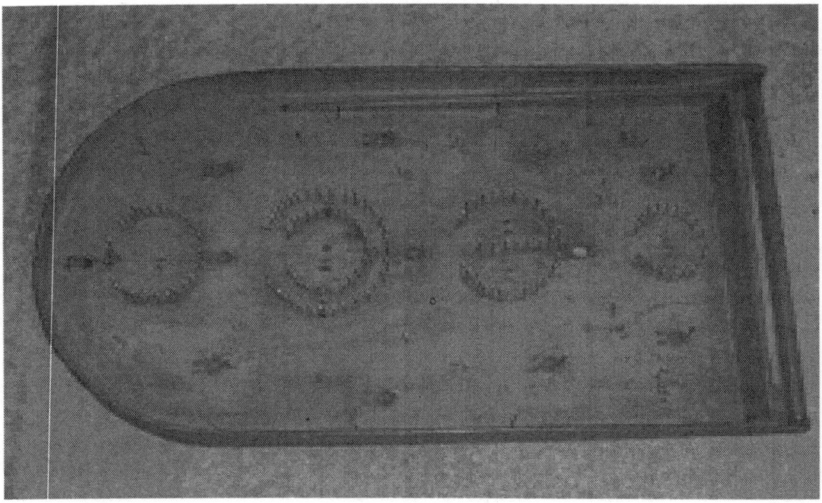

Flipper

schnitzten Bawa (Spielzeug) für die Kinder. Es wurde gesungen und Geschichten erzählt, und auf diese Weise wurde die Tradition mündlich weiter gegeben.

Nur zu Feiertagen gab es Fisch- oder Wildgerichte. Selbstverständlich wurde dem Tier gedankt, weil es zum eigenen Erhalt sein Leben hatte geben müssen. Vor der Einführung der Kartoffel waren die Flinsen oder Plinzen (prußisch „plinxne“: Fladen, Pfannekuchen, litauisch Pyragas) eines der Hauptgerichte. Ganz armen Leuten blieb oft nichts anderes übrig als das Essen mit Spreu zu vermengen, um das Hungergefühl zu betäuben. Hungersnöte gab es leider allzu häufig. Männer brauchten für ihre harte Arbeit den stärkenden Šupnis, ein Brei aus Erbsen, Grütze und Speck. Kinder liebten die in Wasser gar gezogenen Mehlkeilchen, insbesondere wenn Apfel- oder Pflaumenstückchen in sie eingearbeitet worden waren und sie Honig darüber träufeln durften. Pilz- sowie äußerst raffinierte Fischgerichte gab es in unzähligen Varianten. Ein Festschmaus war bereits, wenn in die leckere Sauerampfersuppe hart gekochte Eierviertel und saurer Schmant gegeben wurden. Und die herrlich trockene und körnige Glumse (Quark) konnte eine Flinse zu einer Delikatesse aufwerten. Man konnte sie aber auch zum Zûris (Käse) weiter reifen lassen. Dass Käseherstellung durchaus einen Stellenwert hatte, beweisen allein die zwanzig Orte namens Milchbude. Der Tilsiter Käse entwickelte sich aus einer prußischen Rezeptur, die später von holländischen und schweizerischen Einwanderern verfeinert wurde. Der Königsberger Klops war ein Gericht, das wie der Gänsebraten den hohen Feiertagen vorbehalten war. Jede Familie hatte da ihr eigenes Hausrezept, Hauptsache der Klops war sauer. Als „Saure Klopse" stehen sie auch im ostpreußischen Standard-Kochbuch der Schwestern Doenig. Glumse, Schmant und vor allem alkoholische Getränke stellte die Hausfrau selbst her. Die Methoden zur Konservierung waren alle bekannt: Pökeln, Einlegen, Säuern, Trocknen, Süßen und Kühlen im Eiskeller. Gewürzt wurde vorwiegend mit Kümmel, Majoran, Wacholder, Lorbeer und Kräutern. Die allgemeine Geschmacksrichtung war süß-sauer, wobei Backobst, Holunder, Äpfel und Sauerampfer als Geschmacksträger dienten. Beim Backen des wohlbekömmlichen Kümmelbrotes wurde peinlichst darauf geachtet, das ausschließlich Holz ohne Astlöcher gesammelt wurde, um eine möglichst gleichmäßige Temperatur zu gewährleisten. Gemüseanbau spielte erst ziemlich spät eine Rolle, nachdem durch die Entwässerung der Sümpfe und Eindeichungen trockene Ackerflächen gewonnen werden konnten. Und so hieß es dann folgerichtig „Fleisch ist das beste Gemüse".

Angebliche Ausrottung

Während der prußischen Aufstände kam in Folge von Kriegshandlungen und Umsiedlungen eine große Anzahl von Prußen ums Leben, manche Forscher sprechen von 20 bis 50 % der Bevölkerung. Die noch im 19. und frühen 20. Jahrhunderts vertretene These, wonach die Prußen ausgestorben seien, ist nicht mehr haltbar. Auch wird übersehen, dass viele Prußen, die sich der Christianisierung widersetzten, ins damals noch heidnische Litauen geflohen sind. Viele kehrten später wieder in ihre Heimat zurück, wurden nun allerdings als Litauer betrachtet und angesiedelt. Später wurde der Zustrom aus deutschen und anderen Gebieten gefördert. Die heidnische Kultur der Prußen wurde von der christlichen Kirche massivst unterdrückt und bei Zuwiderhandlungen äußerst hart bestraft. Dennoch konnten die Prußen noch bis etwa 1750 ihre ethnische Identität bewahren.

Eine Vermischung der unterschiedlichen ethnischen Gruppen fand nur langsam statt: In Westpreußen und im Südwesten Ostpreußens früher als „im Litauischen“, also in den nördlichen Stammesgebieten Nadrauen und Schalauen. Herzogliche Dekrete verboten den Prußen den ständigen Aufenthalt in den deutschen Dörfern und Städten. Sie durften kein Handwerk lernen, die Dienstherren wurden angewiesen, mit dem prußischen Gesinde nur deutsch zu reden. Eine gern wahrgenommene Möglichkeit zur Selbstintegration bot den Einheimischen das Militär. Beim Barras konnte man sich schließlich mit der deutschen Kultur und Sprache vertraut machen und sah darin für sich und seine Kinder Aufstiegschancen. Die Dienstherren sahen das allerdings aus einem anderen Blickwinkel: *„Bei seinem gefügigen und willfährigen, fast willenlosen Wesen, bietet er ein Drillmaterial, wie man es sich besser nicht wünschen kann; er hat sich auch in allen Schlachten mit Tapferkeit und Unerschrockenheit geschlagen; wer von ihnen Soldat gewesen, betrachtet sich zeitlebens mit Stolz* *und einem Selbstgefühl, dem er zu jeder passenden oder unpassenden Gelegenheit mündlichen Ausdruck und handgreiflichen Nachdruck gibt.“*

Die Landessprache wurde dann das Plattdeutsche, das später vom Hochdeutschen abgelöst wurde. Inoffiziell, also unter sich, redete die eingeborene Bevölkerung mehrsprachig, je nachdem, wie sich die Bevölkerung in den einzelnen Dörfern zusammensetzte. In Quellen des 16. Jahrhunderts wird von einem Sprachgewirr, insbesondere im Memelgebiet gesprochen. Im Süden sprach man eine Mischsprache aus masovischen, polnischen, litauischen, prußischen und plattdeutschen Wörtern, im Norden eine aus prußischen, kurisch-lettischen, žemaitischen, litauischen und plattdeutschen Begriffen. Kinderreime zeigen, wie sich die Sprachen in nahezu jedem Satz mischten. Heutige Relikte der prußischen Sprache finden sich vor allem in Familiennamen, Flussnamen und in Ortsnamen des Memelgebietes sowie in den nach 1945 auf prußischer Basis polonisierten Ortsnamen im südlichen Ostpreußen.

Schrift der Prußen

Allgemein wird berichtet, die Prußen hätten keine Schrift gehabt. Diese Behauptung diente wohl der Unterstellung, man habe ein unkultiviertes barbarisches Volk bezwungen. Archäologische Funde weisen einen regen Handel mit Griechenland, Rom, kaukasischen Ländern, England und Skandinavien nach. Die Prußen hatten also Berührung mit Kulturen, in denen Schrift bekannt war. Simon Grunau schreibt von zwei Fahnen von je vier Ellen Länge und drei Ellen Breite. Die Kriegsfahne zeigt die drei Hauptgötter und weist eine Inschrift mit schwer zu übersetzenden Runenzeichen. Ähnliche Runen findet man in Finnland und in Dänemark.

Oben Patolos, Perkunos und Potrimpos, unten die Kriegsfahne

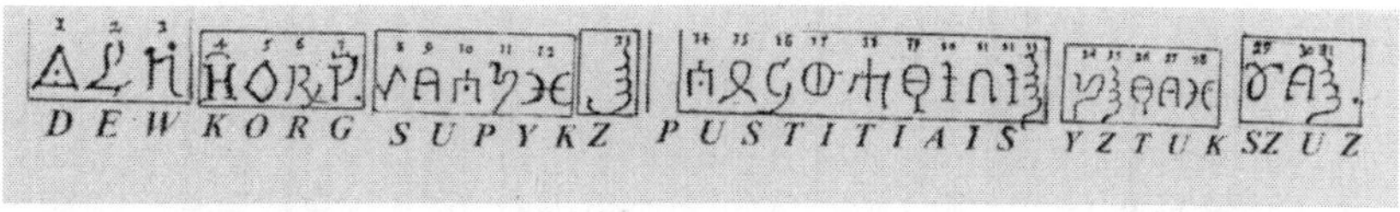

Schrift der Prußen: „Gott Korke, zürne mit den Verheerern, tu ihnen Böses.“ (M.J.Thunmann, Untersuchungen über die alte Geschichte einiger Nordischen Völker, Berlin 1772)

Es ist nicht auszuschließen, dass diese aus dem 5. und 6. Jahrhundert stammende Schrift von König Widewuto und seinem Bruder, dem Kriwe Bruteno von Gotland mitgebracht wurde. Mit der Zeit kamen Zeichen hinzu, die archaisch griechischer Herkunft sein können. Die zweite Fahne zeigt den Wappenschild des Waidewut oder eines anderen Fürsten. Das Schild wird von zwei Blauschimmeln in aufrechter Springposition gehalten. Auf dem Schild selbst ist ein Bär in Menschengestalt mit geöffnetem Maul und herausgestreckter Zunge abgebildet. Beide Fahnen wurden noch im 13. Jahrhundert benutzt. Die Inschrift der Kriegsfahne (von Simon Grunau aufgeschrieben) bedeutet „Gott Korche! Zürne mit den Verheerern, tue ihnen Böses“. Jedoch wurde Grunau unterstellt, er habe diese Schrift selbst erfunden. Autoren, die aus der Sicht der Ordensritter berichten, empfanden es wohl der damaligen „political correctness“ widersprechend, dass Simon Grunau Sympathie für die Unterdrückten durchscheinen ließ. Der Erntegott Kurkis, Korche, Curche, Churcho oder Kurke war ein Gott der dritthöchsten männlichen Götterebene. Sein Name bedeutet Garbe (pr. „kurka, curcho“); er ist das maskuline Pendant zur Roggenmuhme Rugia Boba.

Die Prußen übermittelten ihre Botschaften in Knotenschrift. So wie in der orientalischen Makramee-Technik wurden Fäden und Schnüre in verschiedenen Farben und Stärken verwebt und an die Kriwulen, die schlangenähnlichen Krummstäbe gehängt. Sie drückten Nahrungsmittel, Gefahren, Materialien und anderes aus. Die Mengen wurden durch die Anzahl der Knoten dargestellt.

Eingeritzte Runen zeigten Sender und Empfänger an. Andere Zeichen fanden sich auf Holzbrettchen, Tongegenständen, Häuten, Baumrinden, Stäbchen und Knochen. Die Ordensberichterstatter sahen auch hierin lediglich primitive Bierdeckel-Merkhilfen.

Das Feldpanier vnd Wappen
des Königes Widowuti

DAs Pannier war ein weiß tuch/ fünff Elen lang / vnd 3. Elen breit / vnd hette in sich gewircket drey Brustbilder / Deren das erste war Potrimpi / jres Gotts / wie eines jungen frölichen Mannes gestalt / one bart mit Sangen gekrönet.

Das ander war Perckuni / des Gottes des donners/ die gestalt war mittelmessigen alters / sein bart vnd haar kraus vnd schwartz / mit feweflammen gekrönet / vnd das Angesicht fewer rott / auffgeblasen vnd zornig / diese zween sahen einander an / jener als ob er dieses zorns lachete.

Das dritte war Patolli / eine gestalt eines alten bleichen Mannes / mit einem grawen langem barte/gekrönet mit einem weissen tuch/ vnd sahe von vnten auff die andern an.

Des Königs Schilt hielten zwey weisse Pferd zwischen sich / auff dem Schilt war ein Brustbilde / wie ein Mensch mit einem Bärenkopff vnd auffgesperreten rachen. Im Pannier vnd Schilt sind gewesen Buchstaben vnd schriffte vns vnbekant / nach form vnd weyse, wie darinnen verzeichnet.

„Sangen“ bedeutet Ährenkranz, reifes Getreide

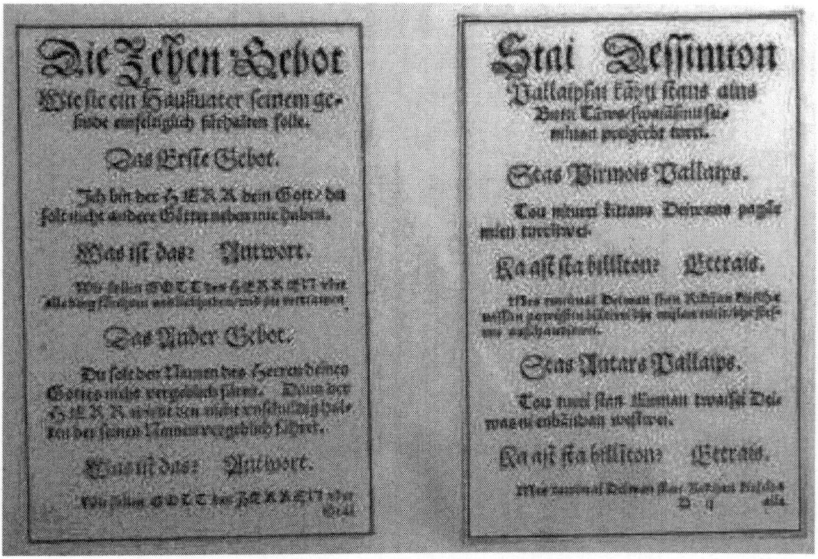
Die Zehen Gebot
Wie sie ein Hausvater seinem gesinde einfeltiglich fürhalten solle.
Das Erste Gebot.
Was ist das? Antwort.
Das Ander Gebot.
Was ist das? Antwort.
Stai Dessimton

Der kleine Katechismus (v. Dr. M. Luther 1561)

Sprache, Sprachdenkmäler, Namen

Bereits Simon Grunau schrieb 89 Wörter nieder, man beschuldigte ihn jedoch, sie nicht verstanden zu haben, was wohl daran gelegen hat, dass er Begriffe aus der Region westlich der Passarge verwendete. Zur Zeit der Reformation wurde noch überall prußisch gesprochen. Seit dieser Zeit gab es ernsthafte Bestrebungen lutherischer Pastoren, dem Volk das Christentum auf freundliche Weise näher zu bringen, und 1545 wurde der Katechismus in prußischer Sprache herausgegeben. Problematisch waren die verschiedenen Dialekte. So heißt zum Beispiel der Bär „clokis“ (bartisch), „klokijs“ (samländisch), „tlokijs“ (samländisch und žemaitisch), „tlakis“ (sudauisch) und „mežka“ (schalauisch-nadrauisch). Johann Severin Vater, der die „Vater Unser“ in verschiedenen Dialekten gesammelt hat, schreibt dazu: *„Da die Sprache in viele Mundarten getheilt war, so hatte man den Einfall, aus allen Mundarten eine* *allgemeine zusammen zu setzen, welche allen gleich verständlich seyen sollte. Aber da sie im Gegentheil allen unverständlich war, so arbeitete man ihn noch in eben dem Jahr um, und legte dabey die Samländische Mundart als die bekannteste zum Grunde."*

„Sie würden daraus lernen, daß unter jedem Himmelsstrich Dichter geboren werden, und daß lebhafte Empfindungen kein Vorrecht gesitteter Völker sind. Es ist nicht lange, als ich in Ruhigs Litthauischen Wörterbuch blätterte, und am Ende der vorläufigen Betrachtungen über diese Sprache eine hierher gehörige Seltenheit antraf, die mich unendlich vergnügte. Einige litthauische Dainos, oder Liederchen, nehmlich wie sie die gemeinen Mädchen daselbst singen. Welch ein naiver Witz! Welch eine reizende Einfalt." Der dies schrieb, war kein geringerer als Gotthold Ephraim Lessing. Zunächst muss berichtet werden, dass unter den Begriff „Litthauer" jene Menschen fielen, die im nördlichen Ostpreußen lebten, nämlich die prußischen Nadrauer und Schalauer und die Nehrungskuren, die nicht allein auf der Nehrung wohnten sondern auch die binnenlandigen Haffareale besiedelten, welche die Kurische Niederung oder auch Niederung und Elchniederung genannt wurden. Seit dem 15. Jahrhundert flüchteten immer mehr Žemaiten und Litauer in diese Region und vermischten sich mit den Prußen. Es entwickelte sich ein eigenständiger Dialekt. Im späteren Westpreußen und im südwestlichen Ostpreußen war die prußische Sprache in Vergessenheit geraten, und so wurde die nadrauisch-schalauische Gegend wegen der Einwanderer „Preußisch-Litauen" oder kurzbündig nur Litauen genannt. Diese Region hat aber im politischen Sinne niemals zu Litauen gehört. Die Menschen hießen dem entsprechend Litauer, egal welcher ethnischen Herkunft sie tatsächlich waren. Aber gerade wegen ihrer Abgeschiedenheit vom südlichen Ostpreußen hielt sich die alte Kultur in dieser Gegend sehr viel länger.

Lessing schreibt von „dainos". Das ist das litauische Wort für Liedchen, prußisch heißt es „grimikan". Und wenn man diese

Liedchen liest, kann man Lessing nur zustimmen. Viele sind erotischer Natur, und so befasst sich auch eines der ältesten mit einer delikaten göttlichen Dreiecksgeschichte. Sie handelt vom Mondgott Menulis, dem Gatten der Sonnengöttin Saule und ihrer gemeinsamen Tochter Ausca, der Venus, auch Abend- und Morgenstern. Menulis, der in Hengstgestalt das Nachthimmelsmeer durchschwimmt, sah seine Gattin selten, dafür jedoch immer morgens und abends seine Tochter. So kam es zu einem Verhältnis zwischen ihnen. Saule war darüber so ärgerlich, dass sie Menulis aus ihrem Angesicht verbannte. Nach einer anderen Überlieferung wurde Menulis vom Donnergott Perkunos in zwei Teile gehauen.

„Es nahm der Mond die Sonne,
Da war der erste Frühling.
Die Sonne stand schon früh auf,
Der Mond verbarg sich scheidend.

Der Mond wandelte einsam,
Gewann den Morgenstern lieb.
Darob ergrimmte der Donnergott,
Zerhieb ihn mit dem Schwert.“

In einem anderen Liedchen fragt eine Mutter ihre Tochter:

„Liebe Tochter Simonene,
Wo erhieltest du den Knaben?
Mutter, Mutter, meine Ehre,
Durch die Träume kam er.“

Ein späterer Zeitzeuge, Otto Glagau, berichtet im 19. Jahrhundert leicht irritiert, dass die jungen Mädchen ein Trinklied anstimmten, wie es sonst nur von Studenten und lustigen Zechbrüdern gesungen wird.

„Nimm das Gläschen in die Rechte.
Trink es Liebster bis zur Hälfte.
Du mußt´s leeren bis zum Boden.
Stülp es um ohn´ Einen Tropfen.
Wieviel Tropfen, soviel Gläser.
Gieb´s zurück, wo´s angefangen."

„Bei der langen Schlussfermate auf der Dominante wird regelmäßig und nach dem Takt getrunken... Das Zutrinken wird nicht anders gehandhabt wie bei einem burschikosen Commerce. Nach der letzten Strophe ertönt das Sweiks, Sei gesund! ... Noch verwunderlicher ist´s, daß auch diese lustigen Zechlieder sich in weicher Tonart bewegen, sich wie Trauergesänge oder feierliche Choräle anlassen."

Weiter schreibt Glagau: *„Obgleich die Littauer kein eigentliches Ja haben, sondern dafür die Frage theilweise wiederholen, so sind ihre Antworten doch kurz und bündig ... Sie sind auch glücklich in der Zusammensetzung und Zusammenziehung von Wörtern ... An höflichen Wendungen und Redensarten fehlt es den Littauern nicht ... Jusû Sweikata noret man padeti, Eure Gesundheit wolle mir helfen. Sie machen auch einen Unterschied zwischen geistlichen und weltlichen Personen; jene nennen sie Kunnigs, diese Ponas...Auch untereinander sind sie sehr ceremoniös und voller Komplimente; sie besitzen einen außerordentlichen Reichtum an Grüßen, Glückwünschen und Beileidsbezeugungen aller Art. Weil sie aber auch witzig und sehr beißend sein können, sind sie nicht minder reich an Spott-, Schelt-, Schimpf- und Lästerworten. Scharfe Beobachtungsgabe läßt sie leicht und schnell die Schwächen von Nachbarn, Fremden und Vorgesetzten aufspüren, und vermöge einer lebhaften Phantasie, der Bildungsfähigkeit ihrer Sprache, der Leichtigkeit, mit welcher sie diese handhaben, sind sie dann sehr erfinderisch und fast unerschöpflich an ironischen und satirischen Benennungen und Vergleichungen."*

Die nur unvollständig überlieferte Grammatik ist sehr kompliziert. Die Endungen modifizieren jedes Wort je nach Stellung im Satz. Man könnte es fast mit den Vorsilben in der deutschen Sprache vergleichen. Im Gegensatz zu den anderen baltischen Sprachen hatte das Prußische neutrale Substantiva bewahrt und ist insgesamt archaischer, dennoch im Verhältnis zum Deutschen erstaunlich differenziert: Für Onkel und Tante gibt es allein zehn verschiedene Begriffe, die das genaue Verwandtschaftsverhältnis ausdrücken. Für Tiere gibt es je nach Geschlecht und nach der Nutzbarkeit andere Ausdrücke, und ganz besonders vielfältig und ausmalend waren die Wörter für Äcker, Wiesen, Wälder und Moore, auch hier nach der landwirtschaftlichen Nutzbarkeit oder Wegsamkeit unterscheidend.

Das Vaterunser:

Tâwas noûmans

Nach Simon Grunau

Nossen Thewes, cur tu es Delbes,

Schwiz gesger thowes Wardes;

Penag mynys thowe Mystalstibe;

Toppes Pratres giriad Delbszisne, tade tymnes sennes Worsinny;

Dodi momines an nosse igdenas Magse;

Unde geitkas pamas numas musse Nozegun, cademas pametam nusson Pyrtainekans;

No wede numus panam Padomum;

Swalbadi mumes newusse Layne. Jesus. Amen.

Nach Prätorius

Thewes nossen, cur tu es Debbes,

Schwisch gesger thowes Wardes;

Pena mynis thowe Wiswalstybe;

Toppes Patres gir iat Delbeszisne, tade tymnes senjnes Worsinny;

Annosse igdenas Mayse dodi mums szon Dien;

Pamutale mums musu Noschegun, kademas pametan nousson Pyktainekans;

No wede numus panam Paadomam;

Swalbadi numes ne wust Tayne.

In gemischter Mundart

Thawe nuson kas tu asse Angangon,

Swintits wirst twais Emmens;

Pergeis twais Laeims;

Twais Quaits audasseisin na Semmey, key Andangon;

Nusan deininan Geittin deis numons schindeinan;

Bha atwerpeis numans nuson Auschautins, kay mas atwerpimay nuson Auschautenikamans;

Bha ny wedais mans Enperbandan;

Sclait is rankeis mans assa Wargan. Amen

Im nördlichen Ostpreußen bildete sich durch die Flüchtlinge aus Žemaitien und Litauen ein eigener Dialekt heraus, das so genannte Preußisch-Litauisch. Der nadrauische Dialekt soll der prußischen Sprache am nächsten sein.

Im Insterburgischen Dialekt nach Prediger Hennig

Tewe musu, kurs essi Danguje,

Buk szwenczamas Wardas tawo,

Ateik tawo Karalijste;

Buk tawo Walle kaip Daguje, taip ir an Zemes;

Duna musu dieniszka duk mums ir sze Diena;

Atleisk mums musu Kaltes, kaip mes atoeidzjam sawo Kaltiems;

Ne wesk mus Pagundima;

Bet gelbek mus nu Pikto.

Im nadrauischen Dialekt nach Simon Prätorius

Tiewe musu, kursa tu essi Debsissa,

Szwints tiest taws Wards;

Akeik mums twa Walstybe;

Tawas Praats buk kaip Debbesissa taibant wirszu Sjemes;

Musu dieniszka May e duk mums ir szen Dienan;

Atmesk mums musu Griekus, kaip mes pammetam musi Pardokonteimus;

Ne te wedde mus Baidykle;

Bet te passarge mus mi wissa Louna (Pikta)

Es ist immer wieder zu lesen, dass die prußische Sprache um 1700 ausgestorben war, doch alte Ostpreußen prußischer Herkunft berichteten, dass sie noch bis zur Flucht 1945 zu Hause prußisch gesprochen hätten. Moderne Linguisten, darauf hingewiesen, erwidern etwas überheblich, dass diese Leute wahrscheinlich plattdeutsch gesprochen hätten oder käslausch und nur geglaubt hätten, es sei prußisch gewesen. Außerdem könne man wegen der vielen Lehnwörter kaum noch von einer prußischen Sprache reden. Wie dem auch sei: Lehnwörter gibt es auch in anderen Sprachen. Aber was „nur“ gelebte Sprache ist, scheint wohl keine „Quelle“ zu sein. Trotzdem einige Beispiele lebender prußischer Sprache:

Das Ostpreußenlied: Zemme tumsan medijan
(übersetzt von Günther Kraft-Skalwynas)
Zemme tumsan medijan (Land dunkler Wälder)
aiskun azzaran (klarer Seen)
diriu twaian laukan (ich sehe deiner Felder)
zwaigstans stebuklans (lichte Wunder)

Druzai burai guba (starke Bauern gehen)
pa kaikoplugei (hinterm Pferdepflug)
kirsha platuns zamjins (über breite Äcker)
glaudia pepalei (streichen Vögel)

Bhe stos juros shalka (Und die Meere rauschen)
stans grimans kisnan (die Lieder der Zeit)
Braidei stalle kirdia (Elche stehn lauschen)
stwi en praboutskan (dort in die Ewigkeit)

Deina wirst etskiuns (Tag wird aufstehen)
tit ir nous´tauta (so auch über unserem Land)
Pruse wirst atgubons (Prußenland wird aufgehen)
kaigi angsteina. (gleich morgens früh)

Erntegebet: Ozinek (von O. Knafla)

Enimtei nusan swintinkan, (Nehmet unser Fest an)
bhe swintintlei stan mensan bhe stan geitin, (und heiligt dieses Fleisch und dieses Brot)
senku mes prawestilai (damit wir eure Heiligung)
jusan swintiniskan (begehen können)
sen wissans wertingiskamans. (mit allen Würden)

Shis portamai pra tien, (Dieses opfern wir für dich)
O, deiwan Zemniks. (Oh Gott Zemnik)
Bhe mes tebbei dinkarnai, (Und sagen dir Dank)
kai tu dasaei numans (dass du uns alles)
wissas tik laimiskai. (reichlich gegeben)

Mes tien prassimai, (Wir bitten dich)
kaigi tu seggilai talaisi (dass du auch hinfort)
en stan subban enteikusnan! (dies tun mögest)

(„aze, oze“ = Ziege, „ozena“: das Bocksfell: Zu besonderen Festen fand ein Ziegenopfer, eine „Bocksheiligung“ zu Ehren des Donnergottes Perkunos statt.)

Wiegenliedchen: Šûpugrîmika (von Heinz-Georg Podehl)

Likuts paimi, maigûs (Schlafe, kleiner Hirte,)
Silts en klokijokissei (Warm im Bärenfell.)
Enmiggais bhe sapnaus (Schlafe ein und träume)
Geltain'en lab'-meninai, (Gelb im guten Mond,)
Šûpû-dis an dangu. (Der am Himmel schaukelt.)

Likuts paimi, maigûs (Schlafe, kleiner Hirte,)
Gailis, en murtuwei (Weiß, in deinem Hemd)
Sen stans gentarsperlins, (Mit den Bernsteinperlen,)
Wurmin, an apkaklei. (Rot, am Kragensaum.)
Labs maigûs bhe sapnaus. (Schlafe gut und träume.)

Augstai šûpû klûsan (Oben schaukeln leise)
Zaleiwâinags, kwapas. (Kräuterkranz und Duft.)
Likuts paimi, maigûs. (Schlafe, kleiner Hirte.)
Tâwêlis ast tâlan, (Väterchen ist weit,)
Medinna gailiplêkins. (Jagt die weißen Mäntel.)

Likuts paimi, maigûs (Schlafe, kleiner Hirte,)
Rudas en klokijokissei. (Braun, im Bärenfell.)

Maigûti mîlai malnîkai, (Schlaft, ihr lieben Kinder,)
Šen noûsiei Warmîjai. (Hier in Warmien.)
Beggi meninçlis šûpû (Denn das Mondchen schaukelt)
Joûsan šûpûgrîman. (Euer Wiegenlied.)

Prußische Vornamen bezogen sich auf Tiere und Pflanzen, die in der Mythologie eine Rolle spielten. Es waren Seelennamen, deren Symbole beim Tod in die Grabtafeln geschnitzt wurden. Gern vergebene männliche Vornamen waren Singuris (Stieglitz), Smiguto (Schwalbe), Tlakis oder Clekine (Bär), Ywas oder Ywon (Eule), Gulbis (Schwan) und Wanagis (Habicht, auch göttlicher Hengst). Beliebte Mädchennamen waren Alne (Hirschkuh, Elfe), Egle (Tanne), Bersinele (Birk´chen), Lelija (Lilie) und Rutele oder Ruta (heilige Raute). Zärtliche Diminutive waren „ele“,

„ke", „ko" und vor allem die Baby-Endung „ian": Kamstian (Schaf'chen), Eristian (Lamm'chen), Parstian (Ferkelchen), Arelian (Adlerchen) oder Paustian (kleiner Wildfang). Familiennamen entstanden sehr spät, denn noch in den Türkensteuerlisten von 1540 kam man weitgehend mit Vornamen aus. Da die prußische Zunge recht gnadenlos sein konnte, fielen Spitznamen bezüglich körperlicher oder charakterlicher Auffälligkeiten oft deftig aus: Gandras (Storch), Gerwe (Kranich), Bredien (Elch), Alsut (Schnaufer, Übergewichtiger), Placke (Schwätzer, Plachanderer), Corinth (Hitziger), Migat (Langschläfer), Trinkaus (Verstockter, Bockiger), Kiewitt (Jasager), Pantan (Hinkender), Margis, Drosde (Sommersprossiger), Kwalo (Einfältiger) und Kirmis (nutzloser Wurm). Heute in Litauen beliebte Vornamen wie Laima, Jurate oder Milda wären zu heidnischer Zeit undenkbar gewesen, denn Götternamen standen unter Tabu.

Familiennamen entstanden oft aus Ortsnamen, wobei es keine Rolle spielte, ob die Menschen mit einander verwandt waren. Es waren Herkunftsnamen. Dabei weisen die ältesten auf steinzeitliche Nahrungsquellen oder sind einfach nur Wohnplatzbeschreibungen: Lasdehnen (Haselnuss), Liebe, Lepa (Linde), Klawke (Ahorn), Dobrat (tiefe Stelle im Wald), Stanko (beengte Wohnlage), Lukies (Sumpfpflanzengegend), Anhut (einsame Gegend) oder Mauritis (Sumpfwiese). Viele Familiennamen entstanden aus Berufen: Karies (Krieger), Kindt, Kinder, Kindereit (Kämpfer), Karalus, Wald (Herrscher), Tolk (Dolmetscher), Sarge, Sorge (Wächter), Waytil, Woytin (Sprecher, Anwalt), Tikmann (Richter), Taruttis (Sänger), Tarrach (Hornist, Flötist), Kant, Kantel, Getkand, Jettkandt (Spielmann, Musiker), Kaltke, Kalteneit, Kallies, Kalwe, Kalweit (Schmied, auch Steinmetz), Urbat (Kunsthandwerker), Armenat (Pflüger), Mattutat (Landvermesser), Swars (Waage), Rauhut (Heiler), Dickaut (Dachdecker), Korell (Imker), Kerstein (Holzfäller), Kriszun (heidnischer Priester), Kundrat (Rotfärber) und Mellin (Blaufärber). Viele dieser

Namen werden heute leider falsch erklärt, denn die prußische Bedeutung ist maßgeblich und nicht jene, die deutschen Ohren sinnvoll erscheint. Leider gab und gibt es mangels prußischer Sprachkenntnisse viele Namendeuter, die all solche Namen auf die ihnen bequemste Weise erläutern und ganz besonders gerne die Ableitung von einem christlichen Vornamen wählen.

Kantelespieler bei einem Sängerfest auf der Marienburg (v. Blinov 1990)

Musik

Die besten Erklärungen zu baltischer Musik finden sich bei Juozas Žileviczius. Er nennt das nördliche Ostpreußen weder Preußisch-Litauen noch kurz gesprochen Litauen sondern Kleinlitauen. Dies ist ein politischer Begriff des ausgehenden 19. Jahrhunderts. Nichts desto trotz erläutert er auf einfühlsame Weise die Grundzüge der Volksmusik. Auch wenn die Stämme sich auseinander entwickelten, so erzeugten doch dieselbe Religion und dieselben Bräuche eine Musik, die sich deutlich von der Musik anderer Völker unterschied. Von allen Baltenvölkern, die auf prußischem Boden lebten, konnten nur die Litauer und Letten kulturell überleben. Wer sich heute in die Melodien der Balten einhören möchte, sollte sich bei YouTube finnische Kantele-Musik sowie lettische und litauische Tänze laden. Man hört und fühlt geradezu unsere Vergangenheit herbeiwehen.

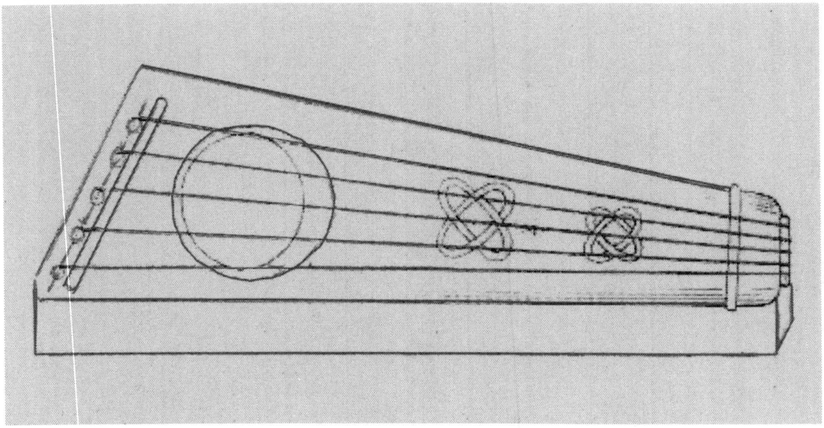

Kantele

Baltische Melodien sind mit Worten und Arbeit verbunden. Es gibt aber auch Summlieder und besonders von Männern gesungene wortlose Raudas (Klagen), denn Männer mussten hart sein und sollten ihre Klagen nicht in Worten ausdrücken. Andere, auch von Frauen gesungene Raudas, insbesondere Abschieds- und Totenlieder, sollten nicht nur die eigene Trauer ausleiten sondern hatten auch den Zweck, die Zuhörer zum Mittrauern und Weinen zu bewegen. Raudas wurden von den christlichen Missionaren verboten, wer sie trotzdem sang, wurde zu hoher Geldstraße verurteilt. Die Fischerlieder der Kuren sind insgesamt ruhiger, ausholender und gedehnter und gehören zu den altertümlichsten überhaupt im baltischen Raum. Die Region Dzûkija im Süden des heutigen Litauen bedeutet „Land der Lieder". Die Dzûken waren ein Nebenstamm der prußischen Sudauer.

Viele Lieder haben nur acht Takte, sind also einfach strukturiert und umfassen meist eine Oktave. Typisch sind pentatonische Melodien mit Quartintervallen und stark akzentuierten Quinten sowie chromatischen Tonfolgen. Davon unterscheiden sich die das Schaukeln der Schiffe nachahmenden Fischerlieder deutlich mit ihren Quint-, Sext- und Oktavsprüngen nach oben. Auch fehlen hier Synkopen und Tanzrhythmen, denn schließlich gab es keine

Frauen an Bord. „*Viele Melodien drehen sich nach dem alten griechischen Tonsatz, wie in den Windungen der Melodien der Dzûken und des Užnemunis (Hintermemelgebietes). In Preußisch-Litauen werden äolische, mixolydische, frygische, hypoäolische, dorische und hypofrygische Melodien angetroffen, besonders viel in gemischtem Tonsatz: ein Teil in einem Tonsatz, der andere in einem anderen. Es gibt Melodien in melodisch minorisch gammischem Tonsatz. Ebenso werden Melodien angetroffen, die man wie in Žemaiten mit einer Zweitstimme singen kann, aber es gibt auch Melodien rein monodischer (einstimmiger) Art, denen mit einer Zweitstimme nicht mehr zuzustimmen geht.*“, schreibt Žileviczius. Die Rhythmenwechsel in den Singtanzliedern machen es zudem manchmal erforderlich, in den 5/4-Takt auszuweichen. Allgemein werden der 2/4-Takt und der 3/8-Takt bevorzugt, seltener der 6/8-Takt. Den meisten Liedern liegt eine Wehmut, eine Melancholie zugrunde. Das Verhältnis zwischen Moll und Dur beträgt etwa 6:1.

Die prußischen Lieder sind im Vergleich mit den litauischen viel archaischer, wozu viel die Reformation beigetragen hat. Denn sie konnten sich nicht weiter entwickeln, weil das Singen von Psalmen und Chorälen gelehrt wurde, deren Melodien und Formen völlig anders waren. Viele Lieder wurden von der Kirchenleitung als „unsittlich“ verboten, und die Menschen wurden angehalten, selbst zu Hause das Singen ihrer Volkslieder zu unterlassen, so dass diese in den Untergrund gedrängt wurden und sich nicht im üblichen Gruppengesang weiterentwickeln konnten. Da die tief gläubige Bevölkerung angehalten wurde, in fremder Sprache zu beten und fremde Lieder zu singen, wurde ihre Religiosität nicht befriedigt. Also wurden die deutschen Lieder in ihrem Sinne verschönert, und der Organist musste sich wohl oder übel der Gemeinde anpassen, wenn diese die Töne in die Länge zog oder verkürzte oder gar mitten im Choral komplett den Rhythmus wechselte. Deutsche Pastoren berichteten von „betender Zartheit“ und „gehobener konzentrierter Stimmung“, die nicht nur die

Fenster sondern auch das Herz erzittern ließen. Dem gegenüber erschien der Choralgesang in deutschen Gemeinden, als ob die Töne durch die Notenleiter marschierten.

Der Nehrungskure Ludwig Martin Reese, besser bekannt als Ludwig Rhesa, beschreibt mitfühlend: *„Bei der Aufzeichnung und Abfassung in Noten geht das Schönste verloren, was nicht ausgedrückt werden kann. Gleich dem Vogelgesange entschlüpfen die plötzlichen Aufsteigungen, die schnellen Abfälle, die sanften Verschwebungen des Volksliedes jedem Versuch, sie festzuhalten und in Zeichen darzustellen."*

Otto Glagau schildert 1869 anschaulich die Musik der Holzflößer auf der Memel, Dzimken genannt: *„Bei diesen Wachfeuern erschallen die langgezogenen wehmütigen Rund- und Chorgesänge der Dzimken; alsbald greift Einer zur Violine oder zum Dudelsack, die Anderen fassen sich bei den Händen und springen und tanzen im Kreise herum. Der Tanz ist oft ein Solo, oft ein mimisches Gegeneinander- und Umeinanderherumtanzen von Zweien, wobei das schnelle Sichumwerfen besonders interessirt. Der Oberkörper bewegt sich wenig, aber die Füße sind in kleinen zierlichen Wendungen und Sprüngen unerschöpflich.*

„Heiduka", Huttanz prußischer Männer, Zeichnung von Prätorius, 17. Jahrhundert

Die im Ganzen schwächliche Gestalt des Dzimken entwickelt im Tanz alle Schönheit, deren sie fähig ist. Die Violine spielt eine hopferartige Melodie, Tänzer und Zuschauer klatschen mit schallenden Händen den Takt, der eine oder andere bricht auch wohl in ein helles Juchzen aus." Und über die Jugend des nördlichen Ostpreußen berichtet er: „*Die littauische Jugend übertrifft die deutsche in geschwinder Erlernung der schwersten Melodien; seien es weltliche oder geistliche, man kann ihren wohlklingenden taktfesten Gesang nicht ohne Bewegung hören. Wenn die Mädchen ihre theils erlernten, theils aus dem Steigreif gedichteten Liebeslieder und Liebesklagen singen, tönt ihre Stimme in einem weichen wollüstigen Schmelz, und derselbe Ausdruck lagert sich dann um Mund und Augen, so daß der Fremde, wenn er auch nicht ein Wort versteht, doch den Sinn erräth.*"

Instrumente wurden alle selbst hergestellt. Sie wuchsen quasi überall, man musste sich das nachwachsende Material nur ein wenig herrichten. Sehr beliebt waren Saiteninstrumente wie Geige, Fiedel und Cello, die recht einfach hergestellt werden konnten und mit Vogeldärmen bespannt wurden. Bereits im Altertum wurde die zitherähnliche Kantele (prußisch „kantlis": Leier) oder Kankle (prußisch „kanxta": fein, schön) bekannt. Žileviczius erwähnt dazu: „*Im 6. Jh. haben drei griechische Historiker, Theofilakt, Anastasio und Theofan geschrieben, dass die Griechen drei Gefangene machten, die an Stelle von Waffen Kanklen hatten. Dem griechischen Kaiser sagten sie, sie kämen von dem weit weg gelegenen Ufer des Ozeans im Westen, das bedeutet von der Ostsee. Sie verstünden nicht mit Waffen umzugehen, denn sie hätten in ihrem Land kein Eisen. Sie mögen nur mit Kankles spielen, spielen, singen und ohne Sorgen leben. So haben sie die Lebensart der Menschen ihres Landes beschrieben.*" Die Kantele hatte ursprünglich nur fünf Saiten, wurde aber später auch mit bis zu dreiundzwanzig Saiten bespannt. Sie gab es in verschiedenen Größen und wurden meist in D-Dur oder D-Moll gestimmt. Die-

Prußisches Xylophon

ses Instrument ist in Osteuropa weit verbreitet und heißt auch in Finnland Kantele, in Lettland Kokle und in Litauen Kankliai. Sie entsprechen der Kannel der Esten, der Kandele der Karelier, der Gusli der Russen und der Gesle der Polen.

Flöten gab es in jeder Größe, oft wurden sie unten mit einem Rinderhorn als Klangverstärker versehen. Eine besondere Flöte war die Trimitas (prußisch triun-metas: Drittmaß), in der alphornlangen Version auch Trubas (prußisch trupas: Holzklotz) genannt. Letzterer wurde aus einem ganzen Baum hergestellt, der der Länge nach gespalten und ausgehöhlt wurde. Dann wurden die Teile mit Pech zusammengeleimt und mit Birkenrinde und Bändern umwickelt. Die kleinere aber trotzdem sehr laute Trimiete wurde von Hütejungen auf Waldweiden gebraucht und spielte meist Quart- und Sextintervalle. Ein Schellenbaum wurde meist mit natürlich wachsendem Material bestückt, denn Metall war lange unbekannt oder zu teuer. Er diente nicht nur der musikalischen Ausgestaltung eines Tanzes sondern wurde auf den Boden gestoßen und gab somit den Takt vor. Faszinierend war ein Schlaginstrument, das man vielleicht als eine Art Kästchenklavier oder aufrecht stehendes Mehrfach-Xylophon beschreiben kann. Hier wurden vorne offene Holzkistchen verschiedener Größe, also verschiedener Stimmung, hergestellt und in einem etwa ein Meter breiten und ein Meter hohen Gestell in mehreren Reihen übereinander angebracht. Mit Schlagstöcken wurden ihm Melodien entlockt.

1638 schreibt die Insterburger Kirchenvisitation: *„Desgleichen läuft dabei auch das Unwesen, dass sie gemeiniglich über der Predigt aufgezogen kommen und mit Trummel und Pfeifen ein großes Getümmel machen, dadurch Pfarrer und Kirchenbesuch gestört werden. Darum wird solches unzeitiges Getrummel verboten und wenn sie es nicht lassen wollen, sollen ihnen durchstochen und zerschnitten und die Pfeifen zerschlagen, auch der Kirche 3 Mark Strafe erlegt werden."*

Die zwölf Prußenstämme

Die Sage von Bruteno und Widewuto und Brutenos Nachfolger

Zur Zeit der Goten setzten sich die Brüder Bruteno und Widewuto vom Volke der Cymberer in Skandinavien auf ihre Flöße, überquerten die Ostsee und landeten im Aismares (Frisches Haff) bei dem Volk der Ulmigerier, „*wo sie ein Volk fanden ganz unerfahren. Hier schlugen sie ihre Gezelte auf, bauten nach ihrer Weise Schlösser und Dörfer, und warfen sich theils mit Güte, theils mit Gewalt, theils mit Hinterlist zu Herren des Landes auf. Im selbigen fanden sie Honig, von dem sie ein Getränk bereiteten, während sie von Anbeginn Molken getrunken. Die Ureinwohner von Ulmigeria wurden auch von den Cymberern zu ihrer Lebensweise geführt, so daß mit der Zeit beide Theile dem Trunk heftig ergeben waren und zugleich gewaltige Kriegsmänner wurden.*"

Bruteno wurde zum Kriwe Kriwaito, „*das ist unser Herr nach Gott*", also zum obersten Priester, während Widewuto zwölf Söhne zeugte. Als Widewuto 116 und Bruteno 132 Jahre alt wurden, versammelten sie alles Volk. „*Zum ersten nahm der Kriwe einen Bock und tödtete ihn vor der heiligen Eiche um ihrer aller Sünde willen; das Fleisch brieten sie mit den Blättern der Eiche, verzehrten es und tranken dazu Meth. Am anderen Morgen früh setzten sich Widewuto und Bruteno vor der Eiche nieder und riefen zuvörderst jenes ältesten Sohn herbei, welcher hieß Litthuo, und sprachen zu ihm: Gelobest du unsern gnädigen Göttern Andacht und ihrem Kriwaito Gehorsam und daran zu setzen Leib und Gut, so jemand sie verringern wollte in ihrer Ehre? Worauf Litthuo sprach: ich gelobe es bei der Strafe meines Gottes Perkuno, der mich tödten soll durch sein Feuer, so ich meinen Eid nicht halte.*"

Bruteno und Widewuto teilten sodann das Land auf: Litwo erhielt Litauen, das mit der Zeit ein mächtiges Land wurde. Der zweite Sohn Samo erhielt die Halbinsel zwischen den Wassern, die bekam den Namen Samland. Die Samländer waren „andächtiger" als die übrigen Brutener und wählten einen besonderen Eichwald zu ihrer Andacht aus, in dem sie „*einen Haufen Schlangen zu Ehren ihrer Götter unterhielten*" Der dritte Sohn Sudo benannte das Land Sudauen, das im Osten liegt. „*Die Sudauer aber sind*

Farbe des Prußenbanners: rotbraun - weiß - mittelblau. Das entspricht der Erdgöttin Semine, dem Himmelsgott Deiwus und der Meeresgöttin Jurate.

Die prußische Legende des Königs Waidewut

Einst kamen von Norden die Brüder Waidewut, ein König, und Pruteno, ein Kriwe oder Oberpriester.
Sie waren sehr alt und sorgten sich um die Nachfolge. Als sie eichenlaubgeschmückt den Scheiterhaufen an der heiligen Eiche in Romowe bestiegen, um Abschied zu nehmen, kamen Blitz und Donner über sie.
Sie ermahnten das Volk, sangen Loblieder auf die Götter und übergaben den 12 Söhnen des Königs Waidewut die 12 Gaue des Landes Prusa. Dann verschieden sie, 116 und 132 Jahre alt.

Der älteste Sohn Litwo erhielt Litauen
Barto erhielt Barten
Colmo erhielt das Kulmerland
Warmo erhielt Ermland
Galindo erhielt Galinden
Nadro erhielt Nadrauen
Natango erhielt Natangen
Oggo erhielt Pogesanien oder das Hoggerland
Pomenzo das Land Pomesanien
Samo erhielt das Samland
Sudo bekam Sudauen
und Slavo erhielt Schalauen

Sie hätten zusammenhalten sollen, aber die folgende Königswahl kam zu keinem Ergebnis. Ein Streit entbrannte und Litwo jagte seinen Bruder Nadro zu Tode. Daraufhin mußten Litwo und sein Land Litauen die Gemeinschaft verlassen und es entstanden **Preußen** und **Litauen**.

bis auf den heutigen Tag ein lustig Volk geblieben, das seine größte Freude im Trinken hat.“ Dem vierten Sohn Nadro wurde das Land zwischen Pregel und Memel gegeben. Der fünfte Sohn Scalawo erhielt das Land Schalauen nördlich und südlich des Memel-Deltas mit den Städten Tilsit und Ragnit. *„Die Bewohner aber sind von Anbeginn gewesen ein unlustiges Volk und* *ungetreu und fanden ihre größte Seligkeit im Schlafen, so daß die Trägheit im ganzen Land zum Sprichwort ward.* " Natango, der sechste Sohn, bekam das Land südlich des Pregels, Barto das Gebiet in der Mitte um Bartenstein herum und der achte Sohn Galindo erhielt Galindien, das heutige Masuren. Warmo erhielt das Gebiet am Frischen Haff, das zunächst Warmien und später Ermland genannt wurde. Der zehnte Sohn Hoggo benannte sein südlich davon liegendes Gebiet nach seiner Tochter Pogesanien. Pomeso verschlug es an die Weichsel und der zwölfte Sohn Chelmo erhielt den südlichsten Teil, das Kulmer Land, welches um die Stadt Thorn gelegen ist.

Die Nachfolger von Bruteno in den Jahren 503 bis 1264 waren Brudon, Deniges, Berausto, Marko, Mexumo, Gerusso, Thywayto I., Brudenow, Napeilles I., Telleyno, Thywayto II., Nergenno, Kardhowayto, Konis, Napeilles II., Jaygello, Narwasso, Grudewo, Austomo, Moleino, Taydo, Romois, Dargsgaito, Mangalo, Bolloysus, Postwo I., Marango, Lawailes, Torreto, Nerges, Wobrotos, Barbaido, Barkando, Jargallo, Tippes, Leiso, Karkoyo, Pomoloys, Postwo II., Napeilles III., Tirsgaito, Nadroko, Boitonor, Tormaiso, Kirbaydo und Aleps.

Barta (Barten)

Name

Der Name geht auf prußisch „bar, bart": fließen, schnell strömen und deutet auf zahlreiche Gewässer. Nach anderen Quellen liegt, auf die mittlere Lage und die unzähligen Streitereien innerhalb der prußischen Stämme und der Söhne Bartos anspielend, „bart": zanken zugrunde.

Geografische Lage

In einer Urkunde von 1326 werden die Grenzen dieses Stammesgebietes benannt. Die Grenze gegen Natangen waren die Wälder Leudegudien (lehmiger Buschwald), Lusinemedien (Bruchwald) und Laukemedien (Feldwald) sowie den Fluss Alle entlang bis an den heiligen Wald Surctomedien (Mooswald). Die Grenze gegen

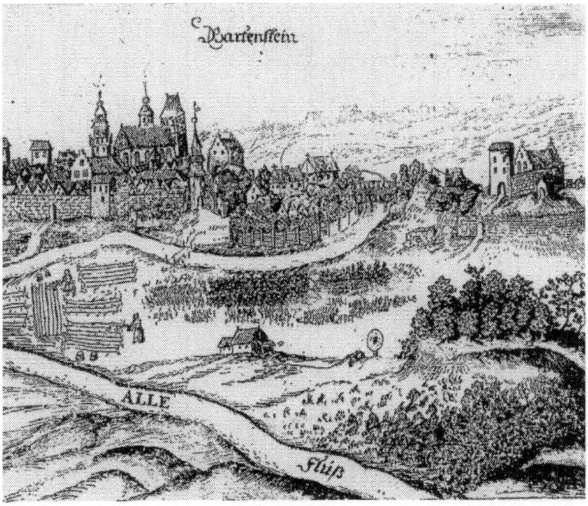

Bartenstein

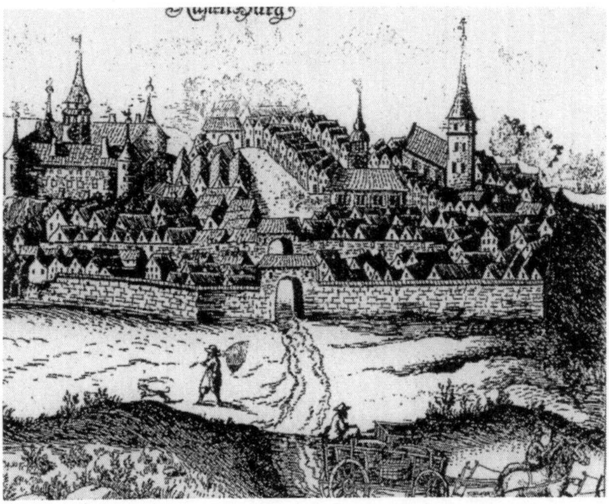

Rastenburg

Wohnsdorf ging rechts von der Alle ab, dann am Wald Curtmedien oder Kortmedien (Gehegewald, also ein militärischer Verhau) vorbei bis zum Eintritt des Flusses Aswene in den Wald Perses (Sumpfwald). Ab dort verlief die Grenze mit Nadrauen durch den See Aswenus (Stutfohlen) bis zum Einfluss des Baches Goy, weiter aufwärts zum See Resow (gewunden), der an den Wald Kirno (Strauchwald) angrenzt. Ab hier hatte Barta eine Grenze mit Galindien bis zum Feld Woplauken (rundes Feld), zum Wald Bosin (kahler Wald), zum Feld Monelauken (magisches Feld), durch den Wald Tauro (Wisentwald) bis zum See Kirsnosee (schwarzer See).

Im Südwesten grenzte Groß-Barten an Klein-Barten mit den Orten Bischofstein und Heilsberg. Dieses war eine präzis festgelegte Grenze, weil dieses Stammesgebiet zwischen den Komtureien Balga, Brandenburg am Frischen Haff und Königsberg aufgeteilt werden sollte. Bei der Vermessung des ermländischen Teils von Barta wirkte der ermländische Kapitelvogt von Liebenzell mit.

Geschichte

Diese Landschaft wurde durch die Waldungen um Bartenstein von der kleineren Landschaft Plicabarten (prußisch „plikkas“: klein) geschieden. Im Norden trennten ausgedehnte Wälder dieses Gebiet von dem Ländchen Wohnsdorf (Verballhornung von Unsatrapis), welches in der Gegend um Allenburg lag. Etliche Ortsnamen im Innern weisen auf Wald, Gebüsch und offene Flächen. Hier begann bereits die Große Wildnis, in der vorgeschichtliche Funde außer einigen Burgwällen und Siedlungsstellen um den Nordenburger See herum sowie wenigen eisenzeitlichen Gräbern kaum auszumachen sind. Nordenburg und Guja waren vorgeschobene Wildhäuser des Ordens. Von allen prußischen Gauen in der Wildnis war Barta die waldärmste und zugleich die regenärmste.

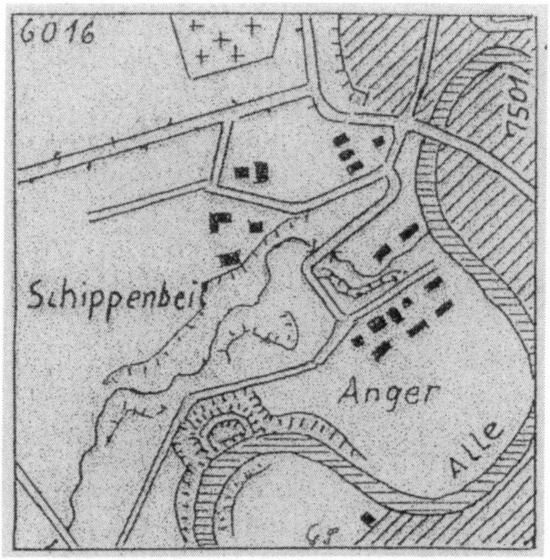

Wallberg, westlich von Schippenbeil bei Anger

Sage

„Barto, der siebente Sohn, erhielt das Gebiet die Alla (Alle) aufwärts bis an Licko (Lyckfluss) das Wasser, und bis an das Land seines Bruders Lytpho (Litauen), nannte es Bartenland und baute darin seine Feste Barto (Bartenstein). Dieser hatte viele Kinder, deren jegliches ein König war und sich eine Feste baute. Denn sie waren sehr haderhaftig und hatten viel Feindschaft, sonderlich mit den Erben Natango´s, um Lucygo´s willen, dem Widewuto etwas Besonders zugeeignet hatte, da sie doch so nahe daran gewesen wären, wie Natango´s Sohn.“

Chelmo (Kulmerland)

Name

Der Name weist auf eine erhöhte Lage. Nach Gerullis ist nicht von „kalmus“ (Baumstumpf) sondern von „kulminai, kulminacinis“ (Höhenpunkt) abzuleiten.

Geografische Lage

Die Grenzen sind durch die urkundliche Schenkung des Kulmer Landes durch Konrad von Masowien im Jahr 1230 bekannt. Die Weichsel bildete die Grenze gegen Kujavien und Pomoria superior, die Drewenz gegen das Dobriner Land und die Ossa gegen die Landschaft Pomesanien. Über die Ossa betrat Hermann Balk prußischen Boden. Das Kulmerland gliedert sich in zwei Teile, welche links und rechts der späteren Eisenbahnstrecke Graudenz – Kulmsee lagen.

Geschichte

Im Kulmerland gab es vorsteinzeitliche Funde, so auch um Strasburg herum etliche keltische Hallstattgräber. Jedoch sind kaum noch rein-prußische Spuren auszumachen, da seit der Expansion der Slawen nach und nach vorpolnische Siedler friedlich in das Kulmerland eingesickert waren: Von Süden her kamen die Polanen und von Osten die den Masoviern zugerechneten Kujawier. Es ist durchaus von einer prußisch-slawischen Mischbevölkerung auszugehen. Lediglich einige Orts- und Gewässernamen weisen auf prußische Besiedlung. So hieß Herrmannsruhe früher Kaucke (Alraune), bei Kisin (Pelz) lag eine vorgeschichtliche „Schwedenschanze“ und etliche Damerau-Orte weisen auf Eichbestand. Der Strugabach weist auf ein Rinnsal (prußisch „struja“: Halsschlag-

Thorn

ader) und die Wiebsch auf Bäume (prußisch „wipis“: Ast). 1230 fiel das Kulmerland an den Deutschen Orden, der hier deutsche Dörfer und Städte anlegte.

Auch das Kulmerland war umschlossen von einem Waldwildnisgürtel, welcher aber für die häufig einfallenden Prußen kein Hindernis darstellte. So legte der Ritterorden den Ort Rehden genau dort an, wo sich eines der Haupteinfallstore befand. Ein weiterer Kriegsweg befand sich durch die Löbau über Strasburg nach Thorn, ein Weg, welchen insbesondere die Sudauer und Litauer wählten. Ebenso bot eine Furt in der Drewenz eine gute Einfallsmöglichkeit. Im Zweiten Thorner Frieden von 1466 wurde das Gebiet dem König von Polen unterstellt und in der Folgezeit weitgehend polonisiert. 1772 fiel es an Preußen und wurde in die Provinz Westpreußen integriert. Zwischen 1807 und 1815 gehörte es zum Herzogtum Warschau und kam 1920 durch den Versailler Vertrag an Polen.

Kulm

Sage

„Der zwölfte Sohn Widewuto´s Chelmo, erhielt das Gebiet zwischen Mokra (Ossa), Istula (Weichsel) und Driwantza (Drewenz). Er baute sich eine Feste und nannte sie nach seinem Namen Chelmo, später „Althaus Culm“, und eine andere, die er nach seinem Sohn Potto (Verheißung) benannte, hieß Potterberg. Das Land aber heißt noch heute von ihm Culmerland.“

Kulmer Recht

Das Kulmer Recht, auch Kulmisches Recht genannt, ist ein mittelalterliches Stadt- und Landrecht. Es galt ursprünglich nur für Kulm und Thorn und wurde 1294 in den fünf Büchern des „Alten Kulm“ aufgezeichnet. Sein Geltungsbereich dehnte sich allmählich über den größten Teil des Ordenslandes und auf viele polnische Städte aus. Es blieb für die preußischen Stadt- und Dorfsiedlungen vorbildlich und wurde so zum Grundgesetz des Ordensstaates. Die Schöffen des Kulmer Oberhofs waren für Danzig, Königsberg (Pr.) und andere Städte im Kulmer Land zuständig. Der dreizehnjährige Städtekrieg (1454-1466) nahm ihm die Stellung des Oberhofs. In Ostpreußen galt das Kulmer Recht bis 1620, in Westpreußen bis zur Einführung des Preußischen Allgemeinen Landrechts 1794, in Danzig bis 1857.

„Kulmische Handfeste“ hieß die 1233 erlassene Verfassung des Ordenslandes Preußen, durch die Rechte und Freiheiten der neu entstandenen Gemeinden gesichert wurden. Grundlage war das Magdeburgische Stadtrecht. Der Orden behielt sich gewisse Monopole vor: auf Salz, Gold, Silber, See, Jagd und Fischerei. Fast überall in den Ordensgebieten galt das Kulmische Recht, außer in den großen Städten wie Elbing, Braunsberg, Frauenburg, wo lübisches (Lübeck) Recht galt. Auch in Memel galt lübisches Recht.

Kölmer oder Kölmische Freie

Bauern, meist Deutsche, die nach kulmischem Recht eingestuft waren, hießen Kölmer oder Cöllmer. Ihre Besitzungen wurden „kölmisch“ oder „cöllmisch“ genannt. Aus den Kölmern ging später die Schicht der Gutsherren hervor. Das kölmische Recht war besser als das magdeburgische. Einheimische Prußen und Kuren, zugewanderte Žemaiten und Litauer wurden nach dem schlechteren preußischen Recht eingestuft, aber es war immerhin eine Rechtsgrundlage, auf die man sich verlassen konnte. Deshalb zog es auch viele Flüchtlinge aus Polen-Litauen an, die dort unter der Willkürherrschaft des Adels zu leiden hatten. Obwohl sie von ihrer Obrigkeit zurückgefordert wurden, behielten die Ordensleute sie meist unter ihrem Schutz.

Kölmisches Recht verpflichtete zum Reiterdienst bei der Verteidigung des Landes, zu geringfügiger Abgabe an Geld, Wachs und Pfluggetreide. Aber es gewährte auch große Freiheiten: Vererbung des Gutes an Söhne und Töchter, Verkauf mit Vorwissen des Ordens, Befreiung von allem Scharwerk, oft auch die Privilegien der Fischerei, mittleren und minderen Jagd, Brauerei und dergleichen.

Große kölmische Güter, denen die volle Gerichtsbarkeit verliehen war, wurden später Rittergüter. In der Nachordenszeit und bis zu Friedrich d. Gr. entstanden neue kölmische Güter, denen statt des Kriegsdienstes ein Zins auferlegt wurde. Das Landrecht von 1685 bewertete den kölmischen Besitz als volles Eigentum. So bildeten die Kölmer einen angesehenen Stand, weit über den Bauern stehend, die auch auf den Landtagen vertreten waren. Es gab auch noch „Preußische Freie" und „Magdeburgische Freie", mit etwas schlechteren Rechten.

„Kölmische Leute" waren Erbzinsbauern mit vielen Freiheiten, jedoch nicht mit dem kölmischen Besitzrecht, „kölmische Erbhaber" oder „Frey" oder „Freisass" hatten ein Freigut zu erblichen Rechten. „Kölmische Gärtner" waren keine Gärtner sondern hatten einen kleine Stellenbesitz von wenigen Morgen Land, meist in einer Lischke (Vorsiedlung zu einer Burg). Später hießen sie Eigenkätner. „Kölmische Gutsbesitzer" beschreibt einen eigenen Bezirk außerhalb des Dorfes. Die „Kölmischen Krüger" besaßen eine Gastwirtschaft nebst Ländereien, sie hatten Brau- und Brenngerechtigkeit und durften Getränke nach Belieben einkaufen. Der „Kölmische Müller" besaß eine Wassermühle nach kölmischem Recht. Der Müller musste die Erntemengen aufschreiben und der Steuerbehörde weiterleiten. Ein „Kölmischer Schulze" oder „Freischulze" war Besitzer eines Freigutes mit einem erblichen Schulzenamt, das die niedere Gerichtsbarkeit innehatte, dem Orden einen Rossdienst leistete oder ein Pferd vors Geschütz zu stellen hatte.

Lubawa (Löbau, Michelauer Land)

Name

Über die Bedeutung des Namens sind sich die Linguisten nicht einig. Die Endung „-awa“ weist jedoch auf eine Landschaft und dürfte die offnere im westlichen Stammesgebiet liegende Gegend meinen (prußisch „loba“: Tal, Vertiefung, analog zu lettisch „lubene“: Wiese). Dieses Ländchen wird in der Sage nicht erwähnt.

Geografische Lage

Lubawa wurde später nach dem Kämmereidorf Michelau das Michelauer Land genannt. Dieses Michelau soll eine Burg des Herzogs von Masovien gewesen sein. Es ist umstritten, ob es sich hier um ein eigenständiges Stammesgebiet handelt. Auf alten Karten ist es eingezeichnet, allerdings wurde es auch zwischendurch zum Kulmerland und zu Sassen geschlagen. Es liegt bei Strasburg im Kreis Marienwerder an der mittleren Drewenz mit der Stadt Löbau als Zentrum. Der Flussübergang bei Strasburg nach Südwesten galt als eines der Haupteinfallstore der Prußen ins Kulmerland. Hier treffen Wege aus Südosten, Osten und Nordosten zusammen. Als Grenze galten die Drewenz im Westen und der Waldgürtel zwischen Grondzaw und Lautenburg im Süden. Die Ostgrenze stimmte mit der später gezogenen Trennlinie zwischen West- und Ostpreußen nahezu überein.

Geschichte

1216 wird die „terra Lubavia“ im Zusammenhang mit einer Prußenburg erwähnt. Im Gegensatz zum Kulmerland war Lubawa rein prußisch besiedelt und rundherum von einer riesigen Waldwildnis umgeben, welche im Osten stärker war als im Westen, wo offene Siedlungsflächen überwogen. Von diesen Wäldern sind lediglich Ortsnamen übrig geblieben (Dembin: Eichwalde, Grabau: Buchendorf, Jeglia: Tannenberg). Lubawa wurde 1260 von Thorn aus durch den Ritterorden erobert und wird in mehreren Friedensschlüssen erwähnt: 1343 im Frieden von Kalisch, 1422 im Frieden vom Melnosee und schließlich 1466 im Frieden von Thorn, wo Lubawa zu Preußens Anteil unter die polnische Krone kam. Nach der Lubliner Union 1569 fiel das Gebiet zur polnisch-litauischen Union. Nach der 1. Polnischen Teilung 1722 gehörte es zum Königreich Preußen und wurde Teil Westpreußens

Galindo (Galindien)

Name

Der Name bezieht sich auf den Fluss Galinde (Grenzgebiet, Rand, Ende) und besagt, dass es sich um ein Randgebiet handelt.

Geografische Lage

Der Gau Galindien reichte ursprünglich etwa von der Alle bis zum Lyck-Fluss (Sumpfpflanzen), vom Baltischen Höhenrücken bis zum Narew. Die Südgrenze wurde in Verträgen zwischen dem Orden und Masowien mehrfach geändert. 1340 wurde sie an den Bober-Fluss zurückverlegt. Im Frieden am Melnosee vom 27. September 1422 wurde die Grenze so festgelegt, wie sie bis 1945 bestand. Galindiens Nordgrenze reicht an die Stammesgebiete Pogesanien und Barta. Bekannt sind die drei nordwest-galindische Landschaften Gudikus (Buschwald, Ortsname Gottken) mit den Kirchspielen Neukockendorf, Jonkendorf, Altschöneberg, Dietrichswalde. Die Landschaft Bertung (Gewässergebiet, Ortsname Groß Bertung) umfasste die Kirchspiele Braunswalde, Diwitten,

Johannisburg

Allenstein, Groß Bertung und Schönbrück. Die Landschaft Gunelauken (Hirtenfeld) fiel später mit Amt und Stadt Wartenburg zusammen. Die Ostgrenze Galindiens lässt sich nicht mehr genau bestimmen, entweder verlief sie im Sumpfgebiet des Omulew-See (Graben, Flussbett) oder des Arys-Flusses (Luft, Witterung). Die Südgrenze verlief entlang des Narew (Gewässergebiet) bis zur Lyckmündung. Der Narew war gleichzeitig Grenze der Diözese Plock. Galindien gehörte zur Diözese Ermland. Die Grenze Galindiens zu Sudauen steht nicht fest.

Geschichte

Das Stammesgebiet Galindien wurde schon 180 n. Chr. bei Ptolemaeus erwähnt. Vorhanden sind römische Münzfunde bei Ortelsburg und zahlreiche Gräberstellen aus der Eisenzeit, welche stets in der Nähe eines Sees lagen. Der Landschaftsname Patrank, der sich östlich und südlich von Passenheim befand, weist prußischen Charakter auf. Galindien wurde erst relativ spät von Creuzburg aus erobert. Nach ältesten polnischen und russischen Überlieferungen herrschte zwischen den Galindern und den Polen eine erbitterte Feindschaft. Der Archäologe Gaerte ist der Ansicht, dass die Galinder in großer Anzahl mit den gotischen Gepiden gewandert sein können und in einer späteren germanischen Einwanderung, diesmal als „Germanen" zurückgekommen sind. Der spanische Name Galindo wird von manchen Linguisten auf den Namen der prußischen Galinder zurückgeführt. Zudem finden sich in den Pyrenäen prußisch anmutende Familiennamen.

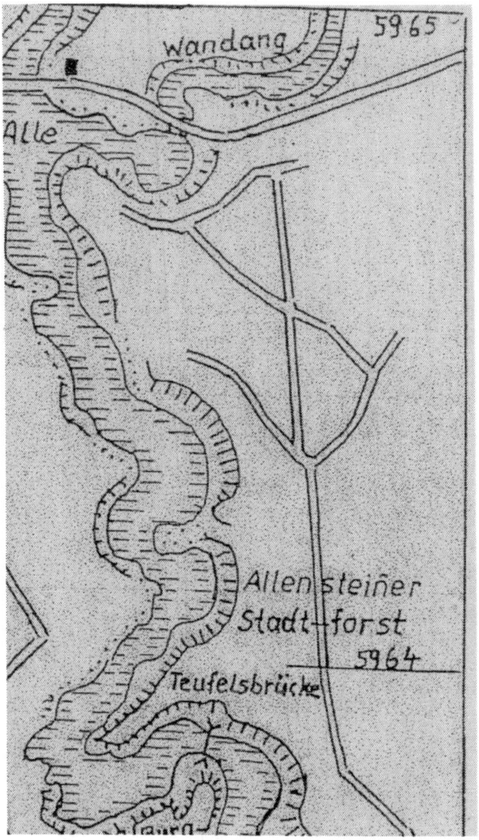

Burg beim Allensteiner Stadtwald am Allebogen

In das von Galindern verlassene Gebiet sickerten nach und nach friedlich die slawischen Masovier ein, die nicht den Polen zuzurechnen sind. In diesem Gebiet gab es also eine prußisch-masovische Mischbevölkerung. Bei Ankunft des Ordens war Galindien fast menschenleerer Urwald, da die Galinder es nach ihrem vom Orden abgelehnten Unterwerfungsangebot vorgezogen hatten, nach Litauen zu flüchten. Die Litauer, einem alten Heeresweg von Johannisburg nach Ortelsburg folgend, verheerten in den Jahren 1353 und 1354 die Gegend von Alt-Wartenburg. Im Laufe der folgenden Jahrhunderte wurde die Region durch den Ritterorden

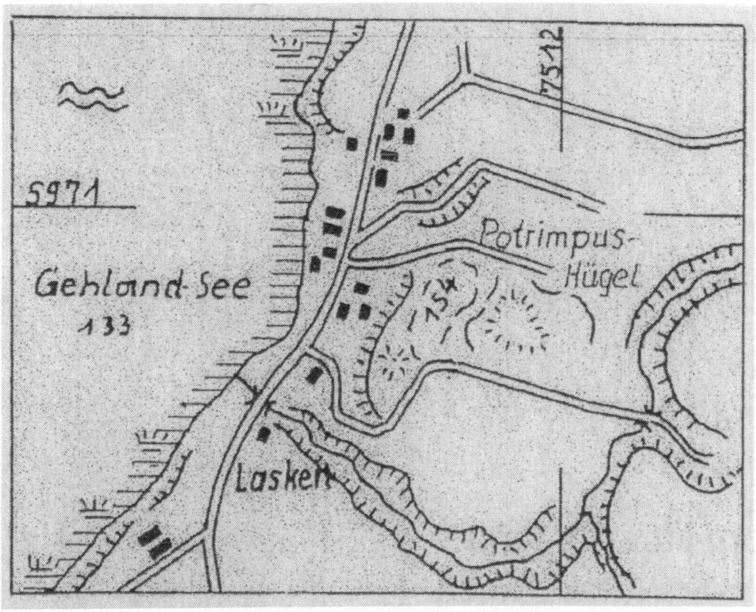

Potrimpus-Hügel, 100 m östlich von Lasken am Ostufer des Gehland-Sees

aufgesiedelt. Urkundliche Erwähnungen lauten Galindo (1241), Galanda (1254), Golentz (1255) und Galendia (1267). Wegen der teilweise sehr schwer zugänglichen Landschaft mussten die von den Ordensrittern bereits eingenommenen Gebiete immer wieder mal aufgegeben und später erneut erobert werden: 1285 und 1348 fiel Lötzen, 1335 und 1396 Angerburg, 1345 Johannisburg und schließlich 1360 Ortelsburg. Da das Land fast menschleer war, ist die historische Quellenlage spärlich.

Sage

„Der achte Sohn, Galindo, bekam die Lande gelegen von Kaboso bis an die Gränzen der Masau (Masovien); das Land hieß von ihm Galindien, und die Burg nannte er Galindo, ward auch nachgehend Galinderberg genannt. Das Volk wurde mit der Zeit mächtig und führte viele Kriege mit den Masuren.“

Nadruwa (Nadrauen)

Name

Der Name bezieht sich wegen der Endung „-uwa" auf eine Landschaft und verweist auf die zahlreichen Gewässer dieser Region: Dort wo viel zusammenfließt, aus prußisch „na, no": viel, zusammen und indogermanisch „dreu-/ dru-„: laufen, eilen zusammengesetzt.

Geografische Lage

Nach der samländischen Teilungsurkunde von 1312 sind Nadrauens Grenzen im Norden die Memel (Schweigsamer), im Nordwesten die Gilge (Tiefe), im Südwesten die Stammesgebiete Natangen und Barta und im Süden das Stammesgebiet Galindien. Die tatsächlichen Begrenzungen sind jedoch etwas anders, da das nördlich der Gilge und südlich der Memel liegende Gebiet der Schalauer in dieser Teilungsurkunde außer Acht gelassen wurde, weil es wegen der Unwegsamkeit von den Ordensleuten noch

Insterburg

nicht voll erschlossen war. Der südlichste nadrauische Ort war der Wald Kirno (Strauch).

Hermanowski schreibt in seinem informativen Ostpreußenlexikon, dass die Grenze zwischen Galindien und Nadrauen vom Ausfluss der Angerapp (Aalfluss) aus dem See Swokiske (Mauersee) in gerader Richtung nach Osten zur litauischen Grenze ging. Nadrauen hat jedoch niemals an Litauen gegrenzt, da sich zwischen Nadrauen und Litauen die Landschaft der Sudauer schob. Zwischen Nadrauen und Galindien bildeten riesige Wälder die Grenze, deren Überreste die Rominter Heide und einige andere Forsten darstellten. Über die weiter nach Norden sich hinziehende Grenze Nadrauens gegen Schalauen fehlen Urkunden.

Geschichte

Nadrauen wurde 1275 von Wehlau aus mit der Einnahme der Feste Kampswykus (Kamswiken) erobert, die einige Kilometer oberhalb Insterburgs am rechten Flussufer der Angerapp auf einer Anhöhe lag. Archäologen haben hier Überreste einer Befestigungsanlage gefunden. An ihre Stelle wurde das Wildhaus Tammowo (dunkles Gebiet) errichtet, das 1376 von den Litauern unter Swerdeyke eingenommen und verbrannt wurde. Östlich davon lag in der Landschaft Wohnsdorf die Burg Ochtolite oder Aucliten, das spätere Auglitten, und südlich zwischen beiden eine Burg im Untergebiet Retawa. Im Jahre 1824 wurde auf dem Kamswikusberge zum Andenken an die Schlacht bei Waterloo ein eisernes Kreuz auf einer 20 m hohen Säule mit Terrassen ringsherum angelegt.

Mit der planmäßigen Besiedlung wurde ab 1540 begonnen, die unter dem Kurfürsten Georg Wilhelm (1595-1640) intensiviert wurde. Der Privatmann Vynck, ein Spekulant, bot dem Landesherrn an, ähnlich wie im Danziger Werder friesische Holländer, Flamen und Westfalen anzusetzen um Moräste trocken zu legen

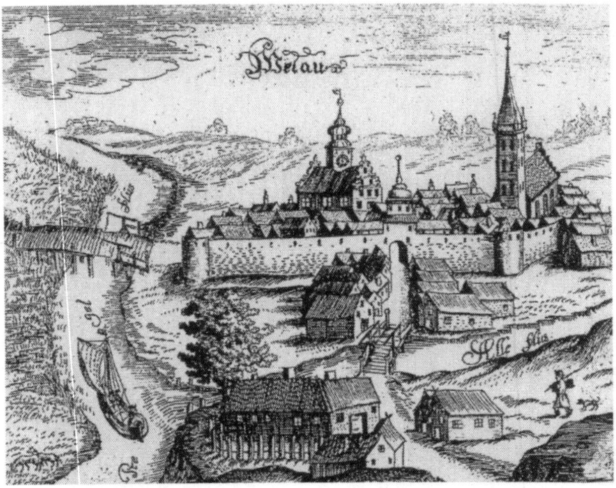

Wehlau

und solche Gegenden auszumachen, die den Torfstich lohnen. Selbstverständlich kostenlos. Diese Arbeit zu tun hatten sich die Prußen schlichtweg geweigert, denn ihre heidnische Religion gebot ihnen, sorgsam mit der Natur und den sie schützenden Gottheiten umzugehen. So sandten die Oberjägermeister Wildnisbereiter aus, die die Ländereien gründlich zu inspizieren hatten. Der Kurfürst *„sah im Geiste schon Italienisch Tischgeschirr, Livonischen weissen oder blawen Pocellan gewonnen.“* Die Bevölkerung war durch die Kriege und Aufstände ohnehin stark dezimiert, einige große Pestwellen taten das Übrige, so dass die preußischen Herrscher gezwungen waren, das Land mit ausländischen Kolonisten zu besiedeln, indem sie interessante Angebote machten: steuerliche Freijahre, nach Bodenbeschaffenheit genauestens gestaffelt, teilweise auch die Bereitstellung des landwirtschaftlichen Gerätes, Saatgutes und Viehs. Die Bodenbeschaffenheit des Ackers bereitete einer intensiven landwirtschaftlichen Bewirtschaftung Probleme, die sich erst später mit den Salzburgern und dem technisch neuen, metallenen „deutschen“ Ackergerät änderte. Als später der Kartoffelanbau eingeführt wurde, versanken die Knollen einfach in der Erde, nur auf halbmeterhohen mit Sand angereicherten Beeten hatte man eine Chance zur Ernte.

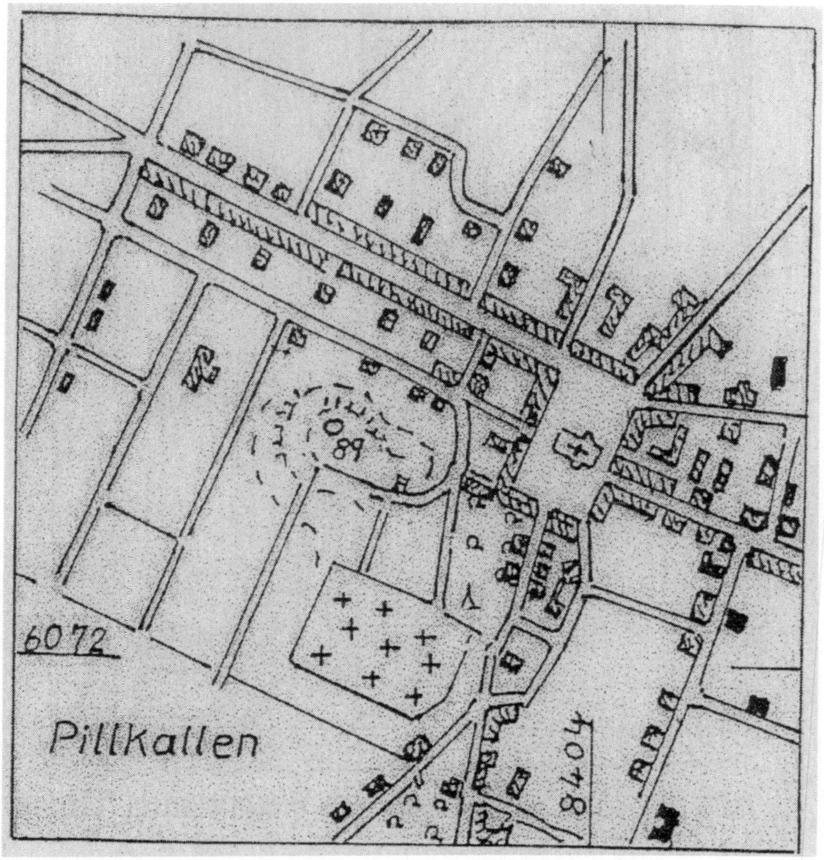

Ehemalige Feste auf der Anhöhe 89, mit Wasserturm,
in Pillkallen / Schloßberg

Die litauische Einwanderung begann, von einzeln einsickernden Familien abgesehen, die auch heimkehrende Prußen gewesen sein können, ab 1507 von Osten her und verstärkte sich während der litauisch-polnischen Personalunion (1569-1795). Zuerst kamen die Flüchtlinge in die späteren Kreise Pillkallen, Stallupöhnen und Goldap, später wurden sie weiter im Westen im Gebiet um Gumbinnen und Insterburg angesetzt. Die Žemaiten wanderten ab 1406 über Memel, Tilsit und Ragnit durch Schalauen nach

Der Preussische Litthau (v. Th. Lepnel, Danzig 1744)

Süden. Den preußischen Herrschern war die Herkunft der Neusiedler gleichgültig, sie erwarteten lediglich Fleiß, Loyalität und Gesetzestreue. Ansonsten konnten sie leben wie und glauben was sie wollten.

Sage

„Nadrau, der vierte Sohn, huldigte auch, wie seine Brüder, und ihm ward zugetheilt das Land zwischen Skara (Pregel), Boiko (Bug) und Curtono (Kurisches Haff), was von ihm Nadrauen genannt ward und in dem er eine Feste, genannt Staymto (stattlich), erbaute."

Wichtig für Ahnenforscher

Da eine hohe Zahl der Neusiedler im östlichen Nadrauen Flüchtlinge aus Polnisch-Litauen waren, nannte man Nadrauen später Preußisch-Litauen oder nur kurz Litauen. Da sie sippenweise angesiedelt wurden, kam es, dass manche Dörfer bis zu 90%, andere gar keine, wieder andere etwa 20% litauische Einwohner hatten. Für Ahnenforscher ist es deshalb wichtig zu erfahren, dass das nördliche Ostpreußen gemeint ist, wenn ihre Vorfahren erzählen, sie kämen „aus Litauen". Nadrauen hat nie zum Staat Litauen gehört, und es ist zwecklos, sich an litauische Behörden zu wenden.

Notanga (Natangen)

Name

Die Bedeutung ist nicht eindeutig geklärt. Die sandige, teilweise steinige Bodenbeschaffenheit lassen die Deutungen „natis": Brennnessel und „tankus": verdichtet, verdickt zu. Die Ableitung von „natonge": Hagen, Verhau, Verschlag wiese dagegen auf militärische Verteidigungsanlagen in dieser zentral gelegenen Landschaft.

Geografische Lage

Die Grenze dieses Stammesgebietes fällt im Norden mit dem Pregel zusammen, schließt jedoch Königsberg aus, da diese Stadt zum Samland gehört und sich erst später auf natangisches Gebiet ausdehnte. Im Osten wird das Gebiet durch die Alle begrenzt. Im Süden gehören Schippenbeil und Bartenstein dazu, denn nach einer Urkunde von 1236 wird im Grenzverlauf der oben erwähnte

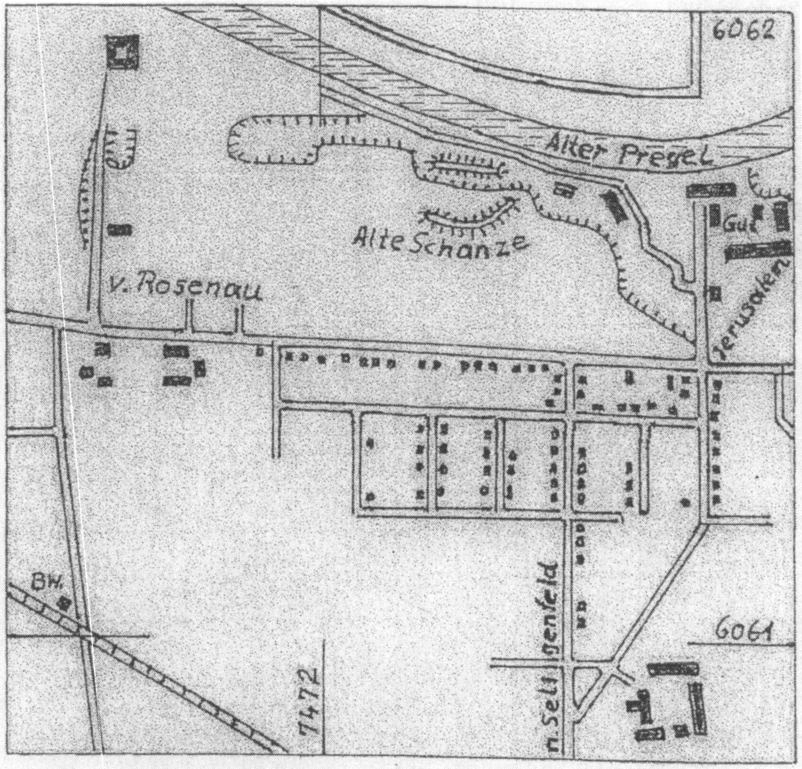

Alte Schanze, 300 m westlich von Gut Jerusalem am linken Pregelufer

Waldgürtel Leudegudien, Lusinemedien und Laukemedien (auch Lackmedien) erwähnt, der sich im Halbkreis südlich um diese beiden Orte herumzog. Von Schippenbeil verlief die Grenze entlang der Alle bis an den heiligen Wald Surctomedien südwestlich von Friedland und Wohnsdorf. Daran schloss sich im Osten der Wald Kortmedien (auch Curtmedien) an. Von hier verlief die Grenze östlich der Alle bis nahe Wehlau. Die Südwestgrenze muss etwas willkürlich gezogen werden: Von Bartenstein folgt man der nordwestlichen Senke in Richtung Preußisch –Eylau, weiter von Canditten zum Nordende des Stablack (Steinacker), zum westlich von Creuzburg liegenden Wald Dalbenen (Hauwald). Weiter geht es zum Wundlacker Tal (Wasserfeld-Tal), um an der Frischingsmündung bei Brandenburg am Frischen Haff zu enden. Ab da ist das Frische Haff die Westgrenze. Der gesamte Gau Natangen gliederte sich in vier kleinere Bezirke: Lauthen oder Lautkeim (feuchter Lehm) im Norden, Solidow oder Soldau (Insel) im Nordwesten, Insterburg oder Unsatrapis (Knüppeldamm) im Osten und Wore (rotes, d.h. warmes Land, Ermland) im Süden.

Den Norden der Landschaft prägt der gute Ackerboden der Frisching-Niederung, während der Süden zum Baltischen Landrücken gehört und von Hügeln, Senken und Waldgebieten durchzogen ist. Die Bodenbeschaffenheit wechselte von Geschiebemergel, der für den Getreideanbau günstig ist, zu Tonboden, der wasserundurchlässig ist und daher eine Drainage nötig machte. Die meisten Drainagegenossenschaften befanden sich in den westlichen und südlichen Teilen des Gebietes. Neben Getreide wuchsen auch Gemüse- und Futterpflanzen, wodurch auch Viehzucht (mit ihren Nebenprodukten Milch, Käse und Rohwolle) begünstigt wurde. Die Pferdezucht wurde ebenfalls nicht vernachlässigt.

Geschichte

Im Jahr 1231 wird Notangia erstmals erwähnt, als der dänische König Waldemar seine baltischen Besitzungen in sein Reichslagerbuch eintragen ließ. Weitere urkundliche Erwähnungen sind Natania (1249), Natangen (1263) und Notungia/ Natangia (1284). Interessante archäologische Funde sind in Groß Steegen eine knöcherne Lanzenspitze und eine Hacke aus Rentiergeweih, in Wangnick eine Hacke aus Hirschhorn, in Penken eine Knochenharpune, in Domnau ein Knochendolch, in Schönewiese und Topprienen Schaftlochhacken aus Stein in Schlangenkopfform.

Diese Funde zeigen, dass Natangen schon in der mittleren Steinzeit (10.000 – 7.000 v. Chr.) besiedelt war. Aus den folgen-

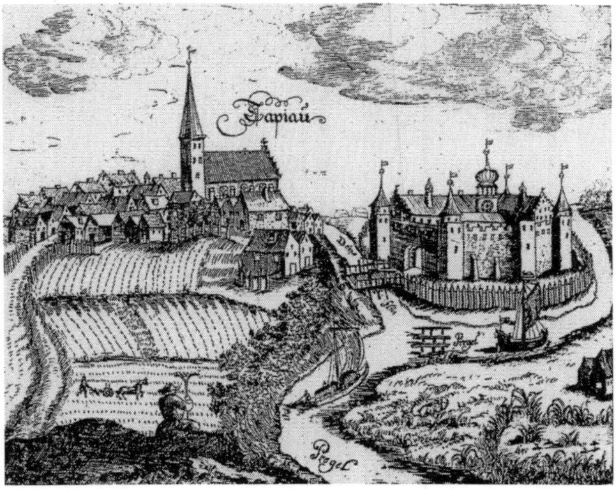

Tapiau

den Epochen der Bronzezeit sind etliche Hügelgräber mit reichen Grabbeigaben belegt. Während der römischen Kaiserzeit sind in der samländisch-natangischen Kulturgruppe Leichenverbrennungen mit der Beigabe von unverbrannten Pferden auffällig. In Grabstätten höher gestellter Personen fanden sich sehr gut erhaltenen eiserne Gegenstände: Schmalaxt, Sichel, Schnitzmesser, Schnallen, Pinzette, Sporen, silberne Fibeln, Schleifstein, Dolche, ein Vorhängeschloss, Schnallen, Trensen, Scheren, ein goldener Armreif sowie Glas- und Bernsteinperlen. Ebenso fand man Münzen aus der Zeit der römischen Kaiser Domitian, Trajan, Hadrian, Antonius Pius, Alexander Severus und Gordian III. Beim Auskarren eines Teiches in Schönwiese bei Petershagen wurden im Schlamm zehn arabische Münzen aus der Zeit des Kalifen Harun al Raschid (786 - 809) entdeckt. Zahlreiche Wehranlagen, Schanzen und Schlossberge wurden bevorzugt auf Plateauvorsprüngen und Bergnasen errichtet. In der Nähe des Burgbergs von Pilzen weist der Ort Görken auf eine heidnische Kultstätte, die dem Erntegott Churcho gewidmet war. Ebenfalls heidnischen Ursprungs sind der „Teufelsstein“ in Klein Dexen und der „Mannkesteen“ von Skerwitten, die etwa 1,50 Meter hoch und einen Umfang von 8 Metern hatten. Sie waren in Tischform zugehauen und verfügten über eine Vertiefung und eine Rinne. Der Mannkesteen zeigte ein nach Westen ausgerichtetes roh gemeißeltes Gesicht und den Körper eines Menschen, dessen Arme in betender Haltung über der Brust gekreuzt waren.

Die Eroberung Natangens begann von Elbing aus. Obwohl die Ordensritter erfahren hatten, dass sich die Prußenstämme der Barter, Warmier und Natanger um ihre Führer gesammelt hatten, wurden die Ordensschiffe „Pilgrim“ und „Friedeland“ in das bis dahin unbekannte Frische Haff entsandt. Die Ritter stiegen an der Burg Honeda (Balga) an Land, fanden sich jedoch einer zu starken Übermacht ausgesetzt. Also machten sie sich ins Landesinnere auf und verheerten einige Dörfer. Dort wurde die sorglos zerstreute Ordensschar von den nachgeeilten Prußen niedergemetzelt. Nur die Schiffsbesatzungen konnten sich retten. Erst wieder im Jahr 1239 rüstete der Vizelandmeister Berlewin erneut gegen Natangen. Inzwischen hatten die Ritter die Kriegsführung der Prußen nicht zuletzt wegen des natangischen Überläufers Pypso „der Schlafende“ studieren können und konnten so die Burg Honeda einnehmen. Da sie an strategisch wichtiger Stelle stand, wurde sie nicht zerstört sondern mit einer starken Besatzung versehen. Honeda war an zwei Seiten von Wasser umgeben, so dass die Versorgung vom Wasser aus nicht abgeschnitten werden konnte. Die Landseiten waren von einem Sumpfgürtel umgeben. Nachdem sich die Ritter in Balga festgesetzt hatten und einen Knüppeldamm durch die Sümpfe errichtet hatten, machten sie Streifzüge ins Landesinnere und konnten auch mehrere mächtige Führer auf ihre Seite ziehen. Jedoch dauerte dieser Zustand nicht lange, denn unter der Führung der Edlen von Glottaw legten die vereinigten Natanger und Warmier einen Verteidigungsring um die Burg, so dass die Ritter nun vollständig eingeschlossen waren. Nachdem im Winter der Frost die Sümpfe begehbar und das Eis im Haff die Versorgung ausgeschlossen hatte, wurde die Bedrängnis der Burgbesatzung derart groß, dass zeitweise überlegt wurde, die Burg aufzugeben und sie heimlich zu verlassen. Ende Dezember 1239 machte sich Herzog Otto von Braunschweig auf einen Feldzug gen Osten, und man machte sich auf nach Balga. Der übergelaufene Verräter Pomande „der Empfindsame" war zu den prußischen Belagerern der Burg geschickt worden, berichtete er sei geflüchtet und schlug vor, dass es nun Zeit sei, die geschwächten Ritter auf der Burg zu schlagen. Dort stießen die Natanger aber auf die vereinigten Kräfte des Herzogs, der Kreuzfahrer und des Ordens. Nach einem furchtbaren Kampf siegten die Ritter und konnten auch noch die Wehranlagen Partegal (Tieropferstätte) und Schrande (abgeschieden) einnehmen und zerstören.

Nach der Unterwerfung nahm auch die Besiedlung durch Deutsche ihren Anfang, welche durch Vergünstigungen angelockt worden waren. Wegen dieser Landnahme durch Fremde gärte es im Volk. Die Neusiedler hatten es nicht leicht, denn sie wurden durch Gewaltakte derart eingeschränkt, dass sie ihre Felder oft nur bei Nacht bestellen konnten. Erst nachdem der Pomerellenherzog Swantepolk 1248 Frieden mit dem Orden geschlossen hatte, traten auch prußische Führer den Verhandlungen bei und unterwarfen sich erneut. Im Christburger Vertrag vom 7. Februar 1249 wurden die bekehrten Prußen in Pomesanien, Warmia und Natangia verpflichtet, Kirchen zu bauen, den Zehnten abzuliefern und an den Kreuzzügen des Ordens teilzunehmen. Im Gegenzug sicherte man ihnen die Freiheit der Person und Eigentumsrechte an beweglichen und unbeweglichen Gütern zu. Auf Veranlassung des Ordens wurde Natangen bis Mitte des 14. Jahrhunderts mit deutschen Einwanderern aus Nieder- und Mitteldeutschland besiedelt. Im Dreißigjährigen Krieg war das Natanger Gebiet weniger als andere Landstriche beeinträchtigt, insbesondere der Handel lief ungestört weiter.

Sage

„Natango, der sechste Sohn, huldigte wie seine Brüder, und ihm ward zugeeignet das Land zwischen Pregolla (Pregel), Alla (Alle), Bassaro (Passarge) und dem Wasser Halibo (Frisches Haff), und er nahm es mit der Zeit ein und wohnte auf Honeda (Wasserburg von prußisch „undan“ abgeleitet) dem Schlosse; das Land aber ward Natangen genannt. Natango hatte einen Sohn Lucygo, dem zugeeignet ward Noyto (Noytyain im Samland) die Burg, und Crono das Wasser (Kronus); denn er war ein Mann, dem Fischerei lieb war. Dieser fand auch zuerst den Bernstein.“

Pagude (Pogesanien)

Name

Der prußische Name Pagudian leitet sich von „pa-gudde“ ab und bedeutet wörtlich übersetzt „unter Busch“. Damit wird eine mit Buschwald bestandene Region beschrieben. Da die Ordensritter die westlichen Stammesgebiete nicht durch die Prußen selbst sondern aus polnischem Munde kennen lernten, wurden nur die polnisch klingenden und später latinisierten Namen überliefert: Pogusania (1287), Pogozania (1310), Pogyzonia (1315), Pogzania (1331), Pogesania (1326) und Pogazania (1346).

Geografische Lage

Die Nordgrenze dieser Landschaft war zugleich die Südostgrenze der ermländischen Landschaft Wewa, die Ostgrenze gleichzeitig die Südgrenze zu Natangen und die Westgrenze die zum Stammesgebiet Barta. Die Südgrenze fällt mit der galindischen Nordgrenze zusammen. Die Westgrenze gegen Pomesanien war gleichzeitig

Grenze zwischen den Diözesen Ermland und Pomesanien. Sie verlief an der Weeske entlang bis zur ihrer Quelle und dann hin zum Marongsee (sumpfiges Wasser). Pogesanien lag links und rechts der Passarge und wurde durch keine Diözesangrenzen geteilt und war eine Binnenlandschaft, die nirgends ans Frische Haff reichte. Die Landschaft Pagude konnte lange Zeit nicht genau lokalisiert werden, da sie recht bald im Ermland aufging und mit dem mittleren Ermland identisch ist.

Geschichte

Pogesanien wurde von Braunsberg aus erobert, bereits 1241 wurde Heilsberg angelegt. Eine urkundliche Nachricht erwähnt einen Marktplatz „forum pogusanie", welcher südlich des Dorfes Tüngen gelegen war, also südwestlich von Wormditt: *„nahe bei der Sportehner Brücke, in welcher die alte Landschaft von Liebstadt nach Wormditt die Passarge überschreitet, hat der Markt Pogesaniens gelegen."* In der Nähe der Passarge lagen zwei Paare Burgwälle und einige Grabfelder. Viele Neusiedler kamen aus dem Kulmerland und Pomesanien, deren Vorfahren jedoch aus

Heilsberg

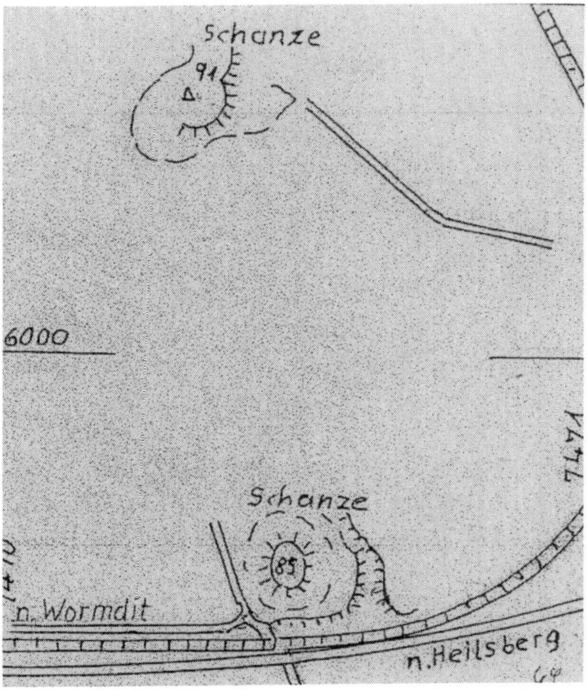

Zwei alte Schanzen, westlich von Heilsberg an der Straße nach Wormdit auf der Höhe 89 und der Höhe 91, 800 m nördlich davon.

Schlesien und Meißen stammten, so dass der Dialekt um Wormditt „breslausch" hieß. Auffallend war das wie „au" gesprochene „O". Dieser Dialekt wurde im übrigen Ostpreußen gerne verspottet: „Im Armland scheint der Maund sau graußʻ". Im 15. und 16. Jahrhundert war der Name Hoggerland oder Hockerland für einen Teil Pogesaniens gebräuchlich, was prußisch von „oga": Beere abzuleiten ist und „beerenreiches Gebiet" bedeutet. Deutsche Ohren assoziierten Hocker, und so wurde diese Landschaft als Hügelland beschrieben, was ja auch prinzipiell nicht falsch ist.

Sage

„Hoggo, dem zehnten Sohne, überwies der König das Land zwischen Weseke (Weeske), Bassaro (Passarge), Drusino (Drausen) dem Wasser. Er baute sich eine Feste Tolko (Tolkemit), nachher

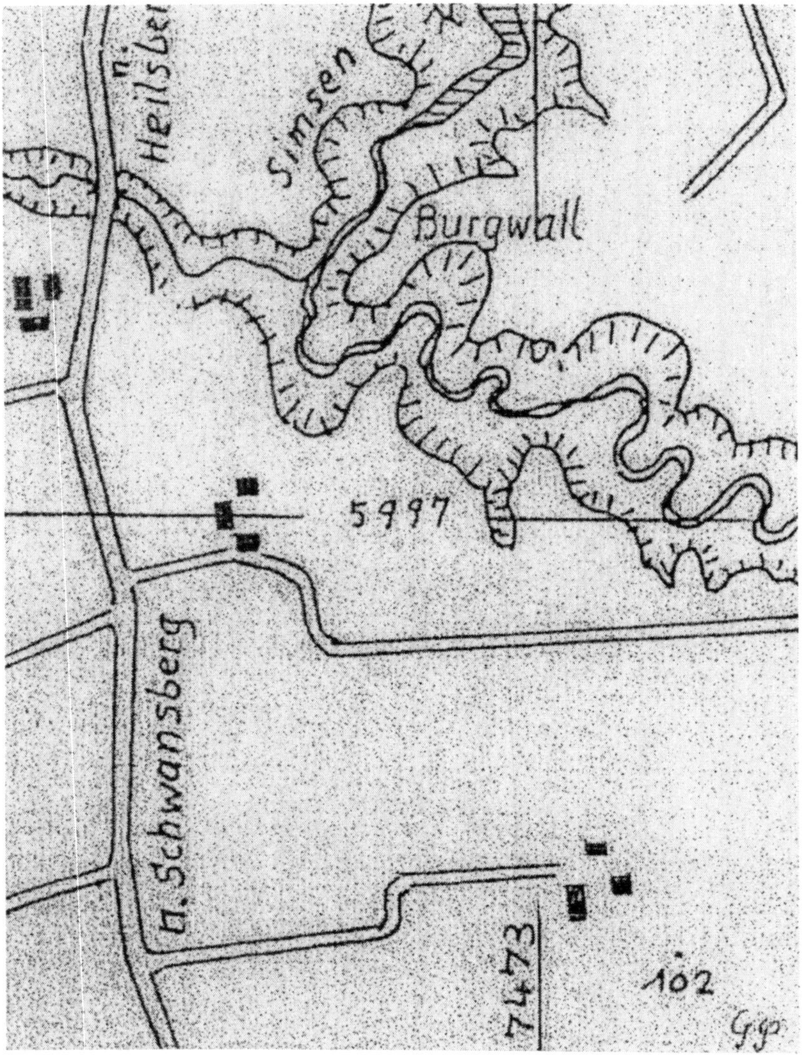

Schafsberg genannt. Das Land aber ward geheißen das Hoggerland oder auch nach seiner Tochter Poggezana Poggesanien."

Pamede (Pomesanien)

Name

Der Name Pamede leitet sich ab von prußisch „pa, po" und „median" und verweist auf Jagd und tiefe Wälder. Er bedeutet wörtlich übersetzt „unter Wald". Die Schreibweise Pomesanien entstand aus dem Kontakt der Ordensritter mit den Polen: Pomizania (1231), Pomesania (1247), Pomezania (1249) und Pomesan (1299).

Geografische Lage

Etliche Fluss- und Ortsnamen westlich der Weichsel belegen, dass hier vor dem Eindringen der Slawen eine westbaltische Besiedlung vorzufinden war, wobei nicht auszuschließen ist, dass es sich dabei um altkurische Bewohner gehandelt hat. Noch 1649 heißt es, dass die kurische Besiedlung bis nach Danzig reichte. Das Weichseldelta besteht aus drei Teilen: Der Danziger Werder zwischen Weichsel und Mottlau (lettisch „mutulis": Sprudel), der große Marienburger Werder zwischen Weichsel und Nogat sowie rechts der Nogat der Kleine Marienburger Werder. Diese Gebiete waren bereits vor dem Eintreffen des Deutschen Ordens bewohnt und teilweise eingedeicht; mindestens zwölf Orte sind nachgewiesen. Der Name Nogat (prußisch Landzunge) weist auf den Inselcharakter dieser sumpfigen Areale. Unfern des Flusses Tiege, welcher zur Prußenzeit Schwente (heilig) hieß, fanden die Ordensritter einen „Götzentempel" vor. Die Ausdehnung des Frischen Haffs muss damals wesentlich größer gewesen sein, denn in einer Urkunde von 1385 wird der Ort Zeyer (polnisch Kepki nordwestlich von Elbing) als sehr haffnah beschrieben. Auch der Drausensee dürfte sich nach Süden und Westen hin weiter ausge-

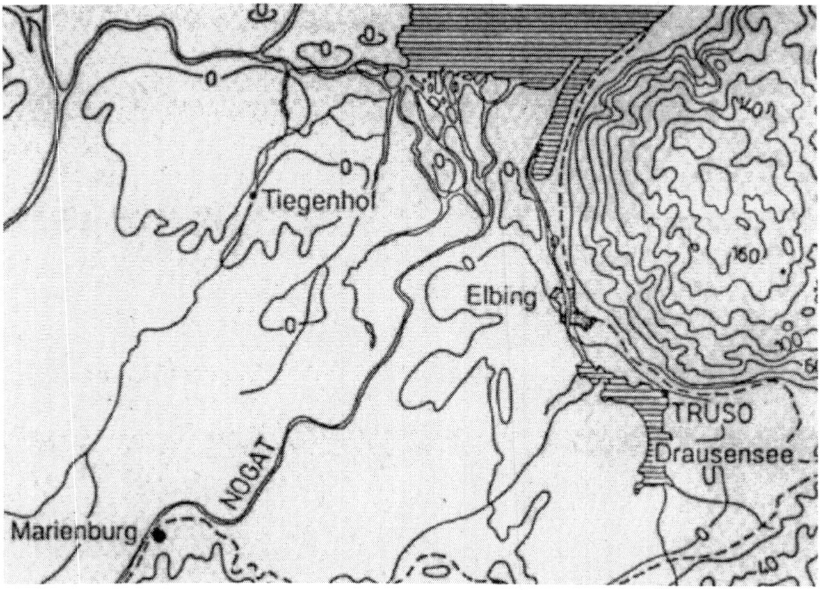

breitet haben, was der Fund eines Schiffes aus der Wikingerzeit bei Alt Dolstädt (polnisch Stare Dolno) nahe legt.

Nach Sesshaftwerdung der slawischen Stämme verlief die Grenze gegen die Kaschubei und Pomerellen vor der Ordenszeit entlang der Weichsel, und zwar etwa ab Einmündung der Ossa und entlang der Nogat westlich von Stuhm und Marienburg. Die Nordgrenze verlief durch den Drausensee und war zugleich die Grenze zum Stammesgebiet Warme. Später verlief hier die Diözesangrenze zwischen der Diözese Ermland und dem 1243 gebildeten Bistum Pomesanien. Die Ostgrenze verlief im Tal der Sorge bis Baumgardt. Eingeschlossen wurden die Ortschaften Prökelwitz, Königsee, Kölimen und Alt Christburg sowie entlang der alten Wildnis der Pinnasee, Samrodtsee, Röthloffsee, Bärtingsee, Großer Eylingsee und der Drewenzsee. Die Südgrenze zu Sasna und dem Kulmerland bildeten die Drewenz und die Ossa.

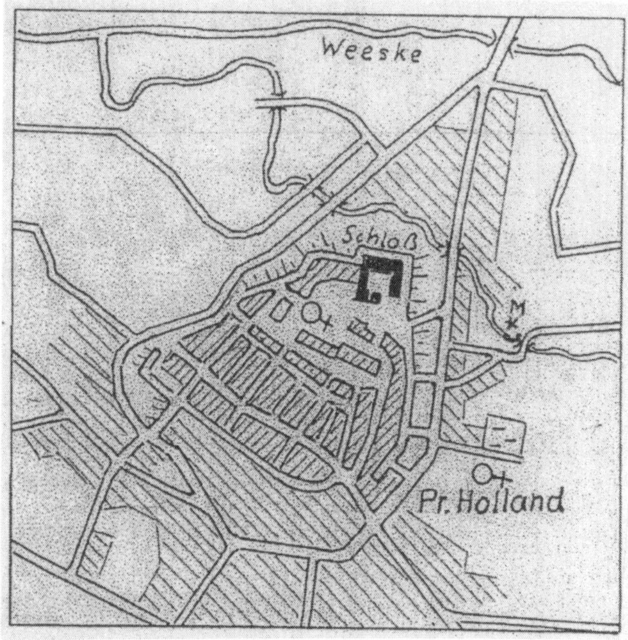

Schloß Preußisch Holland auf der ehemaligen Prussenburg errichtet.

Geschichte

Pomesanien wurde von Kulm aus erobert. 1234 fielen die Festungen um Marienwerder, 1234 war die Schlacht bei Christburg, 1248 konnten die Ritter endlich die Regionen um Christburg und um Preußisch Holland einnehmen. 1250 eroberten sie Marienburg. Die kaschubischen Gebiete um Dirschau und Danzig fielen den Rittern 1398 zu. Nach dem Zusammenbruch des letzten Widerstandes der Prußen 1283 setzte im Kulmerland und in Pomesanien die planmäßige Dorfsiedlung des Deutschen Ordens ein. Slawische Ortsnamen im Westen weisen auf eine Mischbevölkerung, während sich nach Osten hin vermehrt prußische Bezeichnungen finden.

Von Allenstein über Osterode kommend, fanden die Prußen bei Deutsch Eylau ein Einfallstor in das Kulmerland. Die Lage der Stadt zwischen Seen und breiten Gewässern lässt auf uralte

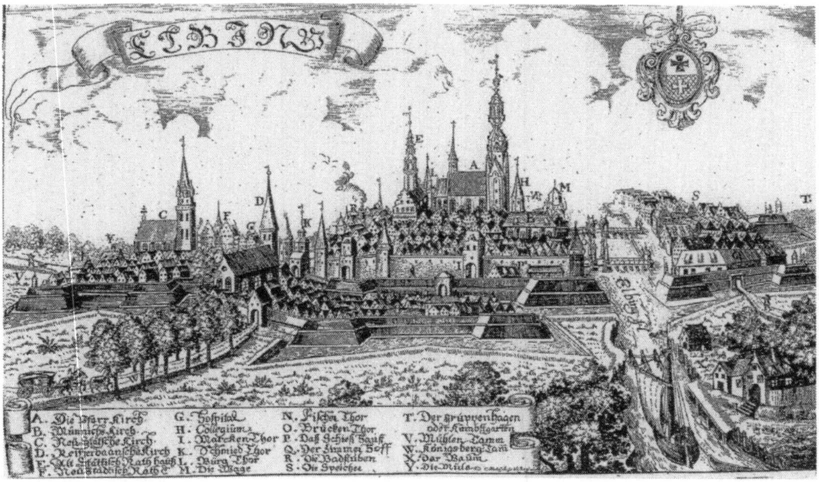

Elbing

Verbindungswege schließen, an deren Rändern spärliche Hinweise auf vorgeschichtliche Besiedlung vorliegen. Hervor zu heben sind Burgwälle auf dem Werder im Geserichsee, zwischen Haussee und Großem Silmsee sowie in der Nähe des Labenzsees. Weite Gebiete Pomesaniens waren von Wald bestanden, in deren Lichtungen es sicherlich Siedlungen gegeben hat. Auf Waldbestand weist auch das Ländchen Geria bei Saalfeld sowie die Orte Gergehnen und Gerswalde. Größere Wohnflächen waren lediglich im nördlichen Teil um Stuhm und Marienburg vorhanden. Nach Einführung der Reformation in Pomesanien durch den Bischof Erhard Queis nahm der katholische Bischof von Kulm 1526 die kirchliche Aufsicht über die Diözesen im königlichen Preußen wahr. 1577 genehmigte der Papst die Vereinigung mit der Diözese Kulm, welche bis 1821 bestehen blieb.

Sage

„Dem elften Sohne des Königs, Pomeso, ward zugetheilt das Land zwischen Weseke (Weeske), Mokra (Ossa), Noyta (Nogat),

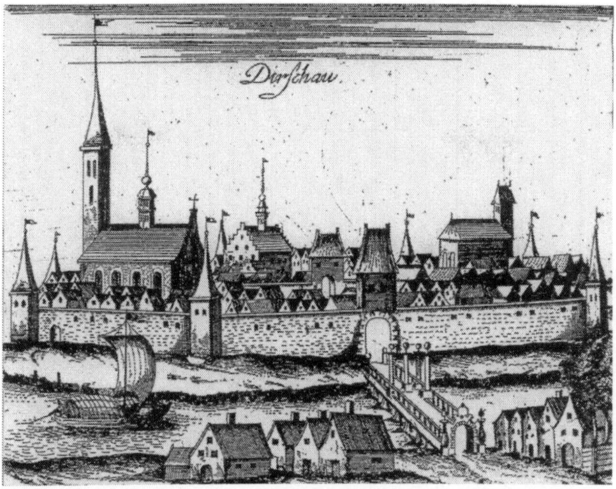

Dirschau

Christburg

Istula (Weichsel) bis an die Gränzen der Massau (Masovien), und es ward nach ihm Pomesanien genannt. Er hatte keine Burg, die ihm zur Wohnung diente, sondern wo es ihm am besten gefiel, da wohnte er unter einem Gezelte. Er hatte sehr viel Kinder, die alle wie der Vater Riesen und Könige waren, und diese bauten sich die Festen zu Risno (Riesenburg), Bolto, Weso und Nargoltons."

Same (Samland)

Name

Der Name leitet sich von „same, semme, zeme“: Erde, Acker ab und beschreibt das parkähnliche Aussehen. Urkundliche Erwähnungen fand das Samland als Semland (1073), Samblandia (1224), Zambia (1231), Samie (1238), Samlandia (1242) und Sambia (1246).

Geografische Lage

Die Grenzen der Landschaft Samland bildet im Süden der Pregel gegen Warme und Natangen. Im Westen und Norden waren die Ostsee und das Kurische Haff die natürlichen Grenzen. Die Ostgrenze war nicht fest umrissen, weil das östliche Samland vom westlichen Nadrauen durch den „Großen Baumwald“ getrennt war. Samland ist die am frühesten bekannt gewordene prußische Landschaft; in den ältesten Berichten und Urkunden werden Samländer und Prußen oft gleichgesetzt. Im Verhältnis zu anderen

Stammesgebieten hatte das Samland recht wenig Wald, auch wenn Ortsnamen wie Germau („germe“: Urwald) und Medenau („median“: Wald) zeigen, dass das Gebiet doch nicht so ganz unbewaldet gewesen ist. Auch andere Ortsnamen beschreiben die Landschaft: Rudau weist auf eisenhaltigen Sumpf und Eisenhütten, Quednau auf Blumen und Schaaken auf Wiesen (prußisch „šaks, šokis: Riedgras, frisches grünes gemähtes Gras). Im Osten, jenseits des Auergrabens, der bei Norkitten in den Pregel mündet, begann die große nadrauische Wildnis. In dieser Gegend lag der Ort Milow (Mehlauken, Liebenfelde), welcher in Ordensberichten warnend erwähnt wurde.

Geschichte

Das Samland fällt in den Bereich der Haffküsten-Kultur, die, wie der Name sagt, an den geschützten Lagunen der Ostsee siedelte. An den Flussmündungen, entlang der binnenlandigen Haffufer und an der Küste entstanden frühe Handelsplätze. Funde zeigen, dass sich die Menschen aus Fischerei, Landwirtschaft und Jagd erhielten. Bevorzugt wurden jene Wohnplätze, die über sandige,

Schaaken

wasserdurchlässige Böden an erhöhten Uferstellen verfügten. Lichtungen wurden wegen der freien Übersicht bevorzugt. Wörter für Pflug, Egge, Rad, Achse, Nabe zeugen bereits von der Kenntnis des Wagens. Aus der Haffküsten-Kultur entwickelte sich die westbaltische, also prußische und kurische Bronzezeit, danach die frühe Eisenzeit. An Fischereigeräten fand man Flintwerkzeuge, Harpunen, Forken, Fischreusen, Körbe, Lindenbast-Netze, Kähne, Ruder und Stakstangen. Auf der Jagd hielt man sich wesentlich an Robben und Wasservögel. Für die Landwirtschaft benutzte man Werkzeuge aus Geweihschaufeln, Hauen, Handmühlen, Feuersteinklingen und Sensenblätter. Gefunden wurden auch das Getreide Emmer, eine primitive Weizenart, sowie Mahlsteine. Vor der Einführung des Flachses, der das Weben ermöglichte, trugen die Menschen Kleidung aus Rindenbast und Pelzen. Betrieben wurde auch die Zucht von Rindern, Pferden und Hunden. In dieser Epoche gelang die Zähmung des Schafes, woraus sich die Herstellung von Filzkleidung sowie die Techniken Stricken und Häkeln entwickelten.

Im Gegensatz zu den Gebieten westlich der Weichsel fand im Samland noch die Ganzkörperbestattung in Hügelgräbern

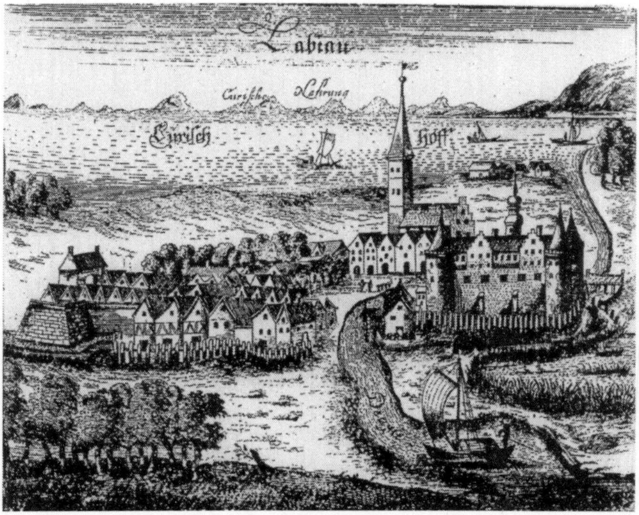

Labiau

statt, die der gesamten Sippe über mehrere Generationen zur Verfügung standen. In Ostpreußen kamen Kulturimpulse aus anderen Zentren stets langsamer an und schlugen sich nur allmählich durch, so dass alte Formen hier ein längeres Nachleben und mehr Spielraum zur Entwicklung hatten. So waren neben modernen Metallgegenständen immer noch alte Steinwerkzeuge in Gebrauch. In der jüngeren Bronzezeit (1.000 bis 500 v. Chr.) verstärkte sich der westliche Einfluss, denn auch im Samland ging man zur Brandbestattung über. Metall-Depotfunde lassen auf einheimische Gießereien schließen und bei dem in Littausdorf gefundenen Kupfer ist dasselbe Verunreinigungs-Verhältnis wie beim englischen Kupfer vorzufinden, was auf einen weit reichenden Seehandel weist. Auch in der Eisenzeit (500 v. Chr. bis 50 n. Chr.) behielt das Samland seine wirtschaftliche Bedeutung. Die Wirtschaftsbeziehungen zu Gebieten westlich der Weichsel hielten an und beeinflussten die samländischen Sitten. Die Wirtschaft war inzwischen vorwiegend bäuerlich, denn es gab Landeigentum, während die Jagd abschwächte. Wirtschaftlich blieb das Samland ein Knotenpunkt. Anregungen und Moden kamen weiterhin aus dem Süden, aber neu waren jetzt Beziehungen zu den in die Danziger Region gesiedelten Goten. Diese hatten sich zunächst in Pommern angesiedelt und begannen nun Druck nach Osten ins Landesinnere Richtung Galindien zu machen. Aber sie müssen auch entlang der Haffküsten bis hoch nach Königsberg und Memel gedrungen sein, denn überall wo sie Einfluss nahmen, setzte wieder die Körperbestattung ein. Von der Haffküste aus verbreiteten sich diese gotischen Einflüsse ins Landesinnere. Erst nachdem die Goten das Samland verlassen hatten, gewann die prußische Unterschicht wieder die Oberhand, nahm von der gotischen Ganzkörperbestattung Abstand und kehrte zur alten Brandbestattung zurück.

Nehrungsdurchbruch bei Cranz und Wikingerbucht bei Wiskiauten

Die Kurische Nehrung war nördlich von Cranzkuhren offen und auch südlich davon gab es etliche Buchten, die von Schiffen gerne angelaufen wurden, seien es Handelspartner, seien es Feinde gewesen. Im 8. Jahrhundert unterwarf der Dänenkönig die Samländer, die ihn wohl ohne Kampf als ihren Gebieter begrüßten. Die nordischen Beziehungen und der Kulturaustausch schafften einen Wandel, denn landwirtschaftliche Erneuerungen zogen ein und die Reiterei spielt wieder eine größere Rolle. Vergoldete Zaumzeugbeschläge in Gräbern von Magnaten zeugen von einem gewissen Luxus. In der zweiten Hälfte des 10. Jahrhunderts schildert Saxo Grammaticus, wie die Dänen das Samland angriffen, sich aber angesichts der dortigen Krieger und des bevorstehenden Kampfes feige aus dem Staub machen wollten. Daraufhin ließ ihr Anführer Feuer an die dänische Flotte legen, so dass ihnen nichts übrig blieb als zu kämpfen und zu siegen. Sie töteten die Ehemänner und zwangen die Frauen zur Heirat. Grammaticus schreibt: „*Sie brachen die Ehetreue zu ihren heimatlichen Frauen und hingen ihren fremdländischen Frauen mit Leidenschaft an und vergaßen die Heimkehr.*" Der samländische Freiheitsdrang hielt noch lange an, bis König Kanut d. Gr. schließlich die Reiche der Kuren, Semben (Samländer) und Esten (Prußen) von Grund auf zerstört hatte.

Um das Jahr 1000 bestand das Volk der Prußen aus etwa 170.000 Menschen. Nach der Eroberung durch den Orden, waren sie auf etwa 40% dezimiert. Bemerkenswert ist noch der sehr lang anhaltende Widerstand der Samländer. Dem Deutschen Orden gegenüber nahmen die Samländer ebenfalls eine besondere Stellung ein: Sie verhielten sich zunächst abwartend, und auch der der Orden vermied zwei Jahrzehnte lang einen Angriff. 1246 wurden bei den Kämpfen südlich des Pregels gefangene junge Samländer nach Lübeck zu sorgfältiger Bekehrung und Taufe gesandt. Ein erster kriegerischer Vorstoß des Christburger Komturs im Winter 1252/ 1253 gegen Germau hatte keinen Erfolg. Erst der Feldzug König Ottokars v. Böhmen mit seinem starken Kreuzfahrerheer, ebenfalls über das vereiste Haff kommend, führte zur Unterwerfung. Im Januar 1255 zog das Heer, wohl auch dank der Hilfe der inzwischen entlassenen und getauften jungen Adligen

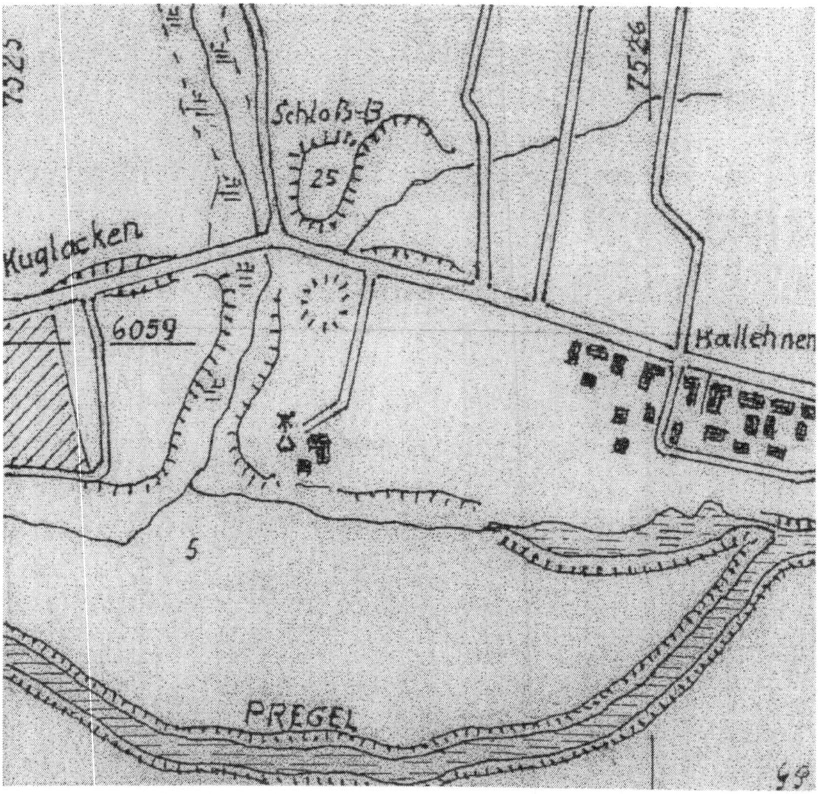

Schloßberg, 600 m östlich von Kuglacken

erfolgreich, durch die Gebiete von Medenau, Rudau, Quednau, Waldau, Kaimen und Tapiau. Im großen Aufstande von 1260 blieben viele samländische Adlige dem Orden treu - ihre Namen sind urkundlich erhalten -, so dass hier bereits 1264 Ruhe eintrat, wenn es auch zu gelegentlichen Widerständen kam. Zentrum der Prußenaufstände war die terra Pobeti (Bethen abgeleitet von prußisch „bîtan“: Abend, Westen). Dusburg schreibt, dass dort anmaßende und kriegerische Männer lebten. Immerhin erschien das Gebiet den Rittern weiterhin derart gefährlich, dass er sich genötigt sah, es in Einzelstücke zu teilen und verschiedenen Kammerämtern zuzuweisen.

1246 bestimmte der päpstliche Legat Wilhelm v. Modena den Umfang der Diözese Samland, die sich vom Umfang des Stammesgebietes Same unterschied. Diese samländische Diözese umfasste das gesamte Ordensgebiet nördlich des Pregels, also auch Teile Nadrauens. Erst die 1322 gezogenen Grenzen hatten Bestand, die Diözese zerfiel in drei Teile: Regionen Fischhausen, Königsberg und Georgenburg bei Insterburg. Auch die Kurische Nehrung bis Pillkoppen gehörte zum Samland. Die Sudauer siedelten ab 1283 um St. Lorenz und Heiligkreuz. Pfarrer Poliander schreibt in einem lateinisch verfassten Brief 1535, dass an der Samlandküste Sudini wohnen und dass dieser Landstreifen von 6 bis 7 Meilen den Namen Sudauia trage. Insgesamt ist von 32 Dörfern die Rede, deren Bewohner seit alten Zeiten Bernstein fischten und diesen im Gegensatz zum samländischen „glesis, glisum“ in ihrer Sprache „gentaras“ nennen würden. Von ihm erfahren wir auch, dass die Sudauer abgeschieden lebten, sich nicht mit den benachbarten Samländern verheirateten, niemand der Ihrigen betteln ließen, hartnäckig an ihren Bräuchen festhielten und Ohr- und Fingerringe mit bronzenen Schellen trugen. Außerdem gürteten sie sich mit versilberten Riemen. Nichts wurde von auswärts eingeführt sondern von einheimischen Handwerkern selbst hergestellt. Johannes Aurifaber berichtet in seinem 1551 gedruckten Büchlein von 20 sudauischen Dörfern an sieben Stellen des Strandes, darunter auch Palmnicken. Angeblich fischten sie völlig nackt den Bernstein aus dem Wasser. Hartknoch berichtet 1684, dass es noch *„biss zu dieser Zeit der Sudauische Winkel heisset“*.

Die prußisch-samländischen Freien wurden eine sichere Stütze des Ordens, weshalb der Hochmeister Heinrich v. Plauen ihnen als wirtschaftlichen Ausgleich für die militärische Inanspruchnahme 1413 freie Fischerei im Kurischen Haff nebst Weide und Holzung in den Ordenswäldern verlieh. Trotzdem nahm sich der Orden das Recht der unberechtigten Heranziehung der Freien zu bäuerlichen Scharwerkdiensten, was letztlich gegen Ende der Ordenszeit zu einer Zerrüttung zwischen Orden und prußischen Großgrundbesitzern und Amtleuten und 1525 zu einem offenen Aufstand führte. Dieser brach jedoch schnell zusammen, denn die erwartete Hilfe der Gewerke in Königsberg und der Natanger Freien blieb aus. Die Folge war eine verstärkte Unterdrückung, die sich zuletzt zu besonders schroffen Standesunterschieden steigerte und bis 1807 dauerte, als die Erbuntertänigkeit und Schollenpflicht endlich aufgehoben wurden, in deren Folge wiederum die erste Emigrationswelle in westliche Industriegebiete ausbrach.

Nach der Säkularisation 1525 umfasst der nunmehr evangelische Bischofssprengel das ganze Gebiet nördlich des Pregels. Neu gebildet wurden die Hauptämter Fischhausen, Schaaken und Tapiau, die neben Brandenburg am Frischen Haff die vier Oberräte des Herzogs stellten. In der Schwedenzeit (1626-1635) stand das Samland unter schwedischer Sequesterverwaltung. Die Kreiseinteilung des 19. Jahrhunderts bildete aus dem westlichen Samland den Kreis Fischhausen, der 1939 in Kreis Samland umgetauft wurde. Der Landkreis Königsberg schloss daran an. Den Rest bis zur Deime teilten sich die Kreise Labiau und Wehlau.

Sage

„Am andern Morgen früh setzten sich Widewuto und Bruteno vor der Eiche nieder und riefen zuvörderst jenes ältesten Sohnes herbei, welcher hieß Lytpho oder Litthuo. ... Danach theilte Widewuto dem Samo, seinem zweiten Sohne, das Land von Crono (Kurisches Haff) und Halibo (Frisches Haff) bis auf Skara (Pregel) das Wasser, und er nahm es mit der Zeit ein, und ward nach ihm Samland genannt. Er bauete sich auf einem mächtigen Sandberge, der zum Theil geschüttet ward, die Feste Gailgarwo (Galtgarben). Dieser Samo hatte mit den Seinen eine sonderliche Lebensweise; denn sie waren andächtiger wie die übrigen

Galtgarben, Berg des Galto („der Starke"), ein Gartendorf

Brutener und wählten auch einen besonderen Eichwald zu ihrer Andacht aus, in welchem sie einen Haufen Schlangen zu Ehren ihrer Götter unterhielten. Samo ließ weniger Kinder als seine Brüder, denn sein Weib Pregolla ertrank in dem Flusse Skara, davon dieser den Namen erhielt."

Sasna (Sassen)

Name

Urkundlich erwähnte Namen sind Soysim, Sausin, Sassin. Die linguistische Deutung ist umstritten. Die Einen finden eine Ableitung sowohl von prußisch „sasin" (Hase) als auch von „sausis" (trocken) unmöglich für eine solch wasserreiche Gegend, die Andern legen polnisch „sosna": Kiefer, Föhre zugrunde. Dies dürfte aber kaum wahrscheinlich sein, da sich die Slawen noch gar nicht so lange in der Region heimisch gemacht hatten als dass

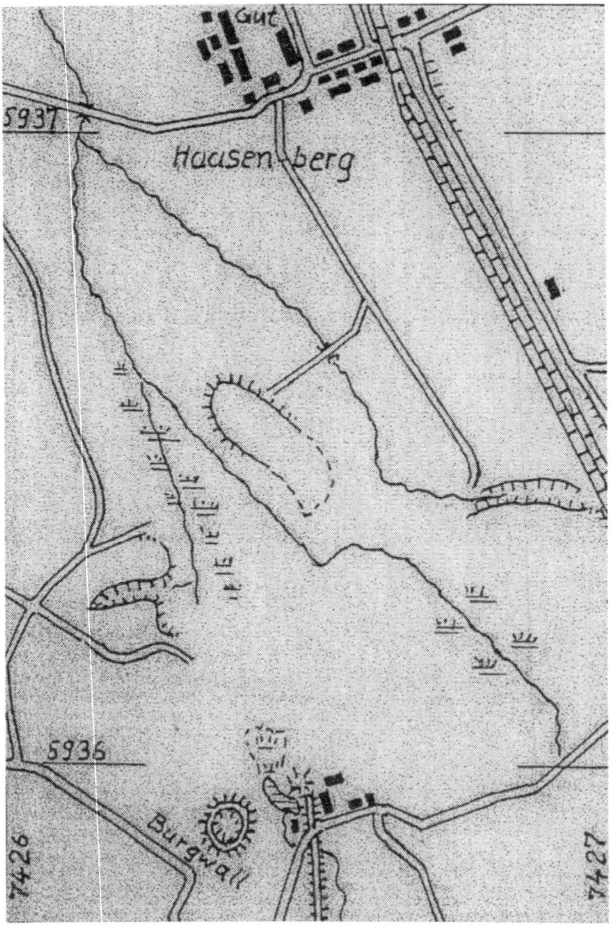

Burgwall, 1,2 km südlich von Gut Haasenberg

sie namensgebend für eine alte Landschaft sein könnten. Noch Andere vermuten den Begriff Sachsen als Namensursprung, indem sie sich auf ersten Einwanderer aus der Region Osterode im Harz beziehen. 1384 tauchte die polnische Bezeichnung Zakre auf. Polnisch heißt diese Landschaft „Ziema saska“, also sächsische Landschaft.

Der Sassenpils

Im Handbuch der historischen Stätten Ost- und Westpreußens findet sich dann aber der Hinweis auf den Sassenpils an der westlichen Grenze des Stammesgebietes. Dieser wurde urkundlich als „vallum", also als ein Grenzwall erwähnt, in dem man allerdings eine ordenszeitliche Anlage vermutete. Da prußische Wehranlagen vom Orden übernommen wurden, müsste hier die Analogie zur geschleiften schalauischen Burg Sasawopilis südlich von Ragnit bei Kraupischken greifen, die letzte vom Ritterorden eroberte Burg, in lateinischen Chroniken Sassowia genannt. Deutsch hieß sie Sassau. Eine Burg wurde auf erhöhtem, also trockenem Gebiet angelegt, denn eine Wehranlage, die im Morast versinkt, macht keinen Sinn. Insofern dürfte die Ableitung von „sausis" korrekt sein und sich zunächst nur auf die Feste bezogen haben.

Geografische Lage

Die Drewenz bildet ab Einmünden der Brannitza die Grenze bis zum Drewenzsee. Während das Land Sassen noch während der frühen Ordenszeit weit über die spätere südliche Grenze reichte, quasi einen Keil im masovisch-kujavisches Territorium bildend, entsprach sie nach der 1343 erfolgten Abtretung an Masovien in etwa den beiden Kreisen Osterode und Neidenburg. In der Sage wie Widewuto das Land unter seine Söhne teilte, taucht dies Stammesgebiet nicht auf.

Geschichte

Dieses Stammesgebiet zeichnet sich durch besonders starke Bewaldung auf und wurde in polnischen Chroniken häufiger erwähnt, befand sich hier doch ein Einfallstor ins Kulmerland.

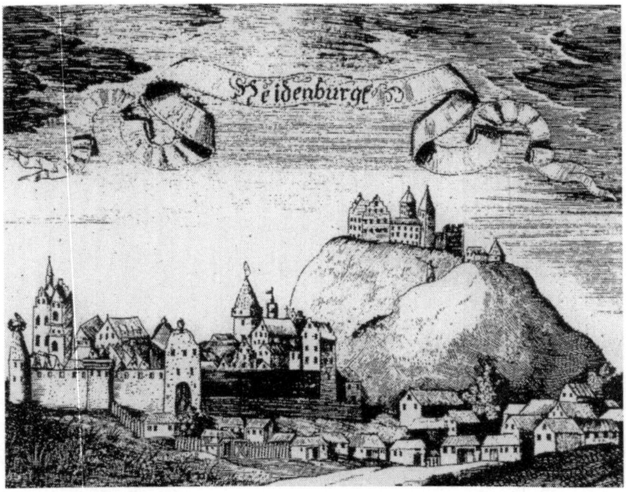

Neidenburg

Ortsnamen belegen, dass dieser Gau in seinen nördlichen und südlichen Teilen stärker besiedelt war. Die intensive Aufsiedlung des Urwaldgebiets begann 1320 unter Beteiligung niedersächsischer Edelleute, insbesondere des Kulmer Landkomturs Graf Otto v. Lauterberg-Schwarzfeld. Getragen wurde die Planung vom Komtur von Christburg, Herzog Luther v. Braunschweig. Im Norden bei Liebemühl legte er damals drei Hagendörfer nach schaumburg-lippischem Muster an: Gr. Altenhagen, Nikkelshagen und einfach Hagen, später Bienau. 1325 war die Siedlung am umfangreichsten, 1326 wurde neben dem Ordenshaus die Stadt Gilgenburg angelegt und zwischen 1327 und 1330 entstand die Stadt Osterode. 1331 wurde Luther Hochmeister. Zu dieser Zeit war der Westen des Stammesgebietes Sasna bis nach Soldau hinunter in einer Breite von 25-30 km aufgesiedelt. Niedersächsische Siedlungsunternehmer waren unter anderem die Familien v. d. Wense (Wonsin), Ülzen (Ülsen) und Sachse. Der Hamelner Schuldirektor Hannibal Nullejus erwähnt 1589 eine „Nova Saxonia", nach welcher der Rattenfänger von Hameln ein Werber für die Ostsiedlung gewesen sei und die Kinder dorthin entführt haben soll. Eine ähnliche Rattenfängersage knüpft sich an die verfallene

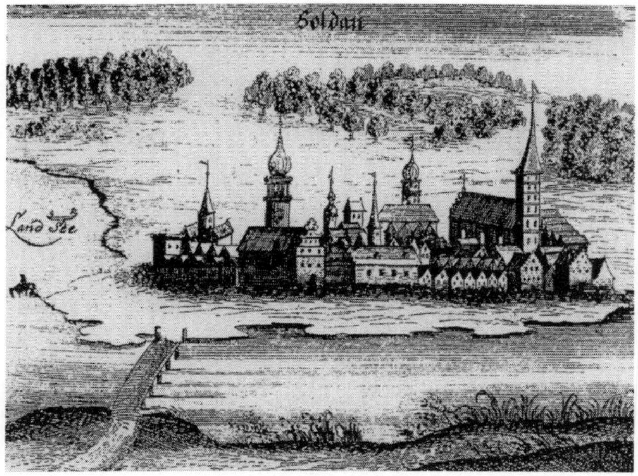

Soldau

Dziergunken-Mühle bei Kurken, die einzige Rattenfängersage im gesamten Prußenland.

Skalwa (Schalauen)

Name

Die Bedeutung des Namens ist umstritten. Nach prußischen Quellen leitet er sich von „skâlwa“: Span ab und bedeutet sinngemäß „die abgesplittert, abgeschieden Lebenden“, weil zwischen diesem Stammesgebiet und den anderen die schwach besiedelte nadrauische Große Wildnis lag. Nach litauischer Interpretation ist von „skalauti“: vom Wasser gespült abzuleiten. Unter den Linguisten war lange umstritten, ob die Schalauer den West- oder Ostbalten zuzurechnen sind, da ihr Dialekt eine Zwischenstufe zwischen prußisch und litauisch darstellt. Inzwischen hat sich die Sicht durchgesetzt, die Schalauer den westbaltischen Prußen zuzuordnen. Eng verknüpft mit der schalauischen Geschichte ist die Geschichte der Wikinger. Einige Linguisten sind der Ansicht, dass sich der Begriff Wikinger aus dem prußischen Wort Witing

(„vi-t′“: Beute) ableitet und auf das schalauische Königreich Ruß zu beziehen ist. Palmaitis weist darauf hin, dass der Wandel von „t“ zu „k“ sich aus der lettischen Sprache ergeben könne, denn das lettische „ķ“ wird annähernd wie „t“ gesprochen. Eine Möglichkeit, die nicht von der Hand zu weisen ist, denn auch das prußische Wort für Bär lautet je nach Dialekt „tlokijs“ oder „klokijs“.

Geografische Lage

Der südliche Teil des Memelgebietes gehörte den Schalauern. Den Mittelpunkt dieser Landschaft bildeten die vier nahe bei einander liegenden Burgen Skalwapilis bei Tilsit, Raganita (Ragnit), Ramego bei Ragnit sowie Sareika bei Piktupönen an der Wilke. Sie alle lagen auf dem Willkischker Höhenzug. Das Gebiet breitete sich zu beiden Seiten des Unterlaufes der Memel aus, nördlich des Stammesgebietes Nadrauen und südlich des Gebietes der Žemaiten. Nordöstlich reichte Schalauen bis zu den Mündungen der Flüsse Szeszuppe in die Memel und der Ežeruona in die Jura, denn nur bis zu diesen Flüssen haben die Žemaiten in der Wildnis gejagt. Wischwill gehörte noch zu Schalauen, während Jubarkas (Jurburg) im Osten bereits auf žemaitisch-karschauischem Gebiet liegt. Zudem übergaben die Schalauer dem Komtur von Ragnit im Jahr 1406 genaue Berichte über die dortigen jährlichen Überschwemmungen. Im Osten grenzte Schalauen an Sudauen. Nordwestlich trennten die Sümpfe der Rußmündung das schalauische Gebiet vom kurischen Lamotina. Die in der Sage erwähnte Ragu ist ein Deltaarm der Skirwieth, welche ihrerseits zum Delta der Ruß gehört. Bis zum Kurischen Haff reichte Schalauen nur theoretisch, denn die sumpfigen Flächen im Delta der Memel waren bis auf wenige Anhöhen bis zum 17. Jahrhundert nicht bewohnbar. Diese wurden nur von Fischern aufgesucht und dienten den Pferden der Komturei Ragnit als Weidefläche. Die südlichen

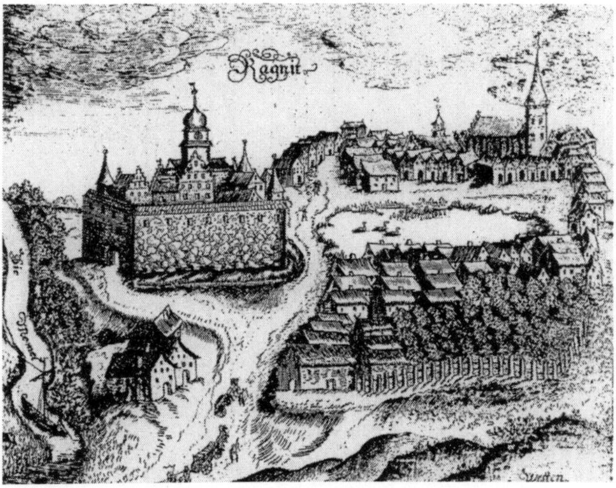

Ragnit

Grenzen zu Nadrauen und zum Samland sind in den Quellen nicht definiert, doch ist ihnen vage zu entnehmen, dass die Gilge als Grenze anzunehmen ist. Schalauen wurde erst gegen Ende des 13. Jahrhunderts vom Deutschen Orden erobert. In der Folgezeit kamen die nach Norden ausgewichenen Kuren zurück, welche sich so schnell assimilierten, dass sie wirtschaftlich den Prußen gleichgestellt wurden. Später wanderten deutsche Siedler und namentlich gekennzeichnete Žemaiten ein; Litauer wanderten nur vereinzelt ins östliche Schalauen ein.

Geschichte

Die Schalauer werden in Ordensurkunden auch „Schalwen" oder „Schalmen" genannt. Ab 960 sind in Schalauen Missionierungsversuche belegt: Sankt Adalbert-Vaitiekus (997) und Sankt Bonifaz-Bruno (1009) fanden hier den Märtyrertod. Das Königreich Ruß oder Rusia war bereits zweitausend Jahre alt und findet in skandinavischen, dänischen und isländischen Quellen Erwähnung. Anzunehmen ist, dass es sich um das näher am Haff liegende Warruß (Altes Ruß) handelte. Dieses Königreich ist mit

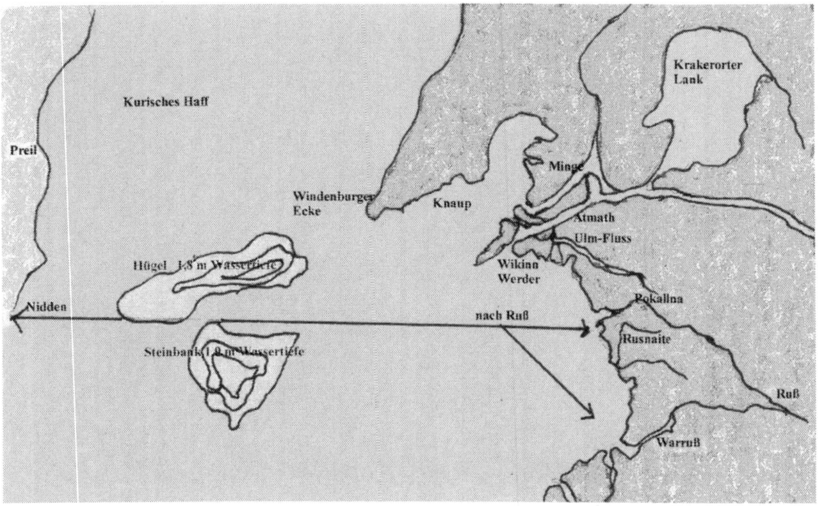

Annähernde Lage der Insel Vendien vor dem Wikinn Werder
im Königreich Ruß

der Geschichte Dänemarks eng verquickt, denn es wurde zeitweise von Dänemark aus verwaltet. Im Jahr 862 besuchten Abgesandte von Groß Nowgorod das Königreich Ruß und baten um einen Herrscher. Auch Hrorekr, später Rurik genannt, wurde von den Prußen eingeladen. Im 14. Jahrhundert veränderte der Moskauer Staat den Namen Ruß in Russija. Auch heute noch gibt es in Nowgorod einen Straßennamen mit Bezug zu den Prußen.

In den dänischen „Anales Lundenses“ wird im Zeitraum von 974 bis 1043 die schalauische Stadt Jomsborg erwähnt, auch Jumpne, Iumne, Witlandie und Windland genannt, die am Kurischen Haff lag und die mit dem in der Prußenchronik Vendien am „Keurisch hab“ identisch sein dürfte. Archäologisch belegt ist eine Windenburg, die auf dem nur in 1,8 Meter Wassertiefe liegenden Landrücken vor der Windenburger Ecke gelegen haben muss. Hier übernahmen die Ordensritter die Feste. Der Name Vendien ist ebenso wie die Pregelinsel Venedig im Königsberger Stadtteil Haberberg prußisch-kurisch abzuleiten und bedeutet Weideland

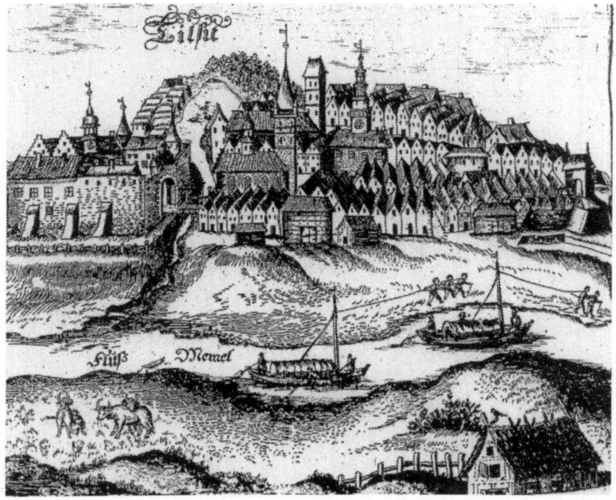

Tilsit

als Brautmitgift. Diese Stadt muss über einen nicht kleinen Hafen verfügt haben. Sie wurde 1043 von den Dänen zerstört, muss aber wieder aufgebaut worden sein, denn im Jahr 1182 kämpften die Dänen erneut mit den Jomsborgern. An diesem Kampf nahmen neun schalauische Schiffe von bedeutender Größe teil. Um 1084 sandte der dänische König Knut 18 Schiffe nach Schalauen, seine Söhne Ragnaro und Egilis waren unter den siegreichen Kriegern. Besonders Egilis wütete sehr grausam. Während Knut mit seiner Flotte 1085 gegen England rüstete, planten die Schalauer einen Überfall auf Dänemark. Als Knut davon erfuhr, bot er den Schalauern Frieden an, welcher auch akzeptiert wurde. Die Schalauer schickten sogar Geschenke nach Dänemark.

Im Altertum war Ragnit das Zentrum Schalauens. Archäologische Funde weisen nach, dass der Ort schon um 2.000 v. Chr. bewohnt war. Hier stand eine mächtige Holzburg, über die Peter von Dusburg schreibt, dass sie weder durch Kraftaufwand noch durch Aushungern zu bezwingen war, denn im Burghof befand sich ein Teich von 20 x 20 Schritten, der mit Speisefischen gefüllt war. In Ragnits Umgebung gibt es etliche Schlossberge und Wallanlagen. Schalauische Gräberfelder wurden zudem in

Strewa, Skomanten, Jurgaiten, Nikeln, Paulaiten, Wilku Kampas, Weszaiten, Greyszönen, Lompönen und Wittgirren nachgewiesen. Sie unterscheiden sich durch ihre Andersartigkeit von denen der anderen prußischen Stämme.

Schalauen wurde erst 1277 vom Deutschen Orden unterjocht. Dieser Stamm war zunächst nicht ins Blickfeld der Ordensritter geraten, erst nachdem er 1274 zusammen mit den Nadrauern am Kriegszug der Sudauer gegen den Orden teilgenommen hatte. Das „Große Heer" verlor den Kampf und etwa zweitausend Krieger. Da Schalauen beidseits der Memel lag, führte der Orden den Angriff vom Samland über den Wasserweg aus, denn so konnten die weit von der Memel lebenden Nadrauer den Feldzug nicht stören. Die Burg Ragnit musste niedergebrannt werden, da sie nicht einzunehmen war. Durch diesen Erfolg ermutigt, eroberten die Kreuzritter noch die kleinere Burg Ramego. Dadurch aufgebracht, versammelten die Stammesältesten vierhundert Mann, überfielen und ermordeten die Ritter, was einen Rachefeldzug des Großmeisters zur Folge hatte, der mit großem Aufgebot nach Schalauen zog. Die Schalauer wehrten sich unter ihrem Führer Stinigotas „der Starre". In Ordenschroniken wird zudem auf den nach Sicht der Ritter betrügerischen schalauischen Adligen Sareikâ „der Verbrenner" hingewiesen. Dusburg nennt ihn Sarecka. Dieser tat so, als wolle er zum Orden überlaufen und sich mit seiner Familie taufen lassen. In Memel versuchte er den Komtur in eine Falle zu locken, kam aber beim Kampf mit acht anderen Adligen in Gefangenschaft. Es gelang ihm kurzfristig sich zu befreien und einige Kreuzritter mit dem Schwert zu erschlagen. Dann aber kam er selbst um. Die letzte vom Orden eroberte schalauische Burg Sasawo wird in lateinischen Chroniken Sassowia genannt. An diesen Feldzug nahm der Großmeister persönlich teil. Ihn begleiteten 1.500 Reiter und 15 Schiffe. Nachdem die Ritter alle Burgen zerstört hatten, verloren die Adligen Surbantas „der Blutegel", Svirdotas „der Schwankende" und Surdota „der

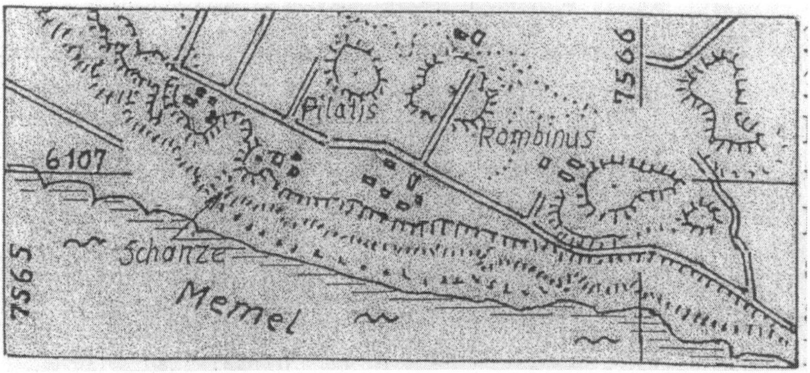

Heiliger Berg Rombinus nicht verschanzt, dafür Burgberg Pilatis und eine Schanze südwestlich vom Rombinus an der Memel, an der Krakonischken-Bittehner Str.

Oberrock" den Mut zu weiterem Widerstand. Sie verließen die Heimat und liefen zu den Christen über. Das führerlos gewordene Volk hat sich dann dem Orden unterworfen. Die endgültige Unterwerfung dürfte 1281 beendet gewesen sein, denn in diesem Jahr wurde das erste Landesprivileg an den Schalauer Jondele Schalwithe (später Kollwitz) ausgestellt. 1289 baute der Orden seine Burg in Ragnit.

Schalauen war recht dicht besiedelt, denn die Burg Labiau konnte mit 400 schalauischen Mann angegriffen werden, und Kestutis entführte 1365 Mann nach Litauen, von denen später 150 Mann die Gegend um Ragnit bewachen mussten. Schalauische Orte sind Pleikischken, Plaschken, Bennigkeiten (Beynicke), Waynoten, Grauden und andere.

Über das weitere Ergehen der Schalauer geben sechsundzwanzig erhaltene, zwischen 1281 und 1383 ausgestellte Privilegien Auskunft: so etwa 1338 in Pleikischken (Plaschken), 1312 und 1333 bei Sasavo, 1307 in Sintine bei Tilsit, 1307 Gigen (Pogegen), 1309 Linkone, 1350 Linkonen (Linkuhnen). Es handelte sich hier um alte Hofstellen, deren prußische Bewohner vernichtet oder vertrieben worden waren. Ebenso gehen mehrere

Orte auf schalauische Personen zurück: Weinoten bei Tilsit auf Wainoto, Tusseinen bei Ragnit auf Tussinos, Linkuhnen in der Elchniederung auf Linko. Um litauische Einwanderer dürfte es sich dagegen um Sipe (1339) und die Brüder Pogins und Skirgaila (1359) handeln, denn ihnen wird versprochen, dass sie nach der Unterwerfung Litauens dort Land erhalten werden. Im Januar und Februar 1411 führten die Žemaiten unter ihrem Führer Rambautas „der Auswüchsige" Kriegszüge gegen die Vorburgen von Ragnit, Tilsit und Splitter, denn 1412 beschwert sich der Orden bei den deutschen Fürsten, dass *„das gancze Schalwische lant"* überfallen und beraubt worden ist und dass viele Ordensleute ermordet wurden. Zudem seien Frauen und Kinder unter Mitnahme ihrer Habe und der Tiere entführt worden. In den Schadensbüchern werden 154 betroffene schalauische Familien erwähnt. In den Steuerlisten von 1540 werden in Tilsit und Splitter 71 Familien *„Schalmen odder preussen"* genannt, während es sich bei den 40 Familien vor der Burg Ragnit bereits um eine gemischte Bevölkerung handelt: *„Schalmen und Litawen vorm schlos Rangnith"*. Deutsche Siedler gab es außerhalb der Burgen und Städte nicht. Die Schalauer vermischten sich mit den zuwandernden Žemaiten, denn als von den Einwohnern Splitters verlangt wurde, einen Teil ihrer Felder für die Errichtung der Stadt Tilsit abzutreten, beschied Herzog Albrecht die Klage abschlägig, da der größte Teil der jetzigen Bewohner des Dorfes Splitter Fremde und Neusiedler seien und nicht aus alten prußischen Geschlechtern stammten. Die Schalauer zu Splitter wurden letztmalig 1563 erwähnt, die von der Ragniter Vorburg 1542. Geblieben sind die Ortsnamen Skalwen, Paskallwen und Schalauerberg.

„Vom Bier“

Kastas mieżu grûdas, (Was ist doch bei Gerstenkorn,)
kad alus taip drutas? (das das Bier so stark macht?)
Apynys iszwirtas (Durchgekochter Hopfen)
ir zascze ipiltas. (ist dazu geschüttet.)

„Vom Garten“

Nekukoj' genêlis (Weder ruft der Buntspecht)
ney laksztingalêlis (noch das Nachtigallchen)
po mamużês żalà soda (in der Mutter grünem Gärtchen)
po stiklo langêleis. (vor den blanken Fenstern)

Sage

Der Sage nach war Scalawo der fünfte Sohn des Königs Waidewut, dem das Land zwischen Pregolia (Pregel), Curtono (Kurisches Haff), Niemo (Memel) und Rango (Ragu) dem Wasser gegeben ward.

(Der Tirklo, eine gut erhaltene heidnisch-preußische Befestigungsanlage am Tirklo-See in Sudauen, aus: „Skomand, der Held Sudauens“ v. W. Obgartel, Berlin-Leipzig 1922)

Suduwa (Sudauen)

Name

Die Bezeichnung leitet sich von prußisch „sudawa“: sumpfiges Gebiet ab. Der griechische Geograph Ptolemäus erwähnte „Galindai kai Sudinoi“; Peter von Dusburg schrieb in seiner Chronik von Galindite und Suduwite. In russischen Quellen ab 983 n. Chr. werden die Sudauer als Jadwinger gekennzeichnet. In der Ipatius Chronik wechseln die Schreibweisen: Jatviagy, Jatviezie,

Jatviažin, zemlia Jatveskaja, na zemliu Jatviažs'kuju und andere. In lateinischen Quellen und in denen des benachbarten Masovien wurden die Sudauer Polexiani genannt. Der Chronist Kadlubek ordnet sie den Prußen zu: *„sunt autem Pollexianni, Getarum seu Prussorum genus"*. Polnische Quellen übernahmen auch russische Bezeichnungen: Jazviagi, Iazvizite, Jazvizite, Yazvizite. Im Vertrag mit dem Ritterorden von 1260 heißt es „terre Getuizintarum". Diese Bezeichnung kam über die Polen nach Westeuropa und zur Kurie in Rom. So ist in päpstlichen Dokumenten von terra Jatwesouie, Gretuesia, Gzestuesie, Getuesia und Getvesia zu lesen. Der Orden dagegen nannte diesen prußischen Stamm Sudowite, Sudowia, in qua Sudowite.

Da die Namen Sudauen und Jadwingen chronologisch nie gleichzeitig erscheinen, ist davon auszugehen, dass es sich um ein und denselben Stamm und nicht um zwei verschiedene handelt. Im Breslauer Urteil des Kaisers Sigismund von Luxemburg von 1325 heißt es „Suderlandt alias Jetuen". Zwei Dotationen von 1253 und 1259 des Mindaugas I. an den Livländischen Orden geben diesem Landstrich einen weiteren Namen: „Land der Lieder", nämlich Dainava, Deynowe, Dainowe, Denowe. In litauischen Annalen des 16. Jahrhunderts werden die Wälder Deinova Jatvež erwähnt.

Geografie

In den Quellen gibt es ein großes Durcheinander, das sudauische Stammesgebiet exakt zu lokalisieren. Doch ist anzunehmen, dass die Memel die natürliche westliche und nördliche Grenze gewesen ist, denn es wird ein zum System der Memel gehöriger Fluss Crono erwähnt. Die westliche Grenze zu Galindien und Nadrauen verlief entlang des Lyck- oder Luk-Flusses: Barraner Forst, Dombrowsker Forst, Lycker Seenkette, Sonnau, Groß Sawinda, Uloffke, Laschmiaden, Groß Szonstag, Haaszener See, Rothebudener Forst, Rominter Heide, Wyschtiter See. In Litauen

Lyck

gehören die Regionen Marijampole und Dzûkija zum sudauischen Gebiet. Über die Südgrenze bestehen mehr Unklarheiten, doch dürften beide Ufer des Narew als Grenze angenommen werden. Anzunehmen ist ebenso, dass das Gebiet um Warschau ursprünglich zu Sudauen gehörte, denn es gibt auch in Galindien einen Warschausee, der sich von prußisch „warza“: Fischwehr ableitet. In der Gründungslegende von Warschau ist die Rede von einem Fischer Wars und seiner Frau Sawa. Prußisch „saw“ ist ein Fischerboot mit einem durchlöcherten Kasten.

Obwohl das Gebiet durch undurchdringliche Urwälder und Sümpfe gekennzeichnet war, betrieben die Sudauer Landwirtschaft. Der Chronist Ipatius war verwundert, dass das große Heer des Daniel aus Wolhynien mitsamt den Pferden mit den Vorräten von nur zwei eroberten Dörfern auskamen und den Rest noch verbrennen konnte. Ebenfalls berichtet er von der Jagd und dem Tauschhandel mit Wachs und Fellen. In der Hungersnot von 1279 haben die Sudauer den Fürst Vladimir Halitscho um Roggen gebeten und boten im Tausch Wachs, Eichhörnchen, Biber, schwarze Marder und Silber. Dass die Sudauer reich waren, belegen etliche Silberfunde, darunter der Silberschatz bei Skomenten im Kreis Lyck, weshalb es nicht verwundert, dass ihr Häuptling Skomant

Schloßberg, 1,5 km nordöstlich von Kl. Schwalg auf einer Landzunge des Liegentsees.

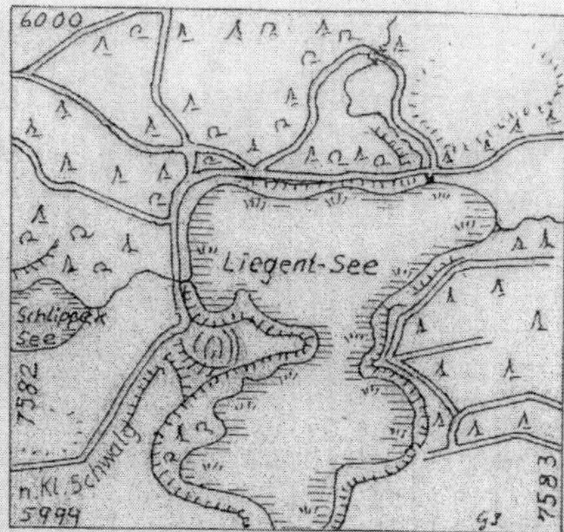

Schloßberg, 1,5 km nordöstl. von Kl. Schwalg auf einer Landzunge am Westufer des Liegentsees
Mtb. 1899 75824 - 59994

seinen Gästen reichlich auftafeln konnte. Nach der Unterwerfung durch den Ritterorden verwandelte sich das Land in Heideflächen, Wälder und Wüsteneien, wobei der Orden stets darauf achtete, dass die an Litauen grenzenden Wälder undurchdringlich blieben. Dabei wurden weiterhin die typisch prußischen Verhaue aus dornigem Gestrüpp und Baumstämmen genutzt. Dieses trennende, nur äußerst schwach besiedelte Waldmassiv wurde mit einem „Meer“ zwischen dem Orden und dem Großfürstentum Litauen verglichen. Sudauische Schanzen und Wehranlagen sind im Kreis Lyck bei Leegen, Kelchendorf, Seliggen, Rundfließ und Waldwerder nachgewiesen. Zudem gibt es am Skomentner See eine Skomentburg und einen Skomentberg.

Geschichte

Der Stamm der Sudauer leistete den Rittern des Deutschen Ordens am längsten Widerstand. Es wird berichtet, dass jeder sudauische Mann ein gefährlicher Krieger gewesen sei. Erst 1283 nahm der Sudauerfürst Skomant, nachdem er zunächst nach Litauen geflüchtet und anschließend heimgekehrt war, den christlichen Glauben an und gab den Widerstand auf. Peter von Dusburg vermerkt 1283, dass der große, zum Orden übergewechselte Kantegirde „der mit der Leier rühmt" 1.600 Sudauer ins nordwestliche Samland hinführte. Andere Quellen sprechen von 2.000 oder 3.000 Personen. Dort wurden sie getauft. Ordenspolitik war es, Reste von unterworfenen Stämmen in wüst gewordene Gebiete zu verschleppen. Auch die sudauische Besatzung der plötzlich überfallenen Burg Kymenovia war mit einer Taufe und der Kapitulation einverstanden. Ihr wurde ein Führer zugeteilt und befohlen, ins Samland zu ziehen. Im Sudauischen Winkel des Samlands bewahrten die Sudauer noch bis ins 16. Jahrhundert ihre eigentümlichen Gebräuche. Wegen fehlender Quellen gibt es über die Sudauer nur wenige, kaum miteinander in Beziehung stehende Tatsachenberichte: Vladimir I. von Kiew überschritt 981 den Bug, sein Sohn Jaroslaw dringt 1030/ 31 durch schwer durchgängige Wälder links und rechts des Narew gegen Sudauen. Anfang des 13. Jahrhunderts gab es zwischen Sudauern und dem Wolhynisch-Halitschen Fürstentum ständige kriegerische Beziehungen. Meist erhielten die Sudauer keinerlei Unterstützung durch andere baltische Nachbarn. 1253 erhielt der Fürst von Kujavien von Papst Innozenz IV. das Recht, das benachbarte sudauische Land zu betreuen, und 1254 wurde beschlossen, zwei Drittel des Gebietes den Kreuzrittern zu übertragen. Zwischen 1250 und1260 konnten sich die Sudauer noch mit den Tataren gegen Polen verbünden, dafür wurde der Stamm beim 1264 stattfindenden Feldzug des Boleslaw d. Schüchterne nahezu ausgerottet. 1282 verbündeten sich die Sudauer mit den Litauern. Sudauens Süden wurde von den Fürsten Wolhyniens und Polens vernichtet, der nördliche Teil wurde nach der Niederwerfung des großen Aufstandes von 1260 bis 1274 durch den Orden angegriffen und versklavt, wovon Peter von Dusburg detailliert berichtet. Skomant und Kantegirde erhielten Land. Von den beiden unbesiegten Fürsten Gedete „der

Trauernde“ und Skurdus „der Spitzhammer“ ergab sich der erstere mit 1.500 Mann, während letzterer in Litauen Unterschlupf fand und sich mit seinen Leuten am Unterlauf der Memel ansiedelte. Hier sind noch Ortsnamen wie Skomanten, Thaleiken-Jakob, Sudmanten-Trusch und andere bis heute erhalten. Ebenso bezeugen etliche memelländische Familiennamen wie zum Beispiel Sudermann oder Toleikis „der Bär“ die sudauische Herkunft.

Im Frieden vom Melnosee 1422 musste der Orden wieder auf den größten Teil Sudauens verzichten, das seitdem zum Großfürstentum Litauen gehörte und damit ab 1596 zur Polnisch-Litauischen Adelsrepublik. Mit der 3. Polnischen Teilung fiel dieser größere Teil Sudauens 1795 an Russland. Ab 1815 gehörte das Gebiet zu Kongresspolen, und 1918 wurde das nördliche Sudauen Teil des neu konstituierten litauischen Staates. Von 1939 bis 1944 war der südöstliche Teil Sudauens als Suwalkizipfel Teil des Großdeutschen Reiches. Heute gehört der nördliche Teil Sudauens mit Zentrum Marijampole zu Litauen, der südliche Teil zu Polen. Die Litauer nennen ihre sudauische Region nicht gerne bei ihrem prußischen Namen sondern bezeichnen die Menschen hier als „Suvilkti“: die Zusammengeschleppten.

Sprache und Sprachdenkmäler

Da die Sudauer keine schriftlichen Zeugnisse hinterließen, gab es unter den Sprachforschern viele gegensätzliche Meinungen, die teilweise auch durch politische Ansichten insbesondere polnischer und litauischer Seite bestimmt waren. Georg Gerullis, der systematisch Chroniken bezüglich der sudauischen Sprache durchsiebte, kam zu dem Schluss, dass alle sprachlichen Tatsachen darauf hinweisen, dass die Sudauer einen prußischen Dialekt gesprochen haben. Diese Ansicht wird durch russische Wissenschaftler gestützt, die einen großen Einfluss des sudauischen Dialekts auf die polnische sowie masovische Sprache ausgemacht

Sudauischer Hochzeitsteppich

und Ähnlichkeiten zwischen prußischen und jadwingische Siedlungs- und Bestattungsanlagen festgestellt haben.

Sprachdenkmäler

Per nedele žirguži szerau (Wochüber hab ich´s Rößlein gepfleget)

Subatoje po pietu sawo bera žirgeli gražei szropawau (und Sonnabendnachmittag hab mein liebes Braunpferdchen schön ich gestriegelt).

Sejau rutas, sejau metas (säte Raute, säte Krauseminze)
sejau szweses lelijates (säte strahlenlichte Lilien)
sejau žalius lewendrelus (säte schönen grünen Lavendel)

Atsimik bernuželi (Denk dran, lieber Guter´chen)
Ka wakar kalbejai (was du gestern sagtest)
Karcziamelij už stalelio, rankeles sudejai. (in der Schenke, hinterm Tische drückend meine Hände.)

Szoka kiszkis, szoka lape, szoka wisi žweris (Tanzt der Hase, tanzt der Fuchs, tanzen alle Tiere)

ir tas briedis, il garietis, ir tas ne tyleju. (selbst das Elch, das langebeinte, mag im Forst nicht ruhen.)

Sage

Der Sage nach war Sudo der dritte Sohn des Königs Waidewut. Er bekam das Land zwischen Crono (Pregel oder Memel je nach Quelle), Skara (Pregel) und Curtono (Kurisches Haff). Er baute sich eine Feste Perpeylko. Das Land ward nach ihm Sudauen genannt. „Das Volk, das darin wohnte, hielt sich von Anbeginn ehrbar und däuchten sich alle Edelinge, weil sie allein mit dem Sudo einen mächtigen König des Venederlandes, jetzt Russisch-Litauen, besiegt."

Wi zweitusint Sudouwin wurdin geslagin

Von Nikolaus von Jeroschin (um 1335)
(aus dem Mittelhochdeutschen frei übersetzt von Horst Schulz)

Nach dirre schicht vorware
in dem andrin jare
Sudouwin und Nadrouwin
und darzu Schalouwin
besamnit gar mit craftin
quamin und behaftin
ein hus genant Beseleda
bi Bartinstein gelegin na,
und daz vachtin vreislich an.
Dakegin warin di bureman
an der wer ein teil zu laz;
und do ein wib Namede daz,
Posdraupotis mutir, sach,
zu irn sunin si so sprach:
Iz sol mich immir ruwin zwar,
daz ich zur werlde uch i gebar,
sint ir so gar vorzagit
sit, daz uch betragit
zu wesin uch und uns ein schirm
vor der viende ungehirm,
von den wir sin also bekort.
Und do diese smehin wort
di burelute vornamin,
der rede si sich schamin
wurdin ser und imprant
in zorne so, daz si zuhant
wurfin uf daz burgetor
und lifin al hin vor
zu den viendin uf den plan.
Da wart ein stechin und ein slan
in vientlichim grimme,
daz man des creischis stimme
mochte horin verre.
Diz limmen und di werre
si so lange tribbin,
unz der viende blibbin,
da ligin von des todis we
wol zweitusint unde me.
Darnach ouch widir buwitin
und andirweit vornuwitin
Bartinstein di brudere
und iz vor allim ludere
mit gotis hulfe habin sit
besezzin unz an dise zit.

Nach diesem Streich fürwahr
in dem anderen Jahr
Sudauer und Nadrauer,
und dazu Schalauer,
kamen mit vielen Mann
und belagerten alsdann
ein Haus, genannt Beseleda,
bei Bartenstein gelegen nah,
und stürmten wild heran.
Dagegen waren die Burgleute
in der Wehr ein Teil zu lasch
und wie das ein Weib Nameda, das
des Posdraupotis Mutter war, sah,
sie zu ihren Söhnen also sprach:
„Es soll mich immer reuen zwar,
daß ich euch in die Welt gebar,
weil ihr gar zu verzagt
seid und euch nicht so betragt
zu sein für uns alle ein Schutz
vor der wilden Feinde Trutz,
von denen wir sind bedroht!"
Und da diese schmähenden Worte
die Burgleute vernahmen,
der Rede sie sich schämten
sehr und wurden entbrannt
in Zorn, daß sie zuhand
warfen auf das Burgtor
und liefen alle hervor
zu den Feinden auf den Plan.
Das ward ein Stechen und ein Schlahn
in feindlichem Grimme,
daß man des Kampfes Stimme
konnte hören sehr weit.
Diesen Kampf und diesen Streit
sie so lange trieben,
daß der Feinde blieben
da liegen in des Todes Weh
wohl zweitausend und noch mehr.
Danach auch wieder bauten
und anderweit vertrauten
die Brüder Bartenstein, die Burg
und haben sie vor allem durch
die Hilfe Gottes ohne Streit
besessen ganz seit dieser Zeit.

Warme (Ermland)

Name

Der heutige polnische Name Warmia greift auf die uralte prußische Bezeichnung zurück, ist also weder lateinisch noch polnisch. Der Name leitet sich von „wormyan, warmun“: rot ab und dürfte eher auf günstige klimatische Verhältnisse weisen als auf die rote Farbe. Nach Georg Gerullis scheint „Erm-„ die germanische Aussprache von prußisch „uarm-„ wiederzugeben. Schon im 9. Jahrhundert ist die Form Erm-land bei den Dänen anzutreffen. Andere urkundliche Erwähnungen sind Warmia (1249), Wormeland (1262) und Ermelandt (1299).

Geografische Lage

Die Grenze des Stammesgebietes Warme verlief im Süden bei der terra Pasluk um Preußisch Holland. Nach Westen erstreckte sich die Grenze entlang des Drausensees und schloss Truso und Elbing

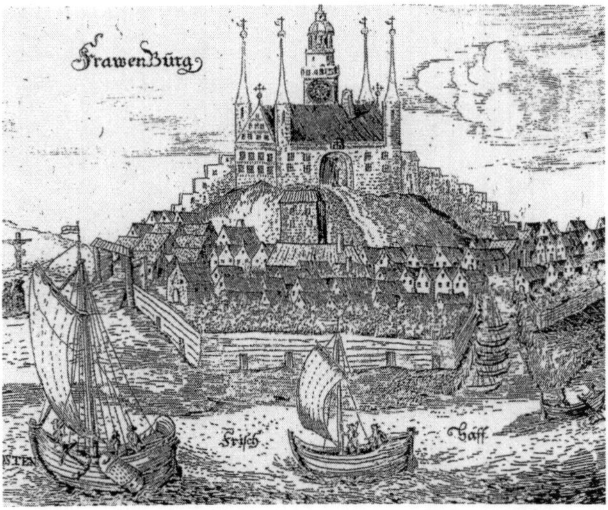

Frauenburg

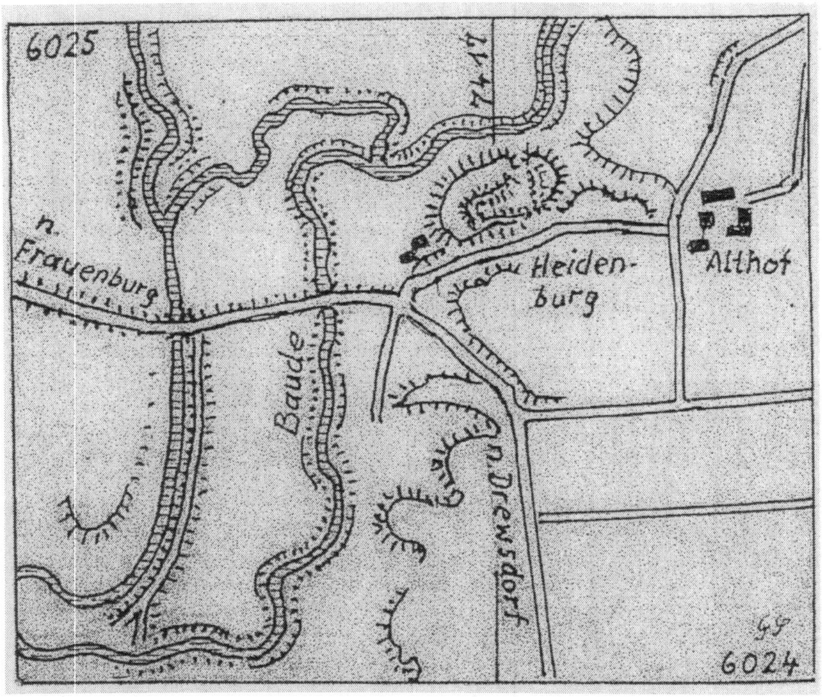

Heidenburg bei Gut Althof am Weg nach Frauenburg

sowie die gesamte Küste des Frischen Haffs mit ein. Heiligenbeil, Braunsberg, Balga, Honeda, Brandenburg sowie das südliche Pregelufer bis Königsberg, einschließlich der südlichen Dörfer, die später Königsberger Vorstädte wurden, gehörten zu Warme. Von dort waren die östlichen Grenzen nach Süden hin identisch mit denen von Natangen und Pogesanien. Die Stadt Wormditt und die Landschaft Wewa lagen direkt an der warmisch-pogesanischen Grenze. Die Hauptflüsse dieser Landschaft sind Passarge, Frisching und Jarft, an dessen Ufer sich ein Romowe befand.

Das Gebiet des Bistums Ermland umfasste später lediglich einen schmalen Küstenstreifen des Frischen Haffs bei Braunsberg und verlief in südöstlicher Richtung bis zu den masurischen Seen um Allenstein in Galindien und Rößel in Barta. Es schloss

Balga

auch Teile Pomesaniens (Oberland) im Südwesten, Natangens im Norden sowie Pogesaniens im Südosten mit ein. Das Bistum war in die Kammerämter Frauenburg in der terra Pasluk, Braunsberg, Mehlsack, Heilsberg, Wormditt, Guttstadt, Rößel, Seeburg, Wartenburg und Allenstein gegliedert.

Geschichte

Bereits mit dem Missionar Bischof Hermann von Prag (1138-1149) kamen böhmische Siedler in die Region, welche slawische Dialekte mitbrachten. Bald nach Eroberung durch den Deutschen Orden begann im 13. Jahrhundert die Besiedlung mit deutschen Kolonisten, vorwiegend aus Niedersachsen und aus dem heutigen Mecklenburg-Vorpommern, die sich ihre Mundart und die Bauform ihrer Häuser bis 1945 erhielten. Im 13. und 14. Jahrhundert wurden mitteldeutsche Siedler aus Thüringen angesetzt, und ab dem 14. Jahrhundert zogen Siedler aus dem Herzogtum Breslau in den mittleren Teil des Ermlands. Ab 1400 begann eine zunächst schwache Besiedlung mit Polen. Noch später kamen dann Friesen, so dass das Ermland eine Reihe unterschiedlicher

Heiligenbeil

Dialektformen aufwies, die die prußische Sprache überlagerten. Die Haffstädte wurden von Lübeck aus gegründet und erhielten lübisches Recht. Das Ermland war von 1243 bis 1772 autonomes Fürstbistum, danach die nördlichste preußische Diözese und danach deutsche Diözese. Zum ersten Bischof des Ermlands wurde 1250 der Ordenspriester Anselm geweiht. Der Süden wurde erst zwischen 1336 und 1342 auf Einwirkung des Ordens unter dem Ordensritter Bischofsvogt Heinrich v. Lutter aufgesiedelt. In dieser Region waren die deutschen Kolonisten Nachkommen der ersten Einwanderer. Jedoch blieb trotz dieser Zuwanderungen das prußische Element weitgehend erhalten, und die prußischen Freien konnten sich ihre Rechte gegenüber dem Kolonialherren bewahren. 1461 wurde Bischof Paul v. Logendorf eingesetzt. Die Familie Lehndorf oder Legendorf (prußisch „lîgintajs“: Richter) aus dem Kulmerland gehörte zu den wenigen prußischen Edlen, die in den deutschen Adel aufsteigen konnten. Logendorf kam es darauf an, seine Städte und Schlösser aus den Händen der Söldnerführer zurück zu gewinnen. Er schloss 1461 einen Neutralitätsvertrag mit dem bedrängten Hochmeister und erreichte so seine Unabhängigkeit vom Orden, die auch vom König von

Polen anerkannt, allerdings durch den Zweiten Thomer Frieden von 1466 schon wieder eingeschränkt wurde. Zukünftig war jeder neue Bischof verpflichtet, dem König von Polen einen persönlichen Treueid zu leisten, der aber keine Lehnshuldigung bedeutete. Die Bevölkerung blieb deutsch. 1772 fiel das Gebiet wieder an Preußen zurück, der bischöfliche Grundbesitz wurde enteignet und in königliche Domänen umgewandelt. Die Stammbevölkerung war durchweg katholisch und erfreute sich eines ausgeprägten Brauchtums. Backsteinkirchen, Wallfahrtskirchen und Pestkreuze waren ebenso charakteristisch für diese Landschaft wie die eher kleinbäuerliche Prägung mit Milchwirtschaft, Geflügelzucht und Zucht des schweren Ermländer Pferdes. Weitere Wirtschaftszweige waren Flussfischfang, Waldesfrüchte und Holzrodungen. Im Gegensatz zu anderen ostpreußischen Regionen gab es kaum große Güter.

Sage

„Dem neunten Sohne Warmo verlieh der König die Lande an der Nava (Nariensee oder Narje) und Bassora (Passarge). Er baute sich eine Feste, die er Tolo nannte. Von ihm ward das Land zu lateinisch Warmia genannt, zu deutsch aber heißt es Ermeland von seiner Gattin Ermia."

Religion der Prußen und der Balten

Man kann ein Volk nur verstehen, wenn man sich in seine Gefühls- und Glaubenswelt hineinversetzen, seine Mythen, seine Überlieferungen, seine musikalischen und kunsthandwerklichen Äußerungen verstehen und interpretieren kann. Die Sicht auf die Dinge ist von Kultur zu Kultur verschieden und ist begründet durch die natürlichen Gegebenheiten der umgebenden Heimat. Wer sich als Heimwehtourist in der prußischen Heimat einmal irgendwo still hingesetzt und sich einfach nur auf die Landschafts- oder die Himmelsbeobachtung eingelassen hat, wird bestätigen können, wie intensiv einen die Natur in eine meditative Stimmung zu versetzen vermag. Was die Wolken für dramatische Geschichten erzählen! Welch scheinbar magische Kraftfelder in der Rominter Heide oder auf dem Rombinus ein fast traumhaftes Vakuum auszulösen scheinen! Alle, die das erlebt haben, berichten darüber fast verschämt, als wollten sie es selbst nicht glauben oder fürchteten als Esoteriker diskreditiert zu werden. Auch die Gabe des Sehens scheint unter Balten, besonders unter den Kuren, weit verbreitet. Heute wird gerne die indianische Kultur bewundert, aber die baltische Religion unterscheidet sich in ihren Grundzügen gar nicht so sehr von ihr: Beiden ist zueigen, dass sie die Natur beobachten, daraus ihre Schlüsse ziehen und ansonsten ihrer Macht und Weisheit vertrauen.

Das Überstülpen einer fremden Religion ohne das Werben um Verständnis bei gleichzeitigem Verbot der eigenen kulturellen Ausdrucksformen hat den größten Teil der baltischen Kultur verschüttet. Trotz allem: Es ist nicht komplett gelungen. Die Prußen waren von je her ein stark religiöses Volk, und es gab parallel zur Kirchenzugehörigkeit, besonders im nördlichen Ostpreußen bis in die letzten Tage vor der Flucht, ein heimlich gelebtes, mehr oder weniger stark ausgeprägtes Heidentum. Die Kirchenzugehörigkeit war ein der Karriere dienendes gesellschaftliches Muss, aber die alten Götter halfen in seelischer Not. So verwundert es auch nicht, dass die katholischen litauischen Einwanderer bereits in der zweiten Generation merkten wie der Hase in der neuen Heimat läuft. Spätestens in der dritten Generation schickten sie ihre Kinder zur „deutschen“ Religion in Kirche und Schule, damit sie Aufstiegschancen hatten. Bei Mischehen nahmen sie gerne die „deutsche“ lutherische Religion des Partners an und später die noch wertvoller erscheinende Konfession der reformierten Schweizer. Schließlich hatte man seit eh und je die Verhältnisse gut beobachten und daraus die entsprechenden Folgerungen ziehen können.

Die Naturreligion

„Die Meeresgöttin Jurate entstieg eines Morgens der Ostsee und erblickte den schönen sterblichen Fischer Kastytis. Sie verliebte sich in ihn und wollte ihn gegen den Willen ihres Vaters Perkunos heiraten. Der Gott war über den Ungehorsam seiner Tochter derart erzürnt, dass er den Kastytis tötete und den braunen Bersteinpalast seiner Tochter, der sich am Meeresgrunde erhob, vor Wut zertrümmerte. Seitdem weint Jurate. Und wenn sie wieder einmal in ihrer Trauer das Meer aufgewühlt hat, dann können wir ihre goldenen Tränen am Strand finden.“

Bevor die Balten christianisiert wurden, waren sie keineswegs „Heiden“, die einer Religion bedurften, sondern sie hatten einen Glauben, der dem japanischen Shintoismus ähnlich ist. Sie glaubten, dass alles auf der Welt eine Seele hat, selbst die Steine waren manifestierte Seelen und wurden deshalb als heilig verehrt. Aus diesem Glauben resultierte ein tiefer Respekt gegen alle Lebewesen: Man nahm sich zum eigenen Lebensunterhalt nur das, was man wirklich brauchte und dankte dann dem Lebewesen beim Schlachten oder Fällen mit einem kleinen Ritual dafür, dass es für einen das Leben hatte hergeben müssen. Das Töten von Tieren oder das Fällen von Bäumen war zu bestimmten Jahreszeiten mit einem Tabu belegt, um die Seelen nicht zu verletzen. Man lebte mit der Natur, nicht gegen sie und hatte auf diese Weise Jahrtausende lang das ökologische Gleichgewicht erhalten. Peter von Dusburg beobachtete zwar befremdet aber durchaus richtig, dass die gesamte erschaffene Welt verehrt wurde, einschließlich der Tiere und der Landschaften: *„Sie hatten auch heilige Haine, Felder und Gewässer, in denen sie nicht wagten Holz zu fällen, zu ackern oder zu fischen."* Die baltische Naturreligion unterscheidet sich vom Buddhismus, indem man zwar an ein Weiterleben nach dem Tode, jedoch nicht an Seelenwanderung glaubte. Man nahm zwei Seelen an: Neben der Wele, dem zu den Göttern emporsteigenden ätherischen Wesen, gab es noch die Dusin (litauisch Siela), welche dem Toten als Atem entwich und die Erde nicht verließ, sondern sich in Bäumen, Blumen, Säugetieren oder Vögeln einnistete. Zuweilen verließ sie den Mund des Sterbenden als Schmetterling, als Biene, Maus, Kröte oder Schlange. Die Seele einer Frau entwich gerne in eine Linde oder Fichte, in einen Sperling, einen Kuckuck oder in eine Ente; die Seele eines Mannes wechselte in eine Eiche, Birke oder Esche, aber auch in einen Falken, Raben oder Hahn. Tote mussten auf Hügeln beigesetzt werden, damit die Wele leichter emporsteigen konnte. Friedhofsbäume wurden nie gefällt oder gestutzt, weil sich in ihnen die Dusin aufhalten konnte. Denn tat man diesen Bäumen etwas an, fügte man auch den Seelen der Verstorbenen etwas Böses zu. Die Geister der Toten wohnten auf einem Hügel. Damit man mit ihnen zusammen an besonderen Festtagen eine Mahlzeit teilen konnte, waren Bänke und Tische aufgestellt. Als später die Friedhofspflicht eingeführt wurde, geschah es nicht selten, dass Leichen heimlich ausgegraben und oben auf dem Hügel bestattet wurden. Die Einzäunung der Seelen auf dem Friedhof war ein unerträglicher Gedanke. Lieber sollten die Körper von wilden Tieren ausgegraben werden, als dass die Seelen gefangen seien. Auch bei „Schreikindern" schob man diese Eigenart auf die ungewollte Taufe, die dann in sehr komplizierten Ritualen wieder abgewaschen wurde. Wer sich heute in der alten Heimat auf die Suche nach einem Friedhof macht, sollte Ausschau nach einem Hügel mit altem Baumbestand halten. Ehemalige Wohnhäuser kann man dort annehmen, wo in der Ödnis Fliederbäume wachsen.

Göttinnen, Schlangen und Kröten

Für alle Bereiche des Lebens gab es Göttinnen und Götter, zumindest aber Gottheiten und Geister, denen mit Opfergaben zu danken war, die es zu besänftigen galt und an die man seine Bitten richten konnte. Die älteste Religionsschicht weist Göttinnen aus, die alle erdverbunden sind und ein von Ehrfurcht geprägtes Wissen um Pflanzen, Reptilien, Vögel, Haus- und Wildtiere haben. Die oberste Göttin war die Sonnengöttin Saule. Ihre Töchter entsprachen den damals bekannten sechs Planeten. Unsere Erdmutter Semina (lit. Žemyna oder Zhemyna), zärtlich Seminele (lit. Žeminele) genannt war also die dritte Tochter Saules. Eine wichtige Rolle im Leben spielte die Glücksgöttin Laima, die Göttin des Schicksals und der Neugeborenen, die als Knospentreiberin zu erkennen war. Ihre Allwissenheit zeigte sich in riesigen weißen Schlangen. In ihrer zweiten Funktion erschien sie als Kuckuck und war für die Lebensdauer und das Lebensglück zuständig. Beides hing gänzlich von ihr ab, und man opferte ihr an heiligen Orten Tonfiguren, die so genannten Laima-Widder. Auch wurden Steine mit Löchern und mit glatter Oberfläche verehrt. Diese Laimasteine symbolisierten das Schicksal: Je nachdem wie die Göttin entschieden hatte, wurden diejenigen der Reichen größer, und die der Armen bröckelten mit der Zeit. In ihrem dritten Aspekt trat sie als Giltine, als freundliche Todesgöttin auf, die Sorge trägt, dass

Schlangenzeremonie bei den Prußen, V. Blinov 1990

der Mensch auf Erden nicht als überflüssig empfunden werde. Sie erschien den Menschen als Holzpfahl, schwarzer Käfer oder als grüne Schlange (Žaltys).

Die Sonnengöttin Saule, die unermüdlich Strahlende und Lebenbringende, brauchte auch manchmal Feier- und Ruhetage. Zu den Sonnenwenden lud sie deshalb ihre sechs Töchter ein, mit ihr zu feiern und zu tanzen. Da die Menschen als Kinder der Erdgöttin die Enkel der „ane“ (Altmutter) Saule waren, durften sie natürlich bei den ausgelassenen Sonnenwendfeiern nicht fehlen. Am Jahresende aber hatte Saule alle Kraft verbraucht und wurde immer schwächer. Die Tage wurden kälter, die Nächte länger, und das spürten auch die Erdenkinder. Also halfen sie ihrer Ane zur Wintersonnenwende, indem sie Lichter anzündeten und ihr so ihre Kraft zurückgaben. So gut gepflegt, konnte Saule wieder strahlen, machte die Tage länger und wärmer, so dass die Menschen bald wieder Saat ausbringen konnten.

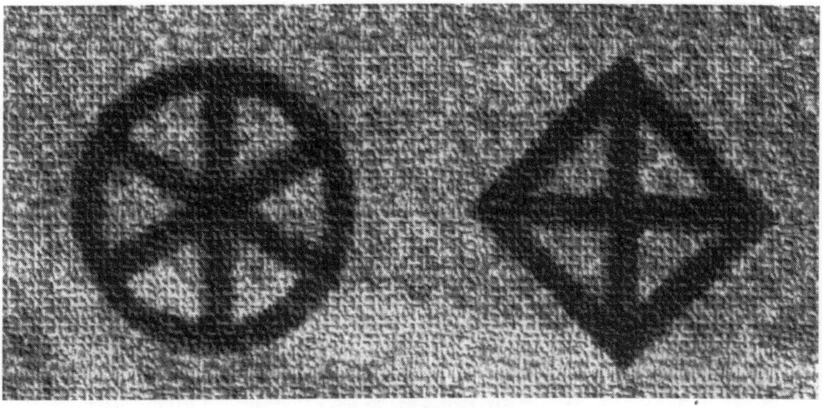

Saule-Symbole

Laima-Symbole

Die zweite Sonnentochter war die Morgenröte Ausca (lit. Aušrine) und gleichzeitig der Abendstern Wakarine, die in der Gestalt einer Stute oder einer weißen Kuh erschien. Sie hatte die Aufgabe, ihre Mutter Saule morgens zu wecken, ihr das Feuer zu machen und ihr abends das Nachtlager zu bereiten. Natürlich gab es auch böse Gottheiten, die Laumen. Sie waren dafür verantwortlich, dass Kinder missgebildet zur Welt kamen oder manchmal spurlos verschwanden. Sie molken heimlich die Kühe leer, verzodderten den Pferden die Mähnen und waren sonst noch für alles mögliche Unheil verantwortlich. Eine wichtige Göttin war die Rugia Boba, die Roggenmuhme, welche die Saat und somit das wachsende Brot beschützte. Sie bestrafte jeden, der das Getreide zertrat, insbesondere mutwillige Kinder, die ins Feld liefen. Sie würden sich in dem Halmlabyrinth verlaufen und den Ausweg nicht mehr finden. Für kleine Kinder eine wahrhaft Respekt einflößende Warnung! Nach der Getreideernte wurde die letzte Garbe als Frau (Boba) geformt und bis zur nächsten Ernte im Haus aufbewahrt. Mara war die Milchgöttin, die für das Wohlergehen der Neugeborenen zuständig war. Daher fiel es den Gläubigen nach der Christianisierung nicht schwer, die Rolle der Jungfrau Maria zwar nicht zu verstehen, sie aber als recht hoch stehende Göttin einzuordnen und zu akzeptieren, zumal diese stets mit einem Säugling auf dem Arm dargestellt wurde.

Auch Kröten symbolisierten Leben, Tod und Regeneration: Sie konnten Krankheiten auslösen, hatten aber auch Heilkräfte und waren deshalb dem weiblichen Teil der Gesellschaft zugeordnet. Schlangen und andere der Erdmutter nahe lebenden Tieren wurden sehr verehrt, und man schätzte sich glücklich, wenn sich eine grüne Grasnatter hinter der Feuerstelle eingenistet hatte. Diese fütterte man und beobachtete gewissenhaft, ob sie das Futter auch annahm. Einige Menschen verstanden sich darauf, mit den Schlangen zu flüstern und wurden von ihnen nicht gebissen. Die Sage sagt, dass später die Schlangen weniger wurden, und seit man die letzten beiden verbrannt hatte, erging es dem baltischen Volk schlecht. In der Sage steckt ein wahrer Kern, denn nach Ankunft der Ordensritter wurde ihnen durch systematisches Trockenlegen der Wiesen, Moräste und Wälder der Lebensgrund entzogen, und den Prußen ging es wahrhaft schlecht. Selbstverständlich versuchten die Geistlichen diesen „Aberglauben" auszurotten, indem sie den Schlangenkult verboten. Es gab aber auch Menschen, die die „Heiden" zwangen, ihre unter Tabu stehenden Hausschlangen zu töten. Der österreichische Diplomat Siegmund von Herberstein, der 1517 eine Gesandtschaftsreise nach Moskau unternahm und unterwegs bei Einheimischen übernachtete, lernte dort auch den Schlangenkult kennen. Er nennt die im Haus gehaltene Schlange „ihren Gott" und sagt: *„Sy haben jr zeit, wann sy jren Göttern die speiss geben, setzen ain Milich in mitten jhrer wonung vnd khnien auf den Penkhn, so khumbt der wurm herfür vnd pheifft die leut an, wie die zornige gens, dan so betten vnd eheren die leut den mit vorchten an."* Dann erfährt der Diplomat eine Geschichte, in der ein Bauer einen Gast aufgenommen hatte, der seinen Gastgeber überredet hatte, als guter Christ nicht länger dem Aberglauben anzuhängen und die Schlange zu erschlagen. *„Nit lang darnach khamb der selb mein wird wider, seine Pein zu sehen; der Paur hette ein krums maul vnd gegen dem Or gezogen."* Der Frevler hatte also einen Schlaganfall erlitten, weil er das Tabu gebrochen hatte.

Götter, Pferde und Ziegen

Mit Einzug der Indoeuropäer wurde die weibliche Götterschicht von einer Schicht männlicher Götter überlagert: Diese waren zuständig für die Beobachtung der Himmelkörper und verkörperten sich durch Rinder, Pferde und Waffen. Götter halfen bei Reisen und bei der Seefahrt, indem sie Sternbilder und Lichtpunkte an den Himmel zeichneten. Grigo ratas (Großer Bär/ Großer Wagen) war eins der wichtigsten Leitsternbilder, mit dessen Hilfe man den Polarstern und damit die nördliche Richtung ermitteln kann und war zugleich der Wohnsitz der Welen. In der litauischen Glaubenswelt flogen die Seelen den „Vogelweg", die Milchstraße entlang. Das Sternbild Paytoran (Bienenschwarm) wurde besonders sorgfältig beobachtet, denn mit seiner Hilfe konnte man Aussaat- und Erntetermine berechnen. Litauisch heißt es Sietinas (Sieb) und ist nichts anderes als das Siebengestirn oder die Plejaden.

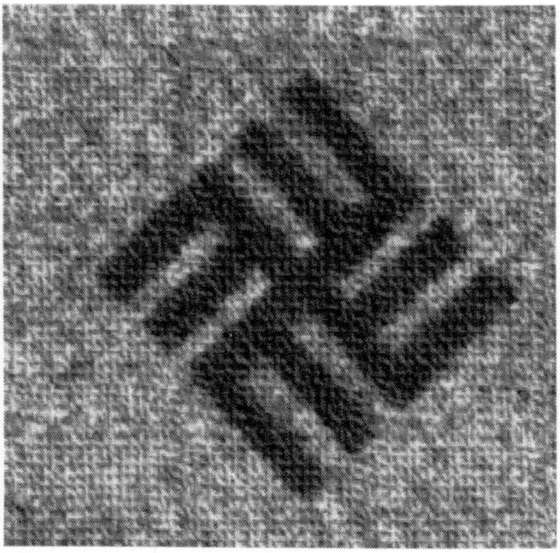

links: Deiwus-Symbol
rechts: Perkunos-Symbol

Deiwus war der oberste Gott, derart hochgestellt, dass er faktisch nicht genannt oder angerufen werden durfte. Schon gar nicht durfte man mit ihm hadern oder gar ihn kritisieren. Im Zuge der Christianisierung verschmolz er mit dem Christengott, und die Gläubigen vermochten lange Zeit nicht zu begreifen, dass man nun diesen Deiwus-Gott direkt anrufen sollte. In großer persönlicher Not wandte man sich daher sicherheitshalber lieber an Perkunos. Deiwus ist der Gott des leuchtenden Himmels, der Beschützer geschlossener Verträge sowie der Gott des

Das Prußenbanner hat die Farben rotbraun-weiß-mittelblau. Das symbolisiert die Erdgöttin Semina, den Himmelsgot Deiwus und die Meeresgöttin Jurate.

Patalos

Perkunos

Potrimpos

Friedens, der Ehrlichkeit, Gerechtigkeit und Freundschaft. Zur Wintersonnenwende jedoch erscheint Deiwus als Hirsch mit einem neunsprossigen Geweih. Es ist ein Totem. Die Hörner tragen Sonne, Mond und Sterne und stellen das Himmelsbild neun Tage nach Vollmond dar. Wegen der Unnahbarkeit des Deiwus waren die drei Götter der nächst niederen Ebene die Ansprechpartner. Perkunos, der Donnergott mit dem Feuerkranz auf dem Haupt, war der Befruchter und Reiniger und Ehemann der Erde. Er gab den Männern die Zeugungskraft und nahm die Gestalt eines Stieres oder Ziegenbocks an. Deshalb fand zu besonderen Tagen eine Bocksheiligung mit Ziegenopfer statt. Mit seinen geschleuderten Pfeilen übermittelte Perkunos Fruchtbarkeit, und wer davon getroffen wurde, hatte hernach Heilkräfte. Ein vom Blitz getroffener Toter war ein wahrhaft Auserwählter und wurde mit höchsten Ehren bestattet. Perkunos Baum war die Eiche, besonders eine solche, die durch Mistelbewuchs immergrün war. Hier wurden ewig brennende Feuer unterhalten. Wenn sie einmal erloschen, *„mußte man an einer Eiche mit einem grauen Stein so lange reiben, bis*

die Rinde zu glimmen begann." Im Memelgebiet behielt Perkunos seine göttliche Stellung bis in die Neuzeit bei, und wenn sich der Herr Pfarrer gar nicht mehr zu helfen wusste und die Androhung kirchlicher Strafen gar nichts mehr nützte, dann drohte auch er in seiner Not mit Perkunos und hatte Erfolg damit.

Perkunos zur Seite gestellt waren der dicke lachende, rosige Gott Potrimpos, der Gott des Glücks, des Frühlings, der Saat, der Fruchtbarkeit und des Wohlstandes sowie der fahle graue, ausgemergelte Patolos, der gütige und hilfreiche Gott des Sterbens. Nach der Christianisierung wurden alle Götter abgewertet und Patolos verlor seine guten Eigenschaften und seinen Namen. Ihm wurde der polnische Name Pikollos gegeben. Fortan war er der böse Teufel, und das, wo doch in der heidnischen Vorstellungswelt weder Teufel noch Hölle einen Platz haben. So etwas brauchte man nicht, denn die Natur selbst ahndete jeden Fehler, jedes Fehlverhalten. Sie musste einem keine Höllenqualen ausmalen, sie erzog lediglich konsequent und leicht verständlich zu Wohlverhalten: Verschmutzte man Gewässer, so bestrafte Upinis mit geringerer Fischausbeute; hielt man sich nicht an die Hygieneregeln beim Bierbrauen, so ließ Raugupatis das Getränk verschimmeln. Man konnte nun nicht mehr gehörig feiern und wurde zudem noch von den Freunden ausgelacht. Das Leben war überschaubar geregelt.

Romowe

Nach der Eroberung durch den Orden gab es in kirchlichen Kreisen Diskussionen, ob der Kriwe möglicherweise der Papst der Heiden und dem entsprechend würdevoll zu behandeln sei. Diese Überlegungen waren müßig, denn es gab etliche Hauptheiligtümer, an denen Kriwen Dienst taten. Andere Schreibweisen waren Krîwis, Kirwaitas, Criwe, Kriwaito. Das bedeutet allerhöchster Priester. Das Zeichen seiner Würde war die Kriwwi oder Kriwule, ein schlangenähnlicher Krummstab, welcher tatsächlich einem Bischofsstab ähnelte. Nach der Christianisierung beschrieb der Begriff Kriwe lediglich einen Greis, der von der Last der Jahre gebeugt geht, und die Kriwule wurde zum Schulzenstab auf den Gemeindeversammlungen abgewertet. Die Kriwen unterhielten die ewigen Feuer an den Perkunoseichen, sie brachten nach militärischen Siegen den Göttern Brandopfer, auch Menschopfer, indem unter den Kriegsgefangenen mittels Los einer ausgewählt wurde, der in Kriegsausrüstung auf einem Pferd sitzend mit verbrannt wurde. Für alle diese Opferdienste stand dem Kriwe ein Drittel der Beute zu, mit dem er Burg und Anlage unterhalten konnte. Die Ordensleute hatten auch beobachtet, dass die Waidelotten rangniedriger waren als die Kriwen: „*Wiewol bey den kirwaiden zu Rickoyot viel waidler worden und waidlin, die alle arbeit genugk hetten in dem opphirn den götthirn dos feuer zu halten und wie den ihre dienst woren...*“ Äußerst befremdlich war für die Katholiken, dass auch Priesterinnen selbstverständlich waren: „*Wie wol is teufflisch gespenst war mit ihren göttin, so hetten sie doch viel waidlotten, sowol von frauen als von mennir, ...*“ Und die Dialekte waren anscheinend mehr als verwirrend: „*Die Bruteni nanten ihren obirsten herren, der sie regirte im nahmen irer götte kirwaido das ist gottis muntt, die Masuren in nanten criwe, is hott aber nix auff sich, wen es bedeut ein person.*“

Das angeblich einzige Romowe in Nadrauen, über dessen angeblich unauffindbare Lage des Öfteren spekuliert wird, lag zwischen Wehlau und Insterburg, südöstlich von Norkitten. Dort wo Auxinne und Romowupp (Romow-upe) zusammentreffen, um von Süden her in den Pregel zu fließen, befanden sich ein Obelisk und der Ort Kreywutschen, welcher „Sitz des Kriwen“ bedeutet und zudem auf das krumme Holz der Kriwule weist.

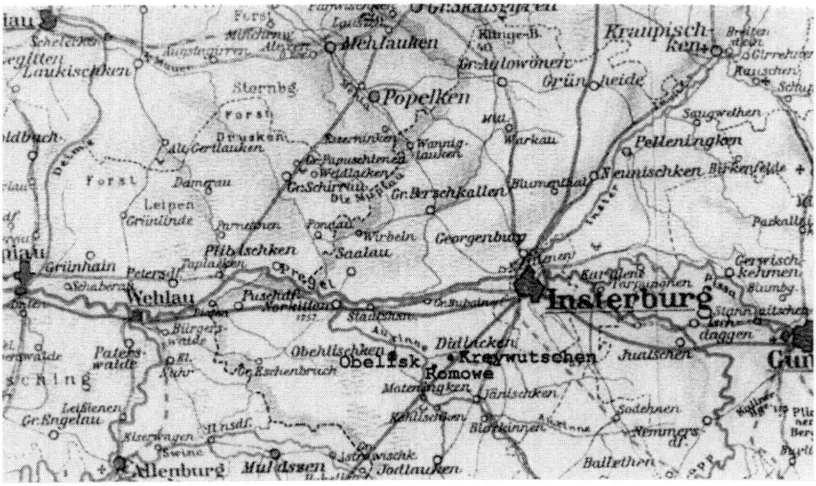

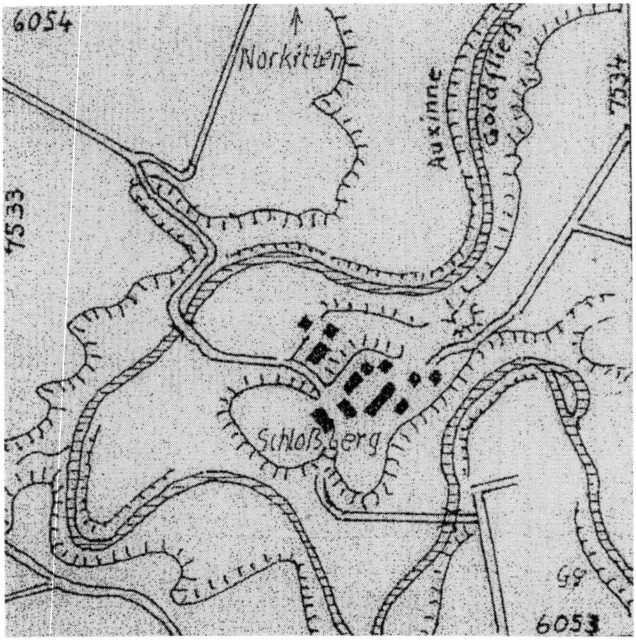

Wallburg Plaukschtis, südlich von Norkitten, umgeben von der Schleife der Auxinne. Innen das Gut Schloßberg.

Ein weiteres bedeutendes Romowe lag im westlichen Samland beim Ort Romehnen. Andere berühmte Hauptheiligtümer sind das schalauische „castrum Ramige“, der ebenfalls schalauische Rombinus-Berg an der Memel und die Rominter Heide bei Goldap im nadrauisch-sudauischen Grenzgebiet. Will man weitere Hauptheiligtümer finden, so sollte man sich nach Namen mit den Silben „swint, šwent, schwent, schwant“ (heilig) und „rom, ram, rum“ umsehen. Letzteres bedeutet Stille, Ruhe, Bescheidenheit, Sittsamkeit und Höflichkeit, wird aber auch im Sinne von heilig gebraucht. Zum Beispiel zeigt das Wappen von Stallupönen einen goldenen Opfertisch, und so befinden sich weiter zum nadrauischen Zentrum hin die Orte Romanuppen, Romeyken und Schwentakehmen (Schwantlaucken, Schwanen). Westlich davon liegt bei Gumbinnen Perkuhnlauken, also das Feld, welches dem Donnergott geweiht war. Die nadrauischen Waldungen sind nahezu komplett als Hauptheiligtum zu betrachten. Im Stammesgebiet Sasna liegen die Orte Rommen und Rumian in der Nähe des Rumiansees, an dessen Ufer eine vorgeschichtliche Ansiedlung belegt ist. In Warme gab es im Kreis Preußisch Eylau einen Ort Romowe oder Rikaito (Rikoyot: Ort der Perkunoseiche, prußisch „rikauti“: herrschen, regieren). Am Namen Rikaito wird der Zusammenhang von Götterdienst und Regierungszentrum deutlich. In Galindien befindet sich im Kreis Ortelsburg ein Rome (Rummy). Noch ein Romowe lag bei Heiligenbeil, dessen uralter Name Dalbehn oder Albin lautete und auf eine gemeißelte Figur schließen lässt (prußisch „dalbtwei“: meißeln, hauen). Der spätere Name Swentobile hat nichts mit einem Beil zu tun sondern bedeutet heilige Sprache oder Predigt. Auch die Bedeutung Heiliger Berg (swente pilis) kann nicht ausgeschlossen werden, wurden doch prußische Burgen in erhöhter Lage in heiligen Wäldern angelegt. Als heilig betrachtet wurde auch ein Rumbautas, ein verwachsener oder auswuchernder Baum, bei welchem sich die Zweige gegenseitig durchbohrt oder umschlungen hatten, so dass sie eins geworden waren.

Allen Romowe war zueigen, dass dort steinerne Stelen, menschenähnliche Statuen, Trinkhornbaben oder Opfertische vorzufinden waren. Vom Rombinus berichtet Tautorat: *„Er war ein länglich-runder Block mit einer schräg geebneten Oberfläche, der 15 Ellen im Umfange, an der niedrigeren Seite gegen 5 und an der höheren gegen 9 Fuß maß.“* Er soll mit der Länge in der Nord-Süd-Richtung gelegen und tief in der Erde gesteckt haben. Die Masse selbst war harter, rotschwarzer Granit. Eingemeißelt waren in der Mitte ein Schwert in fast diagonaler Richtung, darunter ein Zeichen, welches einem Tempel ähnlich war, weiter die Hieroglyphen einer Hand, eines Menschenfußes und einer Menge von Tierfußstapfen. *„Die ältere Generation warnte die jüngere von alters her davor, den Opferstein zu beschädigen oder Spott und Unfug mit ihm zu treiben. Er sei heilig, und der Boden, auf dem er sich befinde, sei geweiht. Tausende und aber Tausende haben hier wohl in frommer Andacht gebetet und aus*

Dankbarkeit, oder den Segen erflehend, ihre Gaben auf den Stein gelegt. Zu ihm wurden Wallfahrten unternommen. Auch wurde hier Gericht über Tod und Leben gehalten. Mächtige Fürsten und Könige kamen mit Weihgeschenken. Auch Kranke aller Art fanden sich ein, berührten den Stein, um geheilt nach Hause zurückzukehren, Brautleute gingen zu ihm und flehten um glückliche Ehe, Wöchnerinnen dankten hier für ihre Genesung und baten um Segen für den Neugeborenen. Wo der menschliche Verstand sich nicht zuhelfen wußte, da half der Stein, zu dem man sich gläubig gewandt halte. Das goldene Ackergerät, welches sich noch im Berge befinden soll, das in den Opferstein eingearbeitete Zeichen eines Schwertes, die vielen dort gefundenen Armringe und Kränze, fast immer Schlangen darstellend, deuten nur zu sehr auf Potrimpus. Neben ihm waren es die weiblichen Gottheiten Laima und Lauma, die auf dem Rombinus vorzugsweise verehrt wurden. Sie wurden von Priesterinnen bedient, die hier ihre Altäre hatten und durch ihre Diener mächtig auf das Volk gewirkt haben müssen". 1811 wurde der heilige Stein durch einen Müller gesprengt und in zwei Mahlsteine verwandelt. *„Seit der Verarbeitung des Steines schwanden der Wohlstand und das Glück im Hause des Müllers Schwarz. Er hatte sich dem Trunke ergeben. Seine Frau ließ sich von ihm scheiden, In der Kummetzischen Mühle soll er nach langer Irrfahrt ein Unterkommen gefunden haben, ohne zu ahnen, daß der Rachegeist des Rombinus hier nach 24 Jahren seiner noch harrte. Als eines Morgens die Mühle bei vollem Winde stillstand, fand man ihn ins Kammrad geflochten und gräßlich zermalmt."*

Andere Kultstätten erkennt man an den Silben „lab" (gut): Laabe, Labentken, Labehn, Labuhn, Labagienen, Labowischken, Labehnen, Lablack. Ein alter Name von Labiau lautet Labegowe moter und bezieht sich auf den Heil- oder Augenstein. Der Begriff „moter" bezeichnet wie „laukas" (Feld) ein kultisches Areal, welches zugleich der gemeinsamen Bewirtschaftung diente. Später

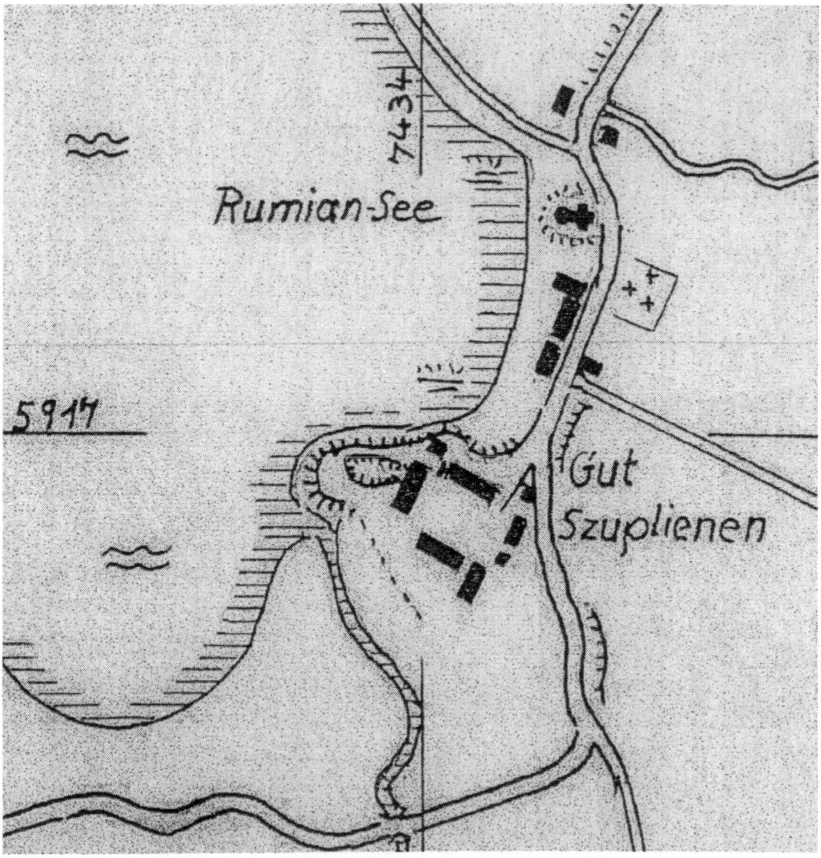

Wallburg am Gut Szuplienen am Südufer des Rumian-Sees

wurde daraus der Beritt, also der Einflussbereich, der zu Pferde zu bewältigen war. Ein „moter“ grenzte sich vom nächsten durch heilige, unter Tabu stehende Wälder, Felder, Seen oder Flüsse ab, an deren Grenze eine Burg stand. Labiau lag ganz in der Nähe von Wehlau („wêle-owe“), was Niederung der Seelen bedeutet. Auch im Kreis Wehlau findet sich ein Ort Romaw (Rohmau). Die Ortsnamen wie Kurkelauk, Kurken, Korkynne, Kurkow und Kurksadel weisen auf Opferstätten für den Erntegott Kurkis oder Chorche. Die Ortsnamen Potollen (Sterbegott), Perkunen

(Donnergott) oder Portigal („portogallas“: Tieropferstätte) geben weitere Hinweise auf religiöse Zentren. So war Pardegal eine Befestigung der Warmier östlich von Balga. An solchen Orten tat die Kaste der Waidalis (Priester), Weideler oder Waidelotten ihren Dienst. „waidas, wayde“ ist Weitblick, Zukunftsvision, Beratung, Versammlung. „woytis“ dagegen ist die sich beratende Versammlung vor einem Heereszug. Der Oberbegriff für alle Priester, Seher oder Wahrsager war Tiltusoûnis (Brückensohn), also einer, der den Klienten über die Brücke in eine andere Sphäre führt. Es gab unendlich viele von ihnen, männliche wie weibliche, von denen sich etliche spezialisiert hatten: Vorhersagen durch Beobachtung des Vogelfluges, der Luftströmungen oder des Wellen-, Bier- oder Milchschaumes (Puttones), Wachsgießer (Waskonai), Besprecher mit Hilfe der Magie (Maniniks, Moniniks), Schlangenmeister (Zaltonis), Loswerfer (Burwine), Heilerinnen mit Hilfe von Krötengiften (Gabawo, Gabike) oder Heilpflanzen (Zalininkai) sowie außerordentlich viele Traumdeuter (Sapoûnas). Der Swalgonas war bei der Hochzeit dabei und deutete die Zukunft eines Brautpaares nach der Hochzeitsnacht. Wurškaiten segneten auch Tiere und bestimmten die Termine zur Aussaat und Ernte. Der Neruttis beobachtete Fische und machte Aussagen zur Wasserqualität, und der Stiklorai arbeitete mit Glas oder Spiegeln. Natürlich durften auch die Mîlâsîniks nicht fehlen, die Liebestrankhersteller. Nach der Christianisierung wertete man sie alle ab zu Zauberern, Hexern, Quacksalbern, Sehern im Sinne von „Spökenkieker“. Der Tillusoûnis (verstummter oder verschwiegener Sohn) war der Seelsorger des Sterbenden und überwachte die Beerdigungsrituale, während dem Lîgašônas (richtender Sohn) die gerechte Verteilung des Erbes oblag. 1577 sah sich Herzog Georg Friedrich veranlasst, ein Gesetz gegen Zauberei und Bocksheiligung zu erlassen.

Der Sagenschatz gibt weitere Hinweise auf Kult-Orte: Zu Neidenburg gibt es eine Sage von einem verwunschenen Mäd-

LandesOrdenung

Des Hertzogthumbs

Preussen/ Auff Anno 77. zu Königsberg gehaltenem Landtage/ beliebet vnd angenomen.

Gedruckt zu Königsberg in Preussen/ bey Georgen Osterbergern/ Anno

M. D. LXXVII.

Von Zauberey vnd Bockheiligung.

NAch dem Zauberey in vnserm Lande gemein/ vnd auch die Bockheiligung bey den Sudawen noch in vbung sein mag/ Wollen wir allen vnsern Ambtleuten/ auch vom Adel/ den Rethen vnd Eltesten in Stedten vnd Dörffern befolhen haben/ vleissig darauff zusehen/ vnd wo jemands befunden/ es sey Man oder Weib/ so Zauberey treybet/ oder dem Bockheiligen vnd dergleichen dingen anhengig ist/ sol es vns angezeiget werden/ vnd so einer oder mehr/ die diesen Artikel vberfahren/ befunden/ dieselben vermüge der Rechte gestrafft werden.

chen in einem Goldberg, welches einem jungen Mann zu ihrer Befreiung zur Auflage macht, jedes Tier zu küssen, dem sie begegnen werden. Nacheinander kommen Rehe, Hirsche, Hasen, Eichhörnchen, Spechte, Finken und andere Singvögel, aber auch Eidechsen, Schlangen, Blindschleichen, sogar Käfer und Regenwürmer. Alle Tiere küsst er, aber dann kommt eine Kröte, bei der er sich zum Kuss nicht überwinden kann. Die Kröte symbolisiert die Semina, und das schöne Mädchen wurde nicht erlöst. Von Bartenstein ist die Sage vom Bartel überliefert, einem Riesen, der die Stadt erbaut haben soll. Hier handelt es sich um einen menschenähnlichen kolossalen Granitblock. Angeblich sei dort die Burg des Barto versunken, er habe sich jedoch wieder in steinerner Gestalt erhoben. Im Berg seien Schätze verborgen, und ein heimlicher Gang unter der Alle hindurch soll zur Kirche von Bartelsdorf geführt haben. Archäologen erkundigten sich früher bei der Bevölkerung, ob es irgendwo spuke, und tatsächlich stießen sie dann häufig bei Ausgrabungen an eben den Stellen auf Burgwälle oder Kultstätten.

Geburt und Taufe

Naht eine Geburt, so beginnt die Rodynes-Zeremonie, das Zurschaustellen. Der künftige Vater bemüht sich um eine Hebamme, die der Schwangeren während der letzten Zeit beisteht und dafür als Entgelt ein Kleidungsstück erhält. Nach der Geburt lässt die Hebamme den Vater hereinrufen, welcher fragt: *„Bau dawe pons Deiws szwenta angela?“* (Hat der Herr Gott einen heiligen Engel gegeben?). Dann wendet sich der Mann seiner Frau zu und begrüßt sie mit den Worten *„Szweika isz karo.“* (Willkommen aus dem Krieg). Darauf gibt er der Hebamme einen Branntwein, diese nimmt das Glas, dankt Gott, betet für Mutter und Kind und gießt darauf den Branntwein für die Erdgöttin Semina auf die Erde (seminelauken). Dieser Branntwein ist nur für die Semina, die Hebamme und den Hauswirt bestimmt. Andere anwesende Personen erhalten Getränke aus anderen Gefäßen. Nach der Ehrung der Göttin kocht der Vater ein Essen für die Wöchnerin.

Nach sechs Wochen wird ein weiteres Fest gegeben. Die Šešauninka (Sechswöchnerin), der Vater sowie die Hebamme erhalten wieder einen gesondert hergestellten Branntwein und beten zu der Pana Maria (Herrin Maria), aber auch zu der Glücksgöttin Laima, der man Schnaps auf die Erde gießt. Dreimal geht die Runde. Die Hebamme gießt jedes Mal eine hölzerne Kauschel voll, trinkt der Sechswöchnerin Palabindama zu und reicht ihr die Kauschel. Diese trinkt ihrem Mann Palabindama zu und reicht ihm das Gefäß, und der palabinkt dann der Laima. Auch das Essen wird gesondert von allen Gästen eingenommen, von ihm darf kein Rest bleiben. Sollte das geschehen, so muss es der Hund in ihrer Gegenwart verzehren; die Knochen werden ins Feuer geworfen.

Zur Feier wird bei wohlhabenden Leuten ein besonderes Bier gebraut, nämlich eins von dem zuerst geworfelten Getreide, wovon wieder nur der Vater, die Mutter und die Hebamme trinken dürfen, wobei es oft vorkommt, dass sich die Sechswöchnerin betrinkt. Die Gäste erhalten normal gebrautes Bier. Die Hebamme übergibt das Neugeborene, das sie zusammen mit der biergefüllten Kauschel im linken Arm hält, den Paten. Dabei ruft sie die Pana Maria und die Laima um Hilfe, dass das Kind die Taufe erhalten und seinen Seelennamen verdienen möge. Dann wird in der Runde seminelaukt und palabinkt, wobei das Kind von einem Paten zum nächsten gereicht wird und schließlich beim Vater ankommt. Dann gehen der Vater und die Paten zur Taufe in die Kirche.

Mutter und Hebamme bleiben zu Hause, und der Hebamme obliegt es nun, das Festmahl zu richten. Dazu erschlägt sie ein Huhn, dessen Gefiederfarbe in diesem Fall keine Rolle spielt, das jedoch schon Eier gelegt haben muss. Beim Kochen und später auch beim

Aufgeben achtet sie ernsthaft darauf, dass nichts überlaufe. Von diesem Huhn werden nur die Frauen essen. Bevor sie es tun, fallen sie vor dem Stuhl, auf dem das Huhn angerichtet ist, auf die Knie. Mit einer geheiligten Kauschele, die zu profanen Zwecken nicht gebraucht werden darf, beginnt die Hebamme nun ein dreimaliges Palabindama für die Sechswöchnerin und ihre Nachbarinnen. Damit wird das Neugeborene in die Gemeinschaft aufgenommen. Die junge Mutter muss während dieser Handlung notwendig auf der Erde niederknien, sollte sie auch noch so schwach sein. *„Ist sie einigermaßen kräftig, so wird sie mit den anderen lustig sein und sich auch wol einen Rausch trinken.“*

Danach spenden alle Frauen Geld, das die Šešauninka mit Kleidungsstücken entgilt. Kommt nun die männliche Taufgesellschaft von der Kirche zurück, so darf niemand weder die Türschwelle noch den Türrahmen berühren, denn die sind in einem prußischen Hause sakrosankt. Die Hebamme dankt für die Taufe und erbittet von der Pana Maria Glück für das Kind. Jetzt seminelaukt sie nicht mehr, sondern palabinkt nur noch den Paten zu. Darauf wird gebetet, ein Lied gesungen und sich schließlich zum Essen gesetzt. Die Hebamme reicht nun das Kind von einem Paten zum anderen, der je nach seiner Vermögenslage eine Geldspende tätigt.

Nach etlichen weiteren Wochen, manchmal auch erst nach einem Jahr, trifft sich die Runde erneut. Der Hauptpate nimmt dann das Kind auf seinem Schoß und schneidet ihm die Haare ab. Diese werden in eine mit Bier gefüllte Kauschel gegeben, über die der Pate ein Gebet spricht. *„Hernachmals säuft er die Kauszel mit Bier und Haaren aus.“* Damit kaufen die Eltern das Kind vom Gevatter los. Diese Zeremonien fanden in Nadrauen und Schalauen noch im 18. Jahrhundert statt. Deutlich ist das gleichberechtigte Nebeneinander der heidnischen und christlichen Rituale.

Verlobung

Will ein junger Mann heiraten, so sagt er es zunächst seinen Eltern. Diese fragen ihn, ob er im Elternhaus verbleiben wolle oder nicht. Im letzteren Fall würden sie sich nicht sonderlich um die Brautwahl kümmern. Soll die Schwiegertochter jedoch zu ihnen einziehen, so sagt der Vater dem Sohn zu, ihm mehrere

Vorschläge zu unterbreiten und den Piršlys, den Hochzeitsvermittler in die jeweiligen Häuser zu schicken, ob der Sohn mit seiner Bewerbung dort eine Chance habe. Hat der Sohn bereits eine Vorliebe gefasst, so muss sie auch den Eltern gefallen. Um nicht eine falsche Bindung einzugehen, geht der Sohn von nun an sehr fleißig in die Kirche und in den Krug, um zu sehen, wie sich die vorgeschlagene Dame dort jeweils benimmt und ob sie etwa Untugenden habe. Auch fragt er in seinem Bekanntenkreis herum und nimmt jede Gelegenheit wahr, um mit ihr im Krug zu tanzen und zu sehen, ob sie seine *„Courtoisie preussischer Art"* akzeptiert. Beachtenswert, und auch im sudauischen Liedtext bestätigt, ist die Tatsache, dass die angeblich wie Sklavinnen dienenden Mädchen ebenfalls in die Kneipe gingen.

Der Heiratsvermittler nimmt nun seine Tätigkeit auf, darf aber weder zu Fuß gehen noch mit einem Wagen fahren, wenn er ins Gehöft der Braut kommt. Reitend, mit einer Queta, dem auf einen grünen Haselstock gesteckten Strauß aus heiligen Rautenzweigen, hält er Einzug. Unterwegs hat er schon darauf geachtet, ob ihm ein Wolf oder eine Schlange begegnet ist, denn das wäre ein gutes Zeichen. Eine ausgeklügelte Zeichensprache lässt ihn schon beim Erscheinen erkennen, ob die Werbung genehm ist: Sieht er eine junge Frau, so ist er willkommen, geht jedoch eine Alte über den Hof, kann er gleich wieder umkehren. Zunächst fragt der Hausvater ihn nach seinem Grund, worauf der Piršlys den zukünftigen Bräutigam in höchsten Tönen zu loben beginnt, was den Vater überhaupt nicht beeindruckt, denn man ist allgemein der Meinung, dass Heiratsvermittler Lügner sind. Danach zieht sich der Vater mit Frau und Tochter zur Beratung zurück. Anschließend wird der Gast zum Essen eingeladen, bei dem er an der Art der Speise bereits erkennen wird, wie die Beratung ausgegangen ist. Wurde ein positives Ergebnis übermittelt, so fragt der Kuppler, ehe er auf das Pferd steigt, ob er wiederkommen dürfe. Bejaht die Familie dies, so ist das schon das halbe Jawort. Sagen sie Nein, so ist dies ein endgültiger Korb. Bei seinem zweiten Besuch hat der Piršlys seinen Rautenstrauß auf einen grünen Birkenzweig gesteckt. Und diesmal heißt ihn nicht der Vater, sondern die Braut willkommen. Dann wird ihm der Tag mitgeteilt, an dem er ein drittes Mal wieder kommen darf, und nun gibt ihm die Braut eine Queta und eine Josta mit. Das ist ein gewebtes Leibband, an dem der Grandam, der Bräutigam oder Jaunikkis erkennen kann, dass er genehm ist. Der Heiratsvermittler *„wird brav besäuft, doch so, dass er noch fähig ist die Zeichen zum Bräutigam zu bringen. Wenn er wegreitet, behängen der Braut Freunde ihn und sein Pferd mit Kränzen, mit allerhand Kraut und Geblüt aus dem Garten, dass er kaum fortgehen kann. Der also zurückkehrende Pirszlys wird mit Freuden angenommen und nun gehts an ein Fressen und Saufen, da bekommt er den Rest, dass er nicht mehr von der Stätte kann."*

Nachdem dieser Teil des Rituals gelaufen ist, treffen sich die Eltern, um einen Termin auszumachen, an dem sich das junge Paar im Hause der Braut sehen und die Heirat beschließen soll. Das ist der Tag des Zwalgauken, der einem anderen ausgedehnten Ritual folgt: Der Bräutigam sammelt mit dem Heiratsvermittler seine gesamte männliche Verwandtschaft und reitet zum bräutlichen Gehöft, dessen Tor jedoch mit einem dicken Balken verriegelt ist. Der Brautvater fragt nun, was die Gesellschaft unterwegs gesehen habe, und der Piršlys muss dessen Reichtum loben: Feld, fettes Vieh, Stoppeln, Schätze, Mist, Getreide, Heu, Milch. Erst danach darf er um Einlass bitten. Beim Eintreten in das Haus darf niemand die Schwelle und die Türrahmen berühren, denn das wäre ein böses Omen. Nun folgen die Zeremonien des Seminelauken und des Palabindama, wobei man sich immer wieder die Hände schüttelt und ein Glas Schnaps auf die Erde gießt um Semina zu ehren. Nachdem man sich zu Tische gesetzt hat, bringt der Hauswirt eine Kausche und füllt sie mit Bier. Währenddessen stehen alle mit entblößtem Haupt, setzen sich erst, bis alle einzelnen

Kauscheles gefüllt sind. Der Piršlys schlägt immer wieder mit seinem rautenbekränzten Stab gegen die Stubenbalken und fordert Essen sowie das Erscheinen der Braut. Die aber lässt sich lange bitten und betritt schließlich mit ihren weiblichen Verwandten die Stube. Die Sitzordnung am Tisch ist dabei genau festgelegt, und es folgen einige lustige Rate- und Trinkspiele, bei dem sich das junge Paar zwanglos kennen lernen soll. Nach allerhand Possen und Reden nimmt nun der Brautbruder eine Kausche, setzt sie auf einen Teller und legt etwa sechs Groschen hinein, um der Schwester Reichtum zu wünschen. Wieder wird zugetrunken und schließlich getanzt, wobei die Braut zuerst mit dem „dewerys", dem Bräutigamsbruder, der Bräutigam aber mit der „šostra", der Brautschwester tanzen muss. Wenn Braut und Bräutigam genug haben, nimmt die Brautschwester den Bräutigam und der Bräutigamsbruder die Braut an den Arm und führen beide in die Klete, wo das frisch verlobte Paar allein gelassen wird. Derweil übernimmt der Piršlys den männlichen Teil der Verlobungsgesellschaft und führt ihn in das Haus des Bräutigams, wo heftig weiter gefeiert wird. In der nächsten Zeit besucht der Grandam seine Supana öfter in ihrem Haus, sie ihn aber nicht in seinem. Endlich besuchen sich die Alten und verabreden die Hochzeit. Dass Verlobte ganz selbstverständlich sexuellen Verkehr hatten, stieß bei Deutschen und christlichen Priestern auf allergrößtes Befremden.

Hochzeit

Das Familien- und Eheleben hatte eine tiefe Bedeutung, besonders die Brautwerbung und die Hochzeit befolgten ausgedehnte Rituale. Folgendes geschildertes Fest findet in Nadrauen statt, denn der Braut wird die hinten geknotete litauische Moteris aufgesetzt. Kurische Frauen des nördlichen Ostpreußens trugen eine vorne

(Prußen-Hochzeit, D. Magnus, Historia de gentibus septentrionalibus, Venedig 1565)

geknotete Galvedran, während Prußinnen eine Kykas trugen, eine kronenartige Haube mit einem hinten gerade herabhängenden Schleier. Beim Hochzeitsritual spielte vor allem die Zeremonie der Kranzabnahme eine große Rolle. Die Nutaka, die Braut, begab sich am Tage nach der Hochzeit mit ihrem Mann auf dessen Hof, wo sie in einem geschlossenen Kreis den Tanz eröffneten. Die Braut tanzte hernach mit allen Männern, und zwei Frauen warteten mit einem bereitgehaltenen Tuch ab und versuchten sie zu erhaschen, während sie mit dem Dewirs, dem Bruder des Mannes tanzte. Die Nutaka versuchte die Flucht zu ergreifen, erfolglos, denn der Kreis war geschlossen. Sie wurde mit dem Tuch überworfen und in die Klete geführt, wo bereits die Anyta, die Schwiegermutter sie erwartete und sich erst nach vielen Bitten erweichen ließ, ihren Stuhl der Nutaka zu überlassen. Daraufhin traten zwei männliche Verwandte des Mannes zu ihr, nahmen ihr den Kranz ab, lösten das Stirnband und flochten die Zöpfe auf. Währenddessen stimmten die weiblichen Verwandten der Braut ein Lied an, dass sie nun das mütterliche Haus verlassen müsse, aber dass „die Schwieger“ sie lieb hätte und ihr Mann jetzt ihr Schutz sei. Dabei umtanzten sie die Nutaka und schlugen den zöpfelösenden Männern mit Birkenreisern auf die Finger. „*Nun erst wird der jungen Frau die Moteris, das volksthümliche Wulstentuch von weißer Leinwand mit gestickten Enden, aufgesetzt, worauf der junge Ehemann sich zu ihr niederbeugt, ihr einen Kuß giebt und sie der Versammlung mit den Worten vorstellt: `Dies ist meine Frau!´ Sogleich tritt der Oßwis oder Schwiegervater hinzu und hebt die junge Frau vom Stuhl, welche nun die neuen Eltern auf das Herzlichste begrüßt und ihnen die mitgebrachten Geschenke überreicht. Der Schwiegervater erhält ein Stück Leinwand, die Schwiegermutter eine vollständige Bekleidung von Kopf bis Fuß, die Schwägerinnen Marßkinelen oder gestickte Ueberhemden, und alle Mädchen, die während des Ausflechtens gesungen haben, schöne mit Spitzen besetzte Handtücher. Nach der Vertheilung dieser Gaben werden den Herumstehenden die `Thränen der Braut´ dargeboten, das ist eine mit Honig und Branntwein gefüllte Schüssel: Jeder genießt davon der Reihe nach ein paar Löffel, bis die Quelle versiegt ist. Dann führt der junge Mann die junge Frau in´s Haus, wohin ihnen die andern folgen.*“

So hatte sich also das Brautpaar „zusammengetrunken“, und am nächsten Tag oder auch erst einige Tage später, fuhr man dann mit dem Fuhrwerk zur kirchlichen Trauung, um dem christlichen Pfarrer sein Recht zu geben. Die jungen Eheleute lebten mit auf des Vaters Hof, oft waren es mehrere junge Familien, und hatten mitzuhelfen. Hatte ein Vater eine Tochter, die nicht geheiratet wurde, so ließ er Werber von Hof zu Hof ziehen, damit er sich einen Schwiegersohn, und somit eine zusätzliche Arbeitskraft sicherte. Dieser nahm bei der Heirat den Namen des Schwiegervaters mit dem Zusatz „szent“ an: Dobbreszent, Annuszent, Gudszentis,

Jakszentis, Judszent, Jureszent, Kurszentis und so fort. *„Man muß sich aber verwundern über die Einträchtigkeit dieser Leuthe. Bey deutschen Bauern gehet solches nicht an; da kann selten ein Vater mit einem Sohn in einem Hause leben."*

Pferderennen nach dem Tod eines Prußen
(V. Blinov 1990)

Totenfeier

Mit dem Tod ging man sehr selbstverständlich um, schließlich wanderte die Wêle eines Sterbenden zu den Göttern, während seine Dusin in Pflanzen oder Tieren ganz in der Nähe weiter bestand und Kontakt zu den Lebenden halten konnte. Auch Ordenschronisten berichteten davon, dass der Tod anscheinend als etwas Belangloses erachtet wurde. Merkte ein Todkranker, dass es mit ihm zu Ende ging, so ordnete er selbst an, wie sein Leichenbegängnis stattfinden sollte. Er entschied, wie viel Getreide zu Brot und Striezel verbacken, wie viel Bier gebraut und wie viel geschlachtet werden sollte. Auch bestimmte er seine Kleidung im Sarg sowie seine Grabbeigaben. Die Angehörigen befolgten selbstredend seine Anweisungen. Nichts wurde vergeudet: Die Haut des geschlachteten Ochsen wurde zu Leder gegerbt und den Leuten gegeben, die für die Seele beten würden; aus dem Talg machte man Kerzen für Grablichter. Der Sterbende erhielt selbst von allen zubereiteten Speisen, sofern er noch essen und trinken konnte. Währenddessen diskutierte die versammelte Familie und Nachbarschaft mit ihm freimütig seinen Zustand, beratschlagte mit ihm, ob er schwächer würde oder sich erhole, befühlte seine Füße und berichtete ihm, wie weit Kälte und Leichenflecken schon fortgeschritten seien. Der Sterbende verteilte nach Möglichkeit seine Habe „mit warmer Hand“. Es passierte nicht selten, dass der Sterbende bei diesem schönen, ihm zu Ehren gehaltenen Leichenschmaus („serme, sermenis“) wieder genas.

War nun der Mensch gestorben, so wurde der Tote sauber gewaschen, mit seinen besten Sachen bekleidet und auf einen Stuhl gesetzt. Ein Freund, eine Kauschel in der Hand haltend, betete für die Seele und goss der Semina Bier auf die Erde. Dazu sprach er: *„Zhemynele buk linksma ir priik sze dusele, ir gerrai kawrok.“* (Sei fröhlich Erdmuttchen und nimm dies Seelchen wohl auf und verwahre es wohl). Dann trank er dem Toten Palabindama zu und sagte, dass Gott seine Seele wohl bewahren wolle. Dann seminelaukten alle Anwesenden und tranken nacheinander Palabindama. Da der Tote eine recht lange Zeit noch über der Erde bleiben musste, weil die Verwandtschaft oft weite Reisewege hatte, nutzte die Jugend diese Gelegenheiten, um nach einem zukünftigen Ehepartner Ausschau zu halten. Man kann durchaus behaupten, dass Beerdigungsfeierlichkeiten gleichzeitig ein Heiratsmarkt waren. So soll es vorgekommen sein, dass den jungen Leutchen bei den nächtlichen Totenwachen nach einem Tänzchen zumute war, eine Idee, auf die man wohl nur nach reichlicher Stärkung mit Meškinnis, dem Bärenfang kommen kann. Damit

Um sich ein lebendiges Bild von der Lebensweise der Aestier (Pruzzen) zu machen, sei der Reisebericht von Wulfstan (zwischen 887 - 901 n. Chr.) in Auszügen angeführt. (32)

„20. Das Estenland ist sehr groß, und da liegen viele Städte (Burgen), und in jeder Stadt ist ein König, und da ist auch sehr viel Honig und Fischfang, und der König und die reichsten Leute trinken Pferdemilch, und die Unvermögenden und Sklaven trinken Meth. Da ist sehr viel Krieg unter ihnen; und es wird kein Bier gebraut unter den Esten; aber da ist Meth genug.

21. Und da ist unter den Esten Sitte, wenn ein Mann todt ist, daß er drinnen unverbrannt liegt unter seinen Verwandten und seinen Freunden einen Monat - bisweilen zwei; und die Könige und andern Leute hohen Ranges, um so viel länger, je mehr Reichtümer sie haben, bisweilen ein halbes Jahr, daß sie unverbrannt liegen, und liegen über der Erde in ihren Häusern; und all die Zeit, wo die Leiche drinnen liegt, da soll Trinken und Spiel sein, bis auf den Tag, da er verbrannt wird.

22. Darauf an dem selben Tag, wo sie ihn zu dem Scheiterhaufen bringen wollen, da teilen sie sein Eigentum, so viel noch übrig ist nach dem Trinken und dem Spielen, in fünf oder sechs Teile, bisweilen auch in mehrere, je nachdem der Betrag seines Eigentums sein mag. Sodann legen sie den größten Anteil innerhalb einer Meile vor der Stadt aus, und darauf einen andern, sodann einen dritten, bis es alles auf den Raum einer Meile ausgelegt ist, und es muß der kleinste Teil am nächsten bei dem Orte liegen, wo der tote Mann sich befindet. Sodann sollen versammelt werden alle die Leute, welche die rascheſten Rosse im Lande haben, ungefähr in der Entfernung von fünf oder sechs Meilen von den Habseligkeiten. Dann sprengen sie alle auf die Habe los; wobei dann der Mann, der das rascheste Pferd hat, zu dem ersten und größten Theile gelangt, und so einer nach dem anderen, bis alles genommen ist, und der nimmt den geringsten Theil, der am nächsten zum Hofe nach der Habe reitet; und sodann reitet jeder seines Weges mit dem Gute und darf Alles behalten, und deshalb sind dort die schnellen Pferde ungewöhnlich theuer.
Und wenn sein Nachlaß so ganz und gar zerstreut ist, dann tragen sie ihn hinaus und verbrennen ihn mit seinen Waffen und Kleidern; und ganz gewöhnlich verschwenden sie sein ganzes Vermögen durch das lange Liegen des toten Mannes in seinem Hause und durch das, was sie auf den Weg legen, wonach die Fremden ausreiten, um es zu nehmen.

23. Es ist auch eine Sitte unter den Esten, daß die todten Männer jeglichen Stammes verbrannt werden müssen, und wenn Jemand ein einzelnes Gebein unverbrannt findet, so müssen sie eine bedeutende Sühne vornehmen. Es ist auch unter den Esten eine Kunst, daß sie verstehen Kälte hervorzubringen, und es liegen dort die toten Leute so lange und verwesen nicht, da sie eine solche Kühlung an ihnen bewirken."

der Tote fröhlich mitfeiern konnte, habe man den Sarg kurzerhand verschlossen und senkrecht gestellt.

Sobald ein Mensch gestorben war, mussten alle seine Tiere sofort benachrichtigt werden: Alle Pferde und sonstiges Vieh eines Hofbesitzers und alle Bienenvölker eines Imkers. Tiere hatten dieselben Seeleneigenschaften wie die Menschen, und so durfte auch das eigene Pferd nicht den Toten oder die Tote selbst zum Friedhof ziehen, weil es dann auch krank werden oder sterben könnte. Während der Vorordenszeit wurden Pferde gesattelt und in stehender Stellung neben dem Besitzer beerdigt, damit der Tote nur noch aufzusitzen brauchte um mit ihm gemeinsam im Totenreich weiter zu leben. Auch wurden, wie Peter von Dusburg beschreibt, Tote auf ihrem Pferd festgebunden und mit ihm beerdigt. Die Pferde waren dabei lebendig, denn Grabfunde zeigten etliche von ihnen mit gefesselten Beinen, Augenbinde oder Hafersack. Zusammen mit seinem Pferd kehrte der Tote auch im Spalius, dem Flachsmonat Oktober zum Totenfest der Sippe zurück. Aus dem 3. Jahrhundert v. Chr. sind Kollektivgräber bekannt, die schließen lassen, dass der überlebende Partner ebenfalls beigesetzt wurde; bei einem Magnaten wurde auch dessen Dienerschaft beerdigt. Bei kriegerischen Auseinandersetzungen töteten sich sehr oft die überlebenden Ehefrauen selbst, wenn der Ehemann gefallen war. Heinrich von Lettland schreibt: *„Verwunderlich ist es nicht, da sie glaubten, sie würden bald darauf mit ihren Männern vereinigt werden."* Starben eine Braut oder ein Bräutigam vor der Eheschließung, so ähnelte die Totenzeremonie einer Hochzeitsfeier, da man glaubte, dass unverehelicht Verstorbene eine Gefahr für die Überlebenden darstellten. Schließlich hatten sie ihr Leben nicht ausleben können und würden als unruhige Seelen auf gewissen Bahnen auf die Häuser zufliegen und diese beschädigen.

Wulfstan berichtete, dass der Verstorbene bis zu zwei Monate aufgebahrt blieb, ein Reicher bis zu einem halben Jahr. Was vom Zechen nach dem Leichenschmaus noch übrig geblieben war, wurde während eines Reiterfestspiels verteilt. Man legte sechs verschieden große Teile des Erbes auf eine Strecke von etwa einer Meile, den wertvollsten Packen ganz nach hinten, den geringsten vorne. Der verwegenste Reiter mit dem schnellsten Pferd gewann das größte Erbteil, hatte fortan aber auch die Verpflichtung, die Hinterbliebenen in seine Obhut zu nehmen und für sie zu sorgen. Die lange Aufbahrungszeit hat Rätsel aufgegeben, weil von einer Kältemethode die Rede war, die niemand so recht hat klären können. Dabei spielte ein geheimnisvolles „Gefrierkraut" eine Rolle: *„Einstmals zeigte mir ein Mann aus dem Ragnitschen ein Kraut, das hatte einen schwarzen Stengel und krauselichte eingezackte runde Blätter; sagte, er wolle ein kochendes Wasser in kurzer Weile gefrieren machen. Ich ließ zur Probe Wasser beisetzen und sieden. Er warf von dem Kraut hinein. Bald ließ das Wasser vom Sieden nach und setzte eine Borke an wie Eis, in welchem Eise die Gestalt des hineingeworfenen Krautes zu sehen war."* Heutige alte Ostpreußen berichten, daß in ihrem Haushalt krauser Ampfer, mit Butter vermengt, zum Bestreichen des Frischhaltegutes verwendet wurde. Des Rätsels Lösung wird ebenso in den Eiskellern zu finden sein, die ein jeder Haushalt selbstverständlich besaß. Im Winter wurden quaderförmige Eisblöcke aus den Gewässern heraus gesägt und in Erdkellern gelagert, wobei die Schichten mit Sägespänen oder Tannenreisig voneinander getrennt gehalten wurden. So hatte man auch im heißesten Sommer noch gekühlte Speisen und Getränke und konnte notfalls auch Leichen bis zur Beerdigung „frisch" halten.

In späteren Jahrhunderten ist daher von einer Kältekonservierung der Toten keine Rede mehr. Der Verstorbene wurde mit seinen besten Kleidern und Schmuck in einen Sarg gelegt, eben alles was der Sterbende befohlen hatte. Waren die Leute sehr arm, so gaben sie dem Toten wenigstens Nähnadel und Zwirn mit ins Grab, damit er im Jenseits seine Kleider flicken und eine gepflegte Erscheinung abgeben konnte. *„Zu unserer Väter Zeiten hat man* *erfahren, dass sie noch von dem zu dem Trauerbegängniss gegebenen Bier in den Sarg getan haben. Ich kann mich erinnern, dass ich einstmals eine solche Kanne Bier gesehen; es hatte eine dicke Haut angesetzet, war aber klar trotz dem schönsten Mete, und sollen Andere es, wie mir berichtet wird, gekostet und von herrlichem Geschmack gefunden haben. Man hält dafür, dass in und an Zamaiten in Preussen solche Dinge noch vorgehen.“*

Bevor der Leichnam zum Friedhof gebracht wurde, hoben die Frauen ihre Klagen an: Warum bist du gestorben? Ist es dir denn hier nicht gut gegangen? Hast du nicht ein schönes Weib gehabt? Hab ich dich nicht geliebt? Hast du nicht gute Kinder? Warum lässt du mich hier im Elend? Du hast doch so viel Vieh und so viele Güter. Warum bist du gestorben? Dann wurde der Schulmeister gerufen, und wenn der zu singen begann, hörte das Klagen auf. Die Frauen und die eigentlichen Leidtragenden begleiteten den Sarg nur bis zum Hoftor und sprachen: *„Nun geh in Gottes Namen. Wir werden dich nicht mehr sehen noch sprechen. Sei fröhlich in jener Welt!“* Kam die Trauergemeinde zum Haus zurück, so stand am Toreseingang ein Eimer Wasser mit einem weißen Handtuch. Jeder, der beim Begräbnis dabei war, musste sich nun die Hände waschen. Auf einem abseits stehenden Tisch waren inzwischen Speisen und Getränke angerichtet worden. Der eigentliche Esstisch wurde nicht mit einem Tischtuch bedeckt, es wurden auch keine Teller darauf gesetzt. Der älteste Sohn oder der nächste Blutsverwandte begann nun mit dem Seminelauken, wobei jeweils drei Bissen Brot, drei Bissen Fleisch und drei Löffel Bier auf die Erde gegeben wurden, damit Seminele die Seele wohl pflegen möge. Schließlich begann das Palabindama, jedoch wurde darauf geachtet, dass vorher jeder, auch der geringste Bettler, der sich zufällig oder eher weniger zufällig eingefunden hatte, mit einem Getränk versorgt wurde. Nach einem Monat wiederholte sich die Zeremonie des Seminelauti, ebenso in jedem der folgenden drei Jahre. Danach war die Witwe wieder frei für eine weitere Heirat, so sie denn mochte. Der neue Ehemann legte seinen Namen ab und erhielt den Namen seines Vorgängers mit dem Zusatz „preugsch" oder „preiksch". Viele Familiennamen zeugen davon: Preikschat, Preugschat, Preugschei, Breugschas, Preugschatis, Eglinpreugsch, Matzpreugsch, Matzpreiksch, Lumppreiksch, Lumppreuksch, Lumppreiksz, Szameitpreuksch und viele mehr. Eine vulgäre Bedeutung hat dagegen Uschkurris, Uschkereit, Uschkureit, Uškurait, Užkurys, denn das bedeutet „Nachheizer".

Christenzeit

Zu Ordenszeiten wurde die frühe Taufe der Neugeborenen geboten und bei Nichtbefolgen mit Bestrafungen geahndet. Das hatte zur Folge, dass dies häufig zum Tod des Säuglings oder der Wöchnerin führte, zumal die weiten Wege während des Winters besonders beschwerlich waren. Dieses bestätigt Simon Grunau: *„Von kindertaufen zum andern mahll. Auch wardtt geboten bei hundertt mark busse, das die eltern, so ihre kinder hetten lassen von den ketzern taufen, die sollte man auf eine neues taufen, den man wuste, das die ketzer von der taufe nichts gehalten"... „Sie wurden auch gekresemett, und die mutter, welche noch im leben waren, musten zur kirchen gehen und thun ihr gebur, ob es ihnen gleichs nichtt gefiel."* (Anm: gekresemet bezieht sich auf Chrisam, das Salböl)

Selbst Jahrhunderte später hatte sich das noch derart tief in das Volksgedächtnis eingegraben, dass man sich 1840 in den Provinzialblättern Gedanken machte, wie die auffällig hohe Säuglingssterblichkeit einzudämmen sei. So schildert ein Gutsbesitzer *„Es findet nämlich auf dem platten Land ziemlich allgemein der Gebrauch statt, daß nicht allein die jungen Kinder, in einem Alter von 5 bis 6 Tagen, zu jeder Jahreszeit nach den, oft meilenweit entfernt liegenden, Kirchen zur Taufe gebracht werden; sondern* *die Mütter halten auch gleichzeitig ihren Kirchgang, um nicht noch länger ihren häuslichen Geschäften sich entziehen zu dürfen; denn die Leute sind der Meinung, es sei strafbar, in dieser Zeit unter ihrem Dache hervor zu treten, bevor sie in der Kirche gewesen sind.*" Gleichzeitig wirft er der Geistlichkeit vor „*Der Herr Pfarrer nimmt es übel, wenn wir die Kinder, welche in der Woche geboren werden, nicht den nächsten Sonntag taufen lassen, weil er, falls das Kind vor der Taufe stirbt, des Taufgeldes verlustig geht.*" Er schildert einen Vorfall mit einem Vater, dessen Kind „*wie er sich ausdrückte, zum Sterben sei*" und der furchtbar erschrocken geweint habe, weil der Gutsherr eine Kutschfahrt zur Taufe bei derart schlechtem Wetter schlichtweg abgelehnt hatte. Der Vater befürchtete, dass das Kind der ewigen Seligkeit nicht werde teilhaftig sein und nicht auf dem Friedhof beerdigt werden könne. Er gab erst nach, als der Gutsherr ihm versichert hatte, das Kind auf seinem eigenen Familien-Begräbnis beizusetzen. Das Kind sei übrigens gesund geworden und konnte acht Tage später getauft werden. Ein Prediger Krause aus Nibudschen nimmt dazu Stellung: „*Als der deutsche Ritterorden die Eingeborenen unsers Vaterlandes unterjochte und im Jahre 1249 den ersten Friedensvergleich schloß, da mußten die Neubekehrten versprechen, das geborene Kind sogleich, oder doch innerhalb 8 Tagen, in die Kirche zur Taufe zu bringen.*" Er zitiert weiterhin aus dem Insterburgschen General-Rezeß von 1638, wonach die Bevölkerung dazu geneigt habe, die Kinder recht lange ungetauft zu lassen und ihnen daher auferlegt wurde, die Kinder innerhalb zwei oder drei Tagen taufen zu lassen „*bei ein Floren polnischer Strafe*". Prediger Krause erläutert, dass eine in 600 Jahren gewachsene Gewohnheit wohl hundert Jahre brauchen werde, um nicht mehr Gewohnheit zu sein und erklärt die Seelenlage der Einheimischen so: „*Man hegt die Ansicht, ein ungetauftes Kind könne durch kleine böse Geister, welche man Barstukai nennt, geraubt oder vertauscht werden, indem sie statt eines frommen*

Heiliger See

Kindes, einen Balg in die Wiege legen können. Darum wird, solange das Kind ungetauft ist, in der Nähe der Wiege die Nacht hindurch eine Lampe gebrannt. Diese aber braucht Oel und der Arme hat es nicht im Überfluß, er geht damit so sparsam um, daß er im Winter um 4 Uhr Nachmittags, wenn es dunkel geworden ist, auf sein Lager steigt, um nur nicht Oel brennen zu dürfen. Um dieses Oel, besonders in langen Nächten, zu ersparen, darum eilt man mit der Taufe und läßt sie recht oft am Tage nach der Geburt vollziehen, weil man dadurch aller Sorge wegen böser Geister überhoben zu sein meint.“

Auf heiligen Alkas, den unter Tabu stehenden Arealen sowie an Swentas, den anderen heiligen Orten und Seen, wurden immer noch „Weltenbäume“, die Holzpfähle mit Göttersymbolen aufgestellt. Die Bischöfe wiesen später die Geistlichen an, diese Gebetsstätten zu zerstören. Die tapferen und nicht unter solch starker Fuchtel stehenden Žemaiten wussten sich zu helfen, indem sie ihre Weltenbäume listigerweise mit christlichen Symbolen

Bocksheiligung

anreicherten, so dass sie nun zwingend unter kirchlichem Schutz standen. Der Ordenschronist Simon Grunau geriet einmal versehentlich in eine Bocksheiligung. Dass er durchaus als Fremder erkannt und ziemlich zum Narren gehalten wurde, zeigt, dass der Waidalis zunächst mit den zehn Geboten aufwartete. Schließlich hatte man um sein Leben zu bangen.

„*Wie aber alle dinge do zugangen ist, hab ich nicht gefunden sunder wie itzund der undeutschen Preussen waidlen zugehet, ich is also gesehen habe, aber unwaenes dorzu qwam dan sie halten is gantz stille. Ich qwam in ein haus eines dorffes und fandt in der stuben viel mennir und frauen, welche in Preuschir sproche predigte ein alter pauer ir waidlott. Sie entpfingen mich ein iglicher mit seinem messer mich zu todten, so gebrach ich is ag am waidlotten, und er sprach ein wort. Den gobin gottis ich is dancke, und ich kundt ein wenigk Preusch, mit welchin ich bat umb mein leben, ich wolt thun, was sie wollten. Und sie hörten von mir ire sprache, sie wurden irfreuet und schrigen alle sta nossen rickie, nossen ricki* (Er ist unser Herr, einer von uns), *und muste ein eit schweren im namen Perkuno des gottis, und ich is nit wult dem bischoff sogen, der ir herre war, und ich schwur und hilffe mit waidelen. Dem weidler so ein stul und geses gemacht hetten so hoch, domit es gar nohende an der stuben decke reichte mit seinem haupte, und so in predigte. Zum irsten er in do sagte von irem herkommen und was sie etwan gethon hetten. Dornoch er in vor alte die 10 gebot gottis, und werlich und ich sie bis auff den tagk ny so schon hette gehörtt. Noch dem, sy ein bogk nomen und in gebenedeiten und ein langes gebet ubir in thettin. Dornoch sy gingen zu ein iglicher in sonderheit und im beichten musten ire missethat, das ist, dos er gethon hette widder die lernungk des waidlotten. Noch diesem allis man den bogk helt und der waydlott im das heuppt abeheut, das blut sie fangen und is irem krancken vich geben, sy in schinden und in stucken hauen, und die frauen haben ein gluenden backofen. Das fleisch vom bocke sie auff eichen blette legin und is so brotten. Under diesem brodten ein iglicher sich vor dem waidlotten kniet, und der waidelotte zeuhet in bey den horen und gibt im eine gutte hubsche, und ist ein absolucio. Noch allen so steigt abe der waidlott, und sie alle zugleiche im ins haer fallen und zien, domit er mechtigk schreie, von welchim geschrei sie ist halten, und jo grösser is gewest ist, jo me in gott sunde vergeben hat. Noch diesem man die frauen vornimpt, und sie auch lernett, wie sie im thun sal. Dornoch sie heben an zu trincken und essen und dis sie nennen kirwaiten und mus jo niemandt nuchter sondern gantz trunken heimgehen.“*

Da weiße Tiere unter Tabu standen und Unheil brachten, war es den Prußen unheimlich, dass die Rittibaltas, die weißen Ritter, auf Schimmeln ritten, sich weiße Hunde und weiße Tauben hielten. Und Unheil brachten sie, diese Rittibaltas, denn sie bemühten sich weder um Verständnis noch um die Seelen sondern brachten ihren Glauben mit Zwang und mit Folter und mit dem Schwert und mit dem Tod. Und vor allem hielten sie ihre Versprechen nicht ein. Was sollte man von solch einer Religion halten? Sie war unverständlich und zog bei kleinsten Zuwiderhandlungen härteste Strafen nach sich, war einfach nur Angst einflößend und

Bocksheiligung

Im Jahre 1525 hielt die Reformation ihren Einzug in Ostpreußen. Trotz vorangegangener, fast 300jähriger Christianisierungsarbeit lebte damals in vielen Teilen der Provinz der alte heidnische Prußenglaube mit seinen heimlich gepflegten Kultgebräuchen fort. Noch war damals der Götterhimmel der Heiden von seinen Gottheiten nicht entvölkert; sie erschienen dem Landvolke als bessere und zuverlässigere Helfer in Not und Bedürfnis als der Christengott.

Als ein uralter Zug im Kulte der heidnischen Preußen ist die Bocksheiligung anzusprechen, deren Begehung - wie Schriftsteller des 15. bis 16. Jahrhunderts überliefern - als Mittelpunkt religiöser altpreußischer Feste damals noch fortbestand.

Über den Verlauf einer derartigen Opferfeier bei den samländischen Sudauern wird folgendes berichtet: Nach vollbrachter Ernte bringen sie ein feierliches Opfer als Danksagung dar. Bei dieser Feier opfern sie einen Bock. Wenn sich das Volk in einer Scheuer versammelt hat, wird der Bock herbeigeführt. Der Priester, der ihn schlachten soll, legt dem Opfertiere beide Hände auf und ruft dabei der Reihe nach alle Götter an. Darauf heben alle Anwesenden den Bock hoch in die Höhe, machen einen Rundgang und lassen dabei einen Hymnus ertönen. Der Gesang verklingt, und der Bock wird auf den Boden gestellt.

Der erste Teil der Feier ist beendet. Es folgt die Ansprache des Priesters an die Versammlung: Dies feierliche Opfer, von den Vorfahren eingesetzt, sollten sie mit tiefster Andacht vollführen, es auch künftighin fromm darbringen und den Nachfahren übermitteln. Der Ansprache folgt die Opferung. Der Priester sticht das Opfertier ab und besprengt die Anwesenden mit dem in einer Schale aufgefangenem Blute. Das Fleisch kochen die Frauen in der Scheune. Weiber haben unterdessen aus Weizenmehl „Fladen" bereitet, die nicht in den Backofen gesteckt, sondern von den Männern so lange durch die Flammen eines Herdfeuers geworfen werden, bis sie zum harten Gebäck geworden sind. Den Abschluß der Feier bildet das Opfermahl. Sie essen und trinken den ganzen Tag und die ganze Nacht hindurch, wie überliefert wird, „bis zum Erbrechen". Völlig trunken vom allzureichen Biergenuß, verlassen sie am frühen Morgen das Gehöft und begeben sich nach Hause, nachdem sie vorher alle Überreste der Mahlzeit sorglich aufgelesen und an einem bestimmten Orte in der Erde vergraben hatten, damit die heilige Speise nicht durch Vögel und Tiere entweiht werde.

Eine Art Sakramentfeier stellte diese altpreußische Bocksheiligung dar. Die göttliche Kraft des geheiligten Opfertieres glaubte man im Genusse des Fleisches in sich aufzunehmen und so der Huld der Gottheiten teilhaftig werden zu können. Auch das genossene Brot besaß heiligende Kraft, nachdem es durch das alles Schädliche verzehrende Feuer gereinigt worden war.

Ferner war eine Art Lossprechung von den im Laufe des Jahres begangenen Vergehen gegen die Götter und den dadurch verwirkten Strafen, wie an anderer Stelle überliefert wird, mit der Bocksheiligung verbunden. Der Priester erteilte jedem Teilnehmer der Feier „eine gutte Husch", d. h. ein paar Ohrfeigen und schlug damit alles Sündhafte aus dem Körper heraus. Eine Reinigungs- und Sühnezeremonie! Dem Priester fielen dann alle Anwesenden in die Haare, rauften und zerrten ihn hin und her, wobei er laut schrie. Und je lauter das Geschrei des Priesters, desto mehr Sünden, glaubten sie, hätten ihnen die Götter vergeben.

ließ einen erstarren. Wie sollte man denn Regeln befolgen, wenn man sie weder kannte noch verstand noch einsah? Wie sollte man beten und erflehen, wenn man wusste, dass Gott-Deiwus die eigene Sprache nicht mehr versteht und man seine Sprache nicht spricht? Trotzdem gab es nach der Reformation Geistliche, die sich ernsthaft um das Seelenheil der Einheimischen kümmerten, ihre Sprache erlernten und Bibelübersetzungen in baltischen Dialekten herausgaben. Bis in die Mitte des 19. Jahrhunderts gab es noch gelegentlich Predigten in prußischer Sprache. Weil diese jedoch keine für die Fremden lesbare Schrift hatte und für diese kaum erlernbar war, wurden prußische Predigten eingestellt, zumal die litauische Sprache mit Hilfe der prußischen rekonstruiert worden war und gedruckte Bücher erschienen waren. Nun konnten auch deutsche Prediger und Lehrer eine baltische Sprache erlernen, und die Folge war, dass auch Prußen und Kuren sich Predigten in litauischer Sprache anhören mussten, deren Inhalt sie immerhin einigermaßen nachvollziehen konnten. Das Fatale war jedoch, dass dadurch sowohl das Prußische als auch das Kurische immer mehr in den Hintergrund gedrängt und das Litauische hervorgehoben wurde.

Die Frömmigkeit war nach wie vor sehr groß, auch wenn die ländliche Bevölkerung bei Taufen und beim Beerdigungsschmaus immer noch den ersten Schnaps zu Ehren der Seminele auf den Boden goss und beim Friedhofsbesuch weiterhin einen kleiner Imbiss auf das Grab legte und Bier in eine Kaušele goss. Auch zog man es vor, den Hochzeitsritus nach alter Väter Sitte zu vollziehen und erst nach einigen Tagen den Herrn Pfarrer zu seinem Recht kommen zu lassen. Aber man besuchte doch gerne und ausgiebig den christlichen Gottesdienst. Ein Lehrer und Kantor, der in einem kleinen Dorf sonntags die Orgel zu spielen hatte, berichtete, dass sich die Dörfler lange vor Beginn des Gottesdienstes in der Kirche einfanden, ihre Kinder stillten, es sich mit einer Brotzeit wohnlich machten und sich unterdessen auf innigste Weise mit Liedersin-

Zubereitung des Feuerbrotes bei der prußischen Bocksheiligung
(V. Blinov 1990)

gen einstimmten. Beliebt waren Choräle von Paul Gerhardt mit über siebzig Strophen. Am Ende des Liedes wurde der Name des Textdichters ebenso geehrt wie das Lied selbst, und so intonierte die Gemeinde am Schluss inbrünstig „Paouul Jäääħrrharrdt".

„Der Predigt folgen sie mit der größten Aufmerksamkeit, besprechen sie hinterher untereinander und gehen auch wohl noch zum Geistlichen, um sich nähere Aufklärung zu erbitten, oder ihm darüber ihre Ansicht mitzutheilen. Bei besonders rührenden Stellen fängt Einer, gewöhnlich von den Alten, zu stöhnen und zu seufzen an, um dadurch theils seine eigene Andacht zu beweisen, theils Andere dazu aufzumuntern; alsbald stimmen die Übrigen ein, ein bewegliches Stöhnen und Seufzen erfüllt das Haus und zwingt den Prediger nicht selten inne zu halten. Sie werden nicht leicht etwas unternehmen, ohne dafür auf der Kanzel zu bitten und nach glücklich beendigtem Geschäft dafür danken zu lassen. Je kräftiger und länger solche Fürbitten und Danksagungen vom

Prediger gehalten werden, desto höher werden sie geschätzt, und die Geistlichen haben davon, besonders in den wohlhabenden Gegenden, eine gute Nebeneinnahme. Man läßt nicht nur für Menschen, sondern auch für das Vieh beten, um schön Wetter, gute Ernte und Erhaltung von Besitz und Vermögen."

Die Prußen und ihr nachbarliches Umfeld

Die Kuren

Die Kuren waren die nächsten Nachbarn der Prußen. Sie lebten entlang der Küste miteinander und nebeneinander und gingen viele Heiratsverbindungen ein, so dass sie in diesem Zusammenhang einen breiteren Raum einnehmen müssen. 1649 heißt es: *„Es halten sich auch ein gut Theil derselben in Preussen auff/ denn dieselben so am Curischen Habe von der Memel und ferner biß fast an Dantzig/ am Wasser wohnen/ sind Letten und gebrauchen sich der Lettischen Sprache“*.

Zum Namen gibt Wolfgang P. Schmid, eine einleuchtende Erklärung: „kurs, krs“, eine Wurzel, welche auch lateinisch „currere“ (laufen) und englisch „to hurry“ (sich beeilen) zugrunde liegt. Schmid verweist auf „cursum expectare“ (auf günstigen Wind warten), italienisch „corsare“ (Pirat), französisch „courir, corsair“ (beeilen, Seeräuber) und kommt, auch in Anbetracht der seeräuberischen Lebensweise dieses Volkes, letztlich zu dem Schluss, dass der Eigenname der Kuren „beweglich, schnell zur See fahrend“ bedeutet.

Bereits im 10. und 11. Jh. zog das reiche Kurland, das einen außerordentlichen kulturellen Aufschwung genommen hatte, beutegierige Nordmänner und sogar Isländer an. Diese wurden aber recht häufig von den Kuren in eine Falle gelockt und im Gegenzug an deren Küsten ausgeplündert. Sogar die isländische Egilsaga beschreibt Einzelheiten aus dem Leben eines kurischen Feudalherrn. Weil die Kuren sich in ihrem Verhalten kaum von den Wikingern unterschieden, wurden sie denn auch zwischen dem 11. und. 13. Jh. „die Wikinger unter den Balten“ genannt. Obwohl sie selbst sehr reich waren, machten sie sich wagemutig auf weite Beutezüge. Dänemark musste seine Küsten sommers wie winters schützen, und in einem überlieferten Gebet heißt es: „O mächtiger Gott, bewahre uns vor den Kuren.“ Chroniken des 13. Jh. berichten, dass Kuren mehrmals Dänemark und Schweden verheerten, plünderten und Kirchenglocken und anderes Gerät mitschleppten. Adam von Bremen riet allen Christen, die kurländische Küste zu meiden. Kurische Geräte, wie sie typisch für die Gegend von Memel und Krottingen waren, wurden auch in Skandinavien gefunden. Dagegen gab es auch Wikingerstützpunkte im Kurischen Haff am Wikinn Werder, bei Warruß (Altes Ruß) und bei der Windenburger Ecke.

Als im 12. Jh. die Ordensritter eindrangen, waren die südkurischen Landschaften nahezu menschenleer. Der Großteil der kurischen Bevölkerung war nach Norden abgewandert. Die Ursache ist, anders als in žemaitischen und karschauischen Regionen, in lange Jahre anhaltenden Niederschlägen zu sehen, die zu einer Klimaveränderung geführt hatten, welche die Menschen langfristig veranlassten, ihre feuchten Wohnplätze in den Niederungen entlang der Ostsee aufzugeben und in den an sich klimatisch ungünstigeren, aber trockneren Norden auszuweichen. Zahlreiche Ordensurkunden befassen sich mit kurischen Landschaften und geben Auskunft, dass Nordkurland besiedelt war, also auch aufgeteilt werden konnte, während die südkurländischen Landschaften als „den landen, die noch ungebuwet sin“ bezeichnet wurden. Dass der Süden Kurlands nicht gänzlich unbesiedelt war, wird auch in Ordensurkunden belegt, denn man bediente sich häufig der kundigen eingesessenen „seniores“, wenn es darum ging, Landstriche zu kennzeichnen und zu benennen. In Teilen der litauischen Literatur wird versucht nachzuweisen, dass der Orden die Kuren vertrieben oder gar ausgerottet habe. Dem steht gegenüber, dass die Entvölkerung bereits vor dem Auftreten des Ordens stattgefunden hatte und dass dieses Argument schon deshalb unlogisch sei, weil der Orden die nördlichen (im heute lettischen Bereich wohnenden) Kuren am Leben gelassen hat.

Es ist davon auszugehen, dass die nordkurische Bevölkerung nie die Besuche im südlichen Kuren-Gebiet aufgegeben hat, denn als hervorragende Seeleute kannten sie ihre alten Gründe. Bewohner der Kurischen Nehrung berichteten noch im 20. Jahrhundert, dass lettische Kuren bei Schlecht-Wetter Schutz im Haff suchten und bei Nehrungsbewohnern übernachteten. Probleme bei der sprachlichen Verständigung habe es dabei kaum gegeben.

Die kurische Küste war für die Ordensritter ein gefährlicher Boden, denn dieser Landstrich war für sie als Durchgangsgebiet zwischen Preußen und Livland wichtig, und so mancher Christenmensch wurde dabei am Strand eingefangen und ermordet. Wege durch das Landesinnere wurden nach Möglichkeit vermieden, denn sie waren wegen der Unwegsamkeit ohnehin nur mit Hilfe von Einheimischen zu bewältigen und bedurften einer ausgeklügelten Logistik. Da der Orden die kurischen Gebiete nie wirklich besessen hat, konnte er sie auch nicht durchgehend aufteilen. Ab 1400 setzte eine Rückwanderung der kurischen Bevölkerung in die alten Gebiete ein, denn inzwischen hatte sich das Klima gebessert. Die Kuren wurden zu dieser Zeit im Samland urkundlich erwähnt, denn die livländische Obrigkeit forderte die Rückgabe ihrer entlaufenen Zinsleute. Als Žemaiten und Litauer im Ordensland als Siedler akzeptiert wurden, befanden sich die Kuren zusammen mit den Prußen bereits in privilegierten rechtlichen Stellungen. Diese „neuen“ Kuren hatten jedoch ihre alte Sprache weitgehend vergessen und sprachen einen lettischen Dialekt. Zudem lebten ab dem 15. Jh. in den alten südkurischen Landschaften nun auch Deutsche, so dass sich unter der ländlichen Bevölkerung eine Sprache herausbildete, die zwar lettisch, prußisch und vor allem žemaitisch geprägt war, trotzdem aber „memelländisches Litauisch“ genannt wurde.

Die Kuren galten unter ihren ostpreußischen Mitmenschen schon als eigenartiges Völkchen, das man beäugte und über das man so seine Geschichten erzählte. Ihre Häuser galten als primitiv, hatten sie doch keinen Schornstein, und das Innere der Häuser war dem entsprechend verqualmt. Für ihre Bewohner machte das aber durchaus einen Sinn, wurden doch so im Bodenraum die Netze getrocknet und auch die Fische geräuchert. *„Groß war ihr Aberglaube“*, schreiben mehrere Chronisten, und tatsächlich hatte sich der alte heidnische Glaube bis in das 20. Jh. erhalten und wurde zumindest bei Familienfeiern und im Brauchtum noch praktiziert. Auf dem alten Friedhof von Nidden gab es bis vor kurzem noch viele heidnische Grabstelen, die leider durch einige restaurierte, zu neu aussehende ersetzt wurden. Die Tafeln hatten grundsätzlich die Gestalt einer Kröte, das Symbol für die Erdgöttin und ihre Leben spendenden Kräfte. Daneben wurden Vögelchen dargestellt, aber auch Blumen, Schlangen, Bäume und Himmelszeichen. Später kamen christliche Symbole hinzu.

Es gab zahlreiche ostpreußische Redensarten, die sich auf die Kuren beziehen. So bezeichneten sich Betrunkene gerne als „von Kuren verhext“, stürmisches Wetter wurde „kurisches Wetter“ genannt, und „Kurischer Kaffee“ war Warmbier mit Schnaps. Mit kurischen Marktfrauen legte sich keine Königsbergerin gerne an, fürchtete sie doch, von ihr verflucht zu werden. Etwas abergläubisch waren immerhin die sich aufgeklärt gebenden Stadtmenschen doch, um nicht solchen Geschichten zu glauben, dass die Kuren, wenn sie ihre Marktstände mal kurz verlassen wollten, diese mit einem einzigen Hexenblick derart zu sichern in der Lage waren, dass ein etwaiger Dieb solange angewurzelt stehen bleiben musste, bis der Besitzer zurückkehrte.

Der Großteil der „Zippel-Kuren“ genannten Bevölkerung lebte um das Haff herum, in der „Kurischen Niederung“ (Elchniederung) und im Memel-Delta und betrieb Gemüseanbau. Mit ihren Timberkähnen brachten sie Zwiebeln, Kürbisse, Kohl, Bohnenkraut und Porree zum Königsberger Stadthafen, nach Labiau und Tilsit, und vermarkteten ihre Erzeugnisse dort direkt. Großabnehmer für das Heu, das hoch aufgetürmt auf den Kähnen transportiert wurde, war die Heeresverwaltung. Auch die Fischmärkte wurden selbstverständlich über die Wasserwege beschickt. Als Zeugnis alter kurischer Volkskunst werden fälschlicherweise die aus Holz geschnitzten, gesägten und bunt bemalten Kurenwimpel an den Masten der Keitelkähne betrachtet. Aber so sehr alt ist diese Kunst noch gar nicht, denn sie wurde erst 1844 von der Regierung in Königsberg für 136 fischereiberechtigte Ortschaften der beiden preußischen Haffe verordnet.

Sprachdenkmäler

„Das Vaterunser"
Teve mûses, kur tu es danguj,
Garbiets ir taue vards.
Lai nâke taue karelîste.
Taue vale nuoase duoade ka is dange, ta ir us zeme.
Mûse diene maize duoade mums šuoadiene.
Ir paduoade mums mûse kalte,
Ka ir mes paduoadame mûsams kaltejams.
Ir nevede mums is pajundijuma,
Islidze mums nu piktume.
Tad taue ir ta kareliste un ta sile un ta šviesibe
Nu amžu lidz amžu. Amen

Kuoa tie Laužes ede (Essgewohnheiten) von Richard Pietsch

Kad tie zvejes par labes saguvumes juoa dauge âspelnij, tap pirages cepte, tas jau pussvete tap uoazgrieste un duoate. (Wenn die Fischer durch gute Fänge mehr verdienten, wurde auch Kuchen gebacken, der bereits am Sonnabend aufgeschnitten und gereicht wurde.)

Svedienes deve tad sâles râpuces ar pecânes brâdes, apvirtes gribes, tie rudina tap ielikte, va ieliktes bruklines lasete is kâpe meze. (Sonntags gab es dann Salzkartoffeln mit Schweinebraten, gedünstete Pilze, die im Herbst eingelegt worden waren, oder eingelegte Preiselbeeren aus dem Nehrungswald.)

Leliktes melines, kracines va avieèes deve nu kâde reze va us svediene pa edine. (Eingemachte Blaubeeren, Brombeeren oder Himbeeren gab es nur zu besonderen Anlässen oder auf dem Sonntagspudding.)

Die Karschauer

Karschauen ist ein baltisches Stammesgebiet nördlich des Memelstromes, über das recht wenig bekannt ist, deren Menschen sich jedoch stark mit den Schalauern vermischt haben, wenn es nicht womöglich selbst ein prußischer Stamm gewesen ist. Unter den Wissenschaftlern, die sich damit befassten, gab es große Meinungsverschiedenheiten, weil die Quellen selten eindeutig formuliert waren und dem entsprechend Spielraum zu Interpretation geben. Außerdem wurde das wissenschaftliche Augenmerk auf Karschauen ausgerechnet während einer Epoche gelegt, in der man in Ostpreußen die „Nationalitätenfrage“ heiß diskutierte. Eine Karte des Livländischen Ordens weist Karschauen das Gebiet zwischen den Schalauern und Sudauern zu. Im Norden stößt es an das žemaitischen Kernland, im Süden wird es von der Szeszuppe begrenzt. Im Jahre 1307 reichte Karschauen bis in die Nähe der Burg Memel. Die Ostgrenze wird in Wegeberichten des Ritterordens angedeutet: Karschowin/ Carschowin 1,5 Meilen südlich von der Laukuva (Bezirk Tauroggen) und zwei Meilen westlich von der Jura. Die Südgrenze dürfte das schalauische Gebiet um

Schmalleningken dargestellt haben, jedoch nicht südlicher als die Memel und die Szeszuppe. Im Kerngebiet Karschauens liegen die Örtlichkeiten Skarsschen, Georgenburg (Jurbarkas), Biverwate an der Bebirva und Skeršpile an der Mituva.

Unbestritten ist, dass es sich bei Karschauen um einen Landschaftsnamen handelt, der mit tiefem Wald zu tun hat. Kazimiras Bûgas Annahme, dass Karschauen kurisch sei, ist nicht abwegig, denn der lettische Begriff „keršana“ (Jagd) scheint dies zu bestätigen. Im selben Sinne vergleicht auch Georg Gerullis Karšuva mit dem ostlettischen Koršuva. Zudem gibt es in Lettland noch einen Ort Karsau oder Korsowka. Grasilda Blažiene weist beim samländischen Ort Karschauen auf prußische Personennamen und lehnt eine litauische oder lettische Ableitung ab. Sie verweist auf žemaitisch „karsa“ (Höhle, Grotte). Eine litauische Zugehörigkeit dürfte eh kaum wahrscheinlich sein, denn Karšuva ist der einzige Ort dieses Namens in Litauen, und im litauischen Wortschatz gibt es keinen Begriff, der annähernd zu dieser Landschaft passen könnte. Interessant ist ein Hinweis von Hans und Gertrud Mortensen, nämlich dass in den Ordensquellen neben Carsovite und Karschauer auch einmal die Schreibweise Skarsschen vorkommt. Das wiederum kann auf eine žemaitische („skarotas“: dichtbelaubt) oder prußische („kars“: herber Geruch) Zugehörigkeit weisen. Der Wegfall des Anfangs-S kann kurisch sein, ist aber auch typisch für den schalauischen Dialekt. (z.B. Skarsschen zu Karschau entspricht Skalowite zu Kollwitz). Antanas Salys schließt bei Karšuva auf eine litauische Zugehörigkeit, weil –uva eine Endung sei, in der in Litauen Landschaftsnamen bezeichnet werden. Allerdings scheint ihm entgangen zu sein, dass die prußischen Landschaften Schalauen (Skalowe), Nadrauen (Nadruwe), Sudauen (Sudowe), Löbau (Lubawa) und andere Untergebiete ebenfalls diese Endung haben, die er für ausschließlich litauisch zu halten scheint. Dem einzigen litauischen Ort Karšuva in der Landschaft Karschauen stehen auf prußischem Territorium ein

Karschauer Wald bei Danzig und ein Karschauer Wald im Ermland entgegen. Dazu gibt es die drei Ortschaften Karschauen in Barta, im Ermland und im Samland sowie einen Prußen namens Johan Karsow, der 1336 in Laukischken im Kreis Labiau erwähnt wurde. Letztlich sind noch die Orte Karschen in der Niederung, Korschen im Kreis Rastenburg, Corseen im Gebiet Brandenburg am Frischen Haff sowie Corslauken/ Karslauken im Gebiet Gerdauen zu erwähnen.

Von litauischer Seite aus wird argumentiert, dass Karschauen litauisch sei, weil in der Schenkungsurkunde (1253) des litauischen Königs Mindaugas dieser Karsove an den Ritterorden übereignet hat. Jedoch ist diese Urkunde umstritten, denn sie soll eine Fälschung des 14. Jahrhunderts oder bereits zu Mindaugas Lebzeiten entstanden sein. Zudem werden hier Gebiete „verschenkt", die Mindaugas gar nicht gehörten, weil sie nie von ihm unterworfen wurden. Über die Bevölkerungsdichte ist nicht viel bekannt. Die litauischorientierte Literatur geht von „ziemlich bewohnt" aus, die deutsche Literatur von „denkbar gering". Wie dem auch sei, auf den „Litauenreisen" des Ordensheeres wurden Gefangene verschleppt, zerstörte Vorburgen mussten nach dem Abzug der Ritter wieder aufgebaut werden, und die Karschauer waren sogar in der Lage, Züge nach Memel zu unternehmen. Andererseits war der Ordenskriegszug mit einem großen Heer ziemlich wirkungslos geblieben, und der mit einem Heer von 80 Mann machte lediglich 70 Gefangene und war typisch für kleine zu erobernde Areale und sagt nichts über die Bevölkerungsdichte aus. Das für den Orden einzig lohnende Ziel jenseits von Ragnit war wohl die litauische Burg Oukaym (Batakiai). Ansonsten erzählen die Berichte der Struter lediglich von Wegen „durch pusch und durch walt". Zudem war das Jurabecken wegen des fast geschlossenen Waldes fast völlig siedlungsleer. *„Auf Grund seiner Boden- und Entwässerungsverhältnisse gehört es zu den siedlungsfeindlichsten Landschaften von ganz Litauen. Auch im*

Mittelalter kann es daher nur eine geringe Bevölkerung ernährt haben und hat sicher große, wenn nicht sogar weit überwiegende Wildnisgebiete enthalten.“, schreiben Mortensens.

Die Žemaiten und die Litauer

Beide Völker sind eher entfernte Nachbarn der Prußen. Sie spielten jedoch in der prußischen Geschichte eine besondere Rolle, da sie ab dem 15. Jahrhundert sippenweise in prußische Gebiete überliefen und sich mit den Einheimischen vermischten. Es bildete sich sogar im nördlichen Ostpreußen ein eigenständiger prußisch-litauischer Dialekt heraus. Die Žemaiten siedelten vorwiegend in Schalauen und im westlichen Nadrauen, die Litauer im östlichen Nadrauen und in Sudauen. Bei litauischen Immigranten kann man zudem nicht sicher sein, ob es sich nicht um zurückwandernde Prußen gehandelt hat. Heute scheint es eine Tendenz zu geben, die Žemaiten und Litauer als Dasselbe zu betrachten, wogegen sich insbesondere die Žemaiten wehren, weil sie meinen, dass die Hochlitauer sie herabsetzend behandelten und sich über ihre „Bauernsprache“ amüsierten. Tatsächlich hat sich im Žemaitischen ein baltisches Idiom erhalten, das den polonisierten hochlitauischen Ohren nahezu unverständlich ist. Das Niederlitauische hatte keine Schriftsprache und es war bis vor kurzem unmöglich, Literatur in žemaitischer Mundart aufzutreiben. Das Žemaitische war aber niemals fast ausgestorben wie die hochlitauische Sprache während der polnisch-litauischen Personalunion. Denn während dieser Zeit galt das Polnische als Sprache der Oberschicht, so dass das Litauische verkümmerte und nur noch vereinzelt von der Unterschicht gesprochen wurde. Nur mit Hilfe der damals noch lebenden prußischen Sprache konnte das Litauische rekonstruiert werden. In Königsberg wurden Bücher gedruckt und nach Litauen geschmuggelt, und die Litauer kamen auf diese Weise zu ihrer Schriftsprache. Wenn den heutigen Litauern prußische Texte vorgelegt werden, dann staunen sie über ein so ein „altes Litauisch". Johann Severin Vater stellte im Jahr 1809 immerhin sieben altpreußische Varianten des Vaterunser vor, zwei lettische und je ein žemaitisches und kurisches, aber kein litauisches. Zur Situation der litauischen Sprache sagt er: *„Dieses herrscht nur noch in einem Theile Lithauens, nehmlich in Schamaiten, indem das übrige Lithauen die Polnische Sprache angenommen hat. Zwar hat sich auch viel Polnisches in das Schamaitische eingeschlichen; indessen hat es doch immer noch so viel eigenthumliches, daß es sich als einen eigenen Dialect darstellen kann. ... Wegen dieser Annäherung an das Polnische liebt es mehr die Zischer, daher es fünf besondere s, drey z und zwey c hat... Die Vocale haben eben so viele und bestimmende Betonungen wie bey dem Polen; auch das f und virgulirte l hat es von diesem angenommen, nur das h zu Anfange nicht."*

Der Name Litauen ist mit „Regenland" zu übersetzen. Litauen war nur die kürzeste Zeit seiner Existenz ein eigenständiger Staat. Um das Jahr 1200 lag das relativ kleine Binnenland östlich von Kaunas zwischen den Flüssen Memel (Nemunas) und Beresina. Fürst Mindaugas (1236-1263) erweiterte sein Territorium im Osten bis fast nach Moskau und in südlicher Richtung bis ans Schwarze Meer. Für diese Epoche hat der Begriff „Großlitauen" durchaus seine Berechtigung. Bereits 1386 waren Litauen und Polen in einer Personalunion verbunden, ein Umstand, welcher den Sieg über den Deutschen Orden in der Schlacht von Tannenberg 1410 erst möglich machte. Die Realunion Polen-Litauen bestand von 1569 bis 1795 und wurde von Polen aus regiert. Auch während der polnischen Teilungen blieb Litauen bei Polen und kam dann 1795 unter russische Herrschaft. Die Schwächung des russischen Reiches nach dem 1. Weltkrieg hatte die Ausrufung der unabhängigen Republik Litauen zur Folge, eine Unabhängigkeit, die etwa bis zum 2. Weltkrieg dauerte. Bis zur Wende 1991 blieb Litauen unter sowjetischer Herrschaft.

Im 19. Jahrhundert entstanden in Ostpreußen infolge der Bismarck´schen Minderheitenpolitik und infolge der polnischen Aufstände gegen das Zarenreich zahlreiche Kulturvereinigungen und Zeitungen in Masuren und in der Region um Tilsit. Die eingeborene Bevölkerung sollte die Möglichkeit erhalten, sich in ihrer Muttersprache auszudrücken und ihre Kultur zu leben. In Russisch-Litauen war ein Druckverbot verhängt worden, und viele Intellektuelle flohen nach Ostpreußen. Unter Förderung der deutschen Behörden wurde ihnen gestattet, Bücher zu drucken, denn man sah in ihnen eher romantische Spinner. Diese Leute versuchten die Menschen zu überreden, sich zum – nun nicht mehr existenten – „Großlitauen" zu bekennen. Die einfache Bevölkerung erfreute sich lediglich des kulturellen Angebots und wollte von den politischen Aktivitäten nichts wissen. Sie waren und blieben loyale Preußen, die die Aufstiegsmöglichkeiten schätzten und die wussten, wie schwer es jenseits der Grenzen in Litauen zu leben war. Schließlich waren doch ihre Vorfahren nicht deshalb ins freiere Recht Preußens geflüchtet, um nun selbst wieder dort im Elend zu landen!

1879 wurde von diesen „romantischen Spinnern" der „Kleinlitauische Rat" gegründet. Mit „Kleinlitauen" war aus litauischer Sicht nichts anderes als das gesamte zum Deutschen Reich gehörige nördliche Ostpreußen zwischen den Flüssen Memel, Pregel und Deime gemeint, also die prußischen Stammesgebiete Schalauen und Nadrauen sowie die südkurischen Landschaften des Memelgebietes. 1919 forderten zwei Dutzend Aktivisten im „Akt von Tilsit" und im Namen aller „Kleinlitauer" die Abtrennung von Deutschland und den Anschluss an Litauen. Dieser Kleinlitauische Rat ist heute noch aktiv und wird von litauischstämmigen Kanadiern gesteuert, welchen auch die ausgewanderten Nachkommen jener preußischen Litauen-Optanten angehören, die sich während der Stalinzeit von Nazideutschland haben repatriieren lassen. Sie stellen Anträge bei der Europäischen Union und bei den Vereinten Nationen und fordern sogar Russland heraus, indem sie die Oblast Kaliningrad für Litauen verlangen, womit sie sich bei den Russen nicht unbedingt beliebter machen. Praktischerweise haben sie inzwischen das kleinlitauische Gebiet auf ihren Karten bis an die heutige polnische Grenze ausgeweitet. Die alte Königsberger Prußenburg Twangste ist in ihrer Sichtweise eine Litauerburg gewesen, Erkus Mants und Skomant waren litauische Helden, die Kuren hat es anscheinend nie gegeben und die allerletzten Prußen sind leider alle 1945 von Russen ermordet worden, so dass ihre litauischen Brüder nun zwingend das Erbe (sprich Ölvorkommen) übernehmen müssen. Es werden pompöse Mahnmale errichtet, altes ostpreußisches Kunsthandwerk wird zu litauischem umdeklariert und das Memelgebiet wimmelt von geschichtsfälschenden Reiseprospekten. Ein Tourist soll daraus lernen, dass die Ostseeküste ganz früher mal von „Balten" und danach von Kleinlitauern besiedelt gewesen sein soll, welche leider immer mal wieder phasenweise von Deutschen unterdrückt worden sind. Eine fast 700 Jahre andauernde Zugehörigkeit des Memelgebietes zum deutschen Herrschaftsbereich wird auf diese Weise verschleiert. In Büchern sowie auf Internet-Sites wird die Geschichte der Prußen und Ostpreußens massiv umgeschrieben. Wenn es nach diesen Aktivisten ginge, haben die Prußen niemals existiert sondern waren lediglich ein litauisches Dialektgebiet.

Der Name Žemaitien leitet sich von „žeme" (Erde) ab und bedeutet Niederland. Er wird als „Szanmitae" erstmalig 1215 in der Wolhynischen Chronik im Zusammenhang mit der Politik Konrads von Masoviens erwähnt: *„Scoweae (Schalauer), Prutheni, Lithuani und Szanmitae"*. Andere Schreibweisen sind Sarmanten (Wulfstan), Samogitia, Schmuden, Semaiten, Schemaiten und etliche mehr. Der Begriff Niederlitauen ist irritierend, da das heutige Žemaitien auf einem Höhenrücken liegt. Der Begriff dürfte von den Hochlitauern vergeben worden sein, denn aus deren Sicht war wohl die westlich gelegene mittellitauische

Tiefebene gemeint. Das Namen gebende Ur-Žemaiten lag im 13. und 14. Jahrhundert zwischen der Mûšaquelle, dem Oberlauf der Venta (Venta = Windau) im Norden, dem Stauseegebiet von Šarêna im Nordwesten, der unteren Mituva im Südwesten sowie der Memel im Süden und der Nevêšis im Osten. „Szameit" war im Memelgebiet zunächst nur die Bezeichnung eines Žemaiten, wurde jedoch im Laufe der Zeit ein Schmähwort für alle Litauer jenseits der Grenze, denn die Rückständigkeit in Russisch-Litauen war sprichwörtlich. Durch die Abtrennung nach dem 1. Weltkrieg bedingt, verschärften sich während des Nationalsozialismus die Konflikte. Schameit wurde zum Schimpfwort und bezeichnete einen niedrig stehenden Menschen von „asiatischer" Kultur.

Die erste urkundliche Erwähnung žemaitischer Einwanderer nach Preußen stammt aus dem Jahr 1406. Die Ursache für das Verlassen ihrer Heimat lag darin, dass die Menschen während der polnisch-litauischen Personalunion zu Hause unterdrückt wurden. Die litauischen Hauptleute reisten mit großem Gefolge, Frau und Kindern im Land umher, hielten eigenmächtig, ohne Hinzuziehung der Amtleute Gericht und legten den Untertanen große Strafen auf. Ebenso wird von Folter berichtet, so dass verständlich wird, warum die Untertanen es vorzogen, ein freieres Leben unter dem Ritterorden zu führen. Die Einwanderer wurden in Preußen aufgenommen, obwohl es von litauischer Seite große Proteste und einen umfangreichen Briefwechsel mit den Ordensleuten gab, die Leute wieder zurückzugeben. So schrieb Vytautas am 19. April 1409 an den Hochmeister: *„Auch wir danken euwir Erwirdikeit, das ir euwirn gebitigern allumbee wellit schreibin, wo man unsir luthe, die uns entloufen sint, dirfure, das man sie ken der Licke zal schichen."* (Lyckfluss)

Vytautas schickte zweimal Boten nach Lyck um die Leute zurückzuholen, aber der dortige Pfleger behauptete, von der Sache nichts zu wissen *(„im were keines dovan bevolin")* und gab die Menschen nicht heraus. Es wurde weiter hin und her verhandelt, bis schließlich Vytautas erbittert schrieb, sein Bote hätte in Tilsit sogar die Entlaufenen gesehen, aber *„man vor im die selbigen eigen vorbergen."* Es war ein volles Jahrhundert gängige Ordenspraxis, Einwanderer aufzunehmen und anzusiedeln: *„ufgenommen und gesichert noch alder gewohnheit"*. Der Orden erlaubte den Boten zwar die Einreise und die Rückführung der eigenen Leute (so man sie denn finden konnte), zog aber ansonsten die Verhandlungen in die Länge und empfahl, die Žemaiten möchten doch lieber selbst dafür sorgen, dass ihnen keine Leute wegliefen. Im Herbst 1422 erschien beim Komtur in Memel „ein redlichir beyor" aus Žemaitien und bat um Asyl: *„geleite szu gebin czur Memel, wi das her weip und kint, und sust andir frunde mit im welde brengin"*. Dies wurde ihm gewährt, man riet ihm aber abzuwarten, bis Vytautas den gegen die Livländer vorbereiteten Kriegszug angetreten habe und dann erst mit den Seinen zu kommen. Es kam auch vor, dass der Hauptmann von Žemaitien darum bat, ihm eine Person zurückzugeben, die erneut entlaufen war. Die Grenzkomturei Ragnit war das Hauptziel der Überläufer. 1443 brachte eine litauische Gesandtschaft dem Hochmeister eine Beschwerde vor wegen *„entlouffen lewte unde gesinde"*, welche *„man en nicht widerkeren welde"*. Dabei beschwerten sie sich *„sunderlich uber den kompthur von Rangnith"*.

Das žemaitische Vaterunser

Tiewe musu, kuris esse Danguose,
Szweskies Wardas tawa;
Buk Wala tawa, kaip Danguij, teij ir ant Ziames;
Duonos musu wisa Dienu duok mums siediena;
Ir atleijsk mums muso Kaltes, kaijp ir mes atleijdziam sawiems Kaltiems;
Ir ne wesk mus ink pikta Pagundima;

Bet gialbek mus nuog wisa Pikta.

Nes tawo ira Karalijste, ir Galijbe, ir Sslowe, ant Amsjiu.

Amen.

Die Kaschuben, Masovier, Kujavier und Polen

Diese Nachbarvölker der baltischen Prußen gehören zu den slawischen Völkern, über deren eigentliche Herkunft nur Spekulatives berichtet wird. Fest scheint zu stehen, dass sie aus dem Süden kamen, die Donau überschritten und sich auf den Weg nach Norden machten, um dort etwa ab dem 6. Jahrhundert n. Chr. die entsiedelten Räume der abgezogenen Germanen einzunehmen. Im Gegensatz zu den slawischen Spätankömmlingen lebten die Prußen bereits seit etwa 2.500 bis 2.000 v. Chr. östlich und westlich der Weichsel. Ihr Siedlungsraum reichte mindestens bis an die Persante (pr. „perses“: Sumpf). Ebenso haben etliche Ortsnamen des später kaschubischen Gebietes ein deutlich prußisches Gepräge. Um 900 v. Chr. erfolgte eine Zuwanderung von Westen, so dass für diese Epoche von einer prußisch-germanischen Kultur gesprochen werden kann. Um die Zeitenwende gab es einen Zustrom von Wandalen und Burgundern, später von Goten und Gepiden. Nach der Abwanderung der Germanen drangen bis ins 6. und 7. Jahrhundert n. Chr. slawische Siedler in die Region „po marri“ (prußisch: am Haff), welche Pomoranen genannt wurden und später in den Kaschuben aufgingen. Dieses Gebiet wurde auch Pomerellen (Kleinpommern) genannt. Über den Namen der Kaschuben gibt es nur Vermutungen. Interessant scheint allerdings die mögliche Ableitung von „kaszeba“, denn das wäre wiederum eine Analogie zu schalauisch „kaš“ (Pelz). Um das Jahr 1.000 hatten sich die Kaschuben der nachdrängenden Polanen zu erwehren, welche allmählich die Netze-Linie durchbrechen konnten. Jedoch konnte Pomerellen bis zum Anschluss an den Ordensstaat im Jahre 1309 seine Eigenständigkeit behalten. 1466 fiel es an Polen und teilte ab der Zeit sein politisches Schicksal mit diesem. Die heutigen Polen behaupten gerne, dass die Kaschuben lediglich einen polnischen Dialekt sprächen. Die Kaschuben konnten sich dagegen erfolgreich behaupten, und ihre Sprache wird inzwischen in Polen als eine eigenständige slawische betrachtet.

Anders dagegen die Masuren, welche eine ethnische Mischung aus Prußen und Masoviern sind. Wer waren eigentlich die Masovier? Während die Polanen direkt auf einer Süd-Nord-Achse wanderten und sich bis zum Kulmerland ansiedelten, zeigt ein Blick auf die Karte, dass das masovische Siedlungsgebiet viel weiter östlich lag, nämlich südlich des Stammesgebietes Galindien und im südlichen Alt-Sudauen. Auch über die Herkunft der Masovier ist viel Spekulatives zu lesen. Eine glaubhafte Deutung findet sich bei Roman Soltyk, welcher das verschollene Reitervolk der Massageten annimmt, deren Heimat zwischen dem Kaspischen Meer und dem Aralsee gelegen haben soll. Die Massageten werden als den Skythen ähnlich beschrieben, auch hätten Kriegerinnen an ihren Zügen teilgenommen. Es wird vermutet, dass dieses Volk die Westwanderung der Skythen verursacht habe. Die Kujawier gelten als masovischer Teilstamm, welcher das Kulmerland besiedelte.

Bei der Erschließung des Kulmerlandes und Pomesaniens waren polnische Bauern den deutschen Siedlern gleichgestellt, so dass schon im späten 13. Jahrhundert polnische Lokatoren belegt sind. Sofort nach der Erschließung des Stammesgebietes Sasna gab es bereits Grundherren mit polnischem Familiennamen, die sich möglicherweise, aus einer der häufigen Mischehen entstammend, bereits als Deutsche gefühlt haben mögen. Allerdings gab es kaum Polen, die wie die Prußen zur Urbarmachung der Wälder und Sümpfe herangezogen wurden, so dass davon auszugehen ist, dass sie sehr viel später als Neusiedler hinzu gezogen sind. Ab 1400 sind vereinzelte polnische Namen in den westlichen prußischen Stammesgebieten belegt. Nachdem es dem Ritterorden an deutschem Nachwuchs mangelte, sind ab 1380 auch vereinzelt auftretende polnische Lokatoren und Schulzen in Sasna und Galindien anzutreffen. In den östlichen Stammesgebieten Galindien und

Sudauen wurden Ende des 14. Jahrhhunderts masovische Freie und Bauern nach kulmischen Recht angesetzt. Die masovischen Ansiedler erreichten erst in der Endphase des Ritterordens das nordöstliche Masuren. Erst nach dem Zweiten Thorner Frieden 1466 verstärkte sich der Zuzug polnischer Siedler in die ehemaligen Ordensgebiete Sasna und Galindien.

Analog zur „kleinlitauischen" Bewegung im nördlichen Ostpreußen entwickelte sich in Masuren zunehmend ein Bewusstsein für die eigene ethnische Identität, welches durch preußische Pfarrer unterstützt wurde. Diese setzten sich für muttersprachlichen Unterricht ein und wurden – letztendlich erfolglos – von der polnischen Propaganda missbraucht, was sich spätestens nach dem 1. Weltkrieg während der hitzigen Stimmung anlässlich der Volksabstimmungen noch verstärkte. Ähnlich wie die preußischen Litauer im Norden des Landes empfanden sie sich als loyale Preußen und wollten sich von den politischen Aktivisten jenseits der Grenze nicht vereinnahmen lassen. Ebenso wie im Norden schämten sie sich nun ihrer Muttersprache, sprachen lieber deutsch und fürchteten, mit den als rückständig angesehenen Polen in einen Topf geworfen zu werden. Mit über 98 % stimmten die Masuren für den Verbleib bei Deutschland, worauf hin die Litauer im Memelgebiet völkerrechtswidrig erst gar keine Abstimmung zuließen. In Westpreußen fiel die Zustimmung für Deutschland geringer aus, setzte sich doch die Bevölkerung aus prußischer, kaschubischer, pomoranischer, kujawischer und polanischer Bevölkerung zusammen. Bis heute argumentieren die Polen, dass es sich bei der masovischen Sprache lediglich um einen polnischen Dialekt gehandelt habe, um dadurch ihren angeblich rechtmäßigen Ur-Anspruch auf das eroberte südliche Ostpreußen zu untermauern. Nach Flucht und Vertreibung ist nun auch keiner mehr da, der dies widerlegen könnte.

Im Gegensatz zu den Litauern oder den Russen aus der Oblast Kaliningrad ist in Internet-Diskussionsforen mit Polen ein propagandafreier Gedankenaustausch kaum möglich, selbst wenn auch hier seit der Wende eine Verbesserung stattgefunden hat. So ist zu beobachten, dass der Beginn der Geschichte gerne an ein bestimmtes und einem selbst genehmes Datum fest gemacht wird. Es zeugt zudem von minimaler Geschichtskenntnis, „die Deutschen" für das Eindringen in polnisches Gebiet verantwortlich zu machen. Schließlich kamen „die Deutschen" nicht aus eigenem Antrieb nach Osten, sondern wurden als Deutscher Orden vom mit Polen paktierenden Konrad von Masovien gerufen, weil Polen zur Ostsee expandieren wollte. Außerdem drangen die Ordensritter nicht in polnisches, sondern in prußisches Gebiet ein. Die mittelalterliche Besiedlung mit Deutschen geschah übrigens stets mit Einwilligung der einheimischen Fürsten. Und selbstverständlich ist es nicht korrekt zu behaupten, die polnischen Teilungen hätten die Polen in Westpreußen in die Minderheit gedrängt. Im Gegenteil: Statistiken weisen aus, dass die deutsche Bevölkerung Westpreußens all die Jahrhunderte vorher in der Mehrheit gewesen ist. Nahezu witzig erscheinen die Bemühungen, das ermländische Niederdeutsch zu verleugnen und daraus ein „seit je her polnisch sprechendes" Ermland zu konstruieren. Auffällig sind neuerdings etliche deutsche Autoren, die in Polen studieren oder studiert haben, und – offensichtlich indoktriniert – die immer noch lebendige polnische Propaganda verbreiten. Es wird Zeit, dass anerkannt wird, dass nicht alle mittlerweile polnischen Gebiete immer polnisch gewesen sind, dass die Geschichte nicht nur aus anscheinend nicht-existenten Prußen, „edlen Polen" und „bösen Deutschen" besteht, kurz dass Polen sich daran macht, seine Vergangenheit aufzuarbeiten.

Der Gerechtigkeit halber muss erwähnt werden, dass die bis in die heutige Zeit reichende polnische und litauische Propaganda nicht zuletzt ihre Ursache in der herabsetzenden Weise hat, in welcher die städtische deutsche Oberschicht Ostpreußens die indigene Bevölkerung betrachtete und behandelte. So wurde das nördliche Ostpreußen verächtlich „Litauen“, und die Menschen des südlichen Ostpreußens wurden nicht minder verächtlich „Polen“ genannt. Es ist also nicht verwunderlich, dass heute hetzerische Argumente schwer entkräftet oder zurechtgerückt werden können, wenn selbst deutsche Statistiken der Vorkriegszeiten mit solchen Begriffen operieren und die litauische und polnische Agitation so etwas nur allzu gerne aufgreift.

Prußen heute

Die baltischen Prußen wurden bereits unter dem Ritterorden und den diversen Einwanderern zwangsweise christianisiert und assimiliert. Sie konnten ihre eigene Kultur jahrhundertelang nur versteckt leben. Nach dem 2. Weltkrieg verloren sie ihre angestammte Heimat und reagieren immer noch sehr empfindlich, wenn ausgerechnet sie als „ewiggestrige Deutsche" diffamiert oder gar in nationalsozialistischen Kontext gestellt werden, sie, die doch von den Deutschen unterdrückt und ihrer Eigenheiten beraubt wurden. Als dann um 1970 eine Versöhnungspolitik mit den Staaten des Ostblocks einsetzte, tat sich insbesondere eine Gräfin hervor, deren Vorfahren in polnischen Diensten gestanden hatten und erst Ende des 17. Jahrhunderts in Ostpreußen ansässig wurden. Und die indigenen Prußen mussten wieder einmal ohnmächtig zuschauen, wie eine „Miksi" unberechtigt und nach Gutsherrenart ihre Heimat verschacherte. Denn die Prußen, inzwischen unter die heimattreuen „Ewiggestrigen" eingereiht, kamen wie all die Jahrhunderte zuvor, erst gar nicht zu Worte.

Während Adam von Bremen noch von einem friedliebenden Menschenschlag Löbliches berichten mochte, änderten sich die Beschreibungen nach den Eroberungszügen. Nun wurden die Prußen als kriegslustig bezeichnet, und Papst Honorius III., der die Prußen selbst nie kennengelernt hatte, verstieg sich zu masslosen Schilderungen über *„ein Volk, welches vor allem, was Glauben heißt, entfremdet ist und mehr als der thierischen Wildheit ergeben ist, in welchem der Vater alle Töchter, die ihm die Gattin bringt, bis auf eine ermordet, wo ohne Scheu und Scham Töchter und Frauen wilder Lust Preis gegeben wird."* Klerikale Phantasie! Die päpstlichen Bullen, welche zum Kreuzzug aufriefen, forderten offen die Verdammung und den Tod der Prußen. Simon Grunau brachte dagegen Sympathie auf und beschrieb die Prußen als gastfreundlich, hilfsbereit und verängstigt. Der Theologoge

Waisselius (Waissel), selbst prußischer Abkunft und Lutheraner, hielt die Prußen für ein böses, tyrannisches und räuberisches Volk, das gegen den Deutschen Orden viele Kriege geführt hatte. Er war noch völlig befangen in der Sichtweise des Ritterordens, denn wer war denn der Aggressor und wer der sich Verteidigende? Christoph Hartknoch beklagte, dass der Deutsche Orden nicht einmal ansatzweise die in der Goldenen Bulle von Rimini aufgetragene Bekehrung der Prußen befolgt habe. Während der ersten Krönungsfeierlichkeiten 1701 in Königsberg wurde allerdings hervorgehoben, dass sich die Preußenherrscher in der Tradition mit der Regierung des Prußenkönigs Waidewut betrachteten.

Missionierungen und Kolonialisationen gingen bis in die neuere Zeit stets mit dem Überstülpen fremden Rechts, fremder Religion, fremder Kultur und fremder Sprache einher, bei gleichzeitigem Verbot der jahrhunderte alten, den örtlichen Umständen angepassten und daher sinnvoll tradierten Lebensweise der Unterworfenen sowie sehr oft mit dem Verbot oder zumindest dem Unterdrücken der Muttersprache. Empfand man für die unterjochten „edlen Wilden" anfangs noch eine gewisse Bewunderung, so änderte sich das schlagartig, sobald man deren Kultur brachial ausgerottet und die Menschen in die soziale Unterschicht gedrängt hatte. Spöttisch herabsetzend konnte man sich nun über ihre Naivität, ihre Willfährigkeit, ihren mangelhaften Gebrauch der Sprache, ihre Rohheit und ihre Unsitten amüsieren. Insofern konnten die Prußen von Glück sagen, dass sie in den Staat Preußen assimiliert und letztlich gleichwertige Deutsche wurden, wenn oft auch nur rein rechtlich und nicht vom Ansehen her. Es wurde und wird bis heute in Litauen und in Polen nicht recht verstanden, dass die Prußen selbst und die nach Preußen geflüchteten Litauer und Polen nicht „zwangsgermanisiert" wurden sondern dass es sich wegen der ihnen gebotenen Freiheiten, bei allen Einschränkungen, um eine Selbstgermanisierung handelte.

Seit etlichen Jahren gibt es unter litauischen, lettischen und polnischen Prußen die Bestrebung, die prußische Sprache analog dem Hebräischen zu rekonstruieren und in die moderne Zeit zu transferieren. Sie haben auch Internet-Blogs eingerichtet, wo das Erlernen der Sprache gefördert wird. Leider finden sich in deren Wortschatz viele Begriffe hochlitauischer Herkunft, obwohl prußische Wörter durchaus in der allgemein zugänglichen Literatur bereitstehen, wenn man sich nur die Mühe machte, sie einzeln aus vielen Büchern zusammenzuklauben. Bezüglich des Erhalts der prußischen Sprache sieht es in Osteuropa also zaghaft gut aus. Aber in Deutschland, obwohl den größten Anteil der Prußen beherbergend, hat man politisch-korrekte Vorbehalte. So war es für die Arbeitsgemeinschaft Tolkemita e.V. bisher außerordentlich schwer, einen Linguisten zu finden, der sich mit ostpreußischen Familiennamen baltischer Herkunft befassen möchte, denn die Baltistik wurde an deutschen Universitäten stark eingeschränkt. Zwar gibt es Slawisten, die sich in die Baltistik eingearbeitet haben, jedoch sah es manchmal so aus, als seien sie mit dem „Kleinlitauen-Virus" infiziert: Alles wird unter hochlitauische Namen subsumiert. Diskutiert man mit diesen oben erwähnten Slawisten, so hört man viel Überhebliches heraus: Prußisch? Ach, was. Das kann anhand der Quellenlage nicht ausreichend belegt werden. Kurisch? Die sind doch schon lange in anderen Völkern aufgegangen. Žemaitisch? Das sind doch eh´ Litauer. Auch wird negiert, dass sich die baltischen Endungen in Ostpreußen archaischer ableiten als in Litauen, was aus der Geschichte heraus leicht verständlich sein sollte. So wird behauptet „Endungen fallen durch deutschen Einfluss ab" (aitis, eitis wird zu ait, eit oder at). Anscheinend verlor man aus dem Blickwinkel, dass das, was abfällt, auch einmal hinzugefügt worden sein muss. Die prußische Regel lautet demzufolge: Es fällt keine Endung ab sondern es kommt eine hinzu. Der Enkel hängt an die Sohnesendung ait, eit oder at ein „-is" an, sobald er einen eigenen Mannesstamm gründet. Man kann also an einem ait, eit oder at einen Sohn erkennen und an einem aitis, eitis oder atis einen Enkel und findet so zu dem ursprünglichen Stammnamen. Monokausales Denken führt in prußischen Sprachgebieten einfach nur in die Irre, denn zu vielfältig sind die Einflüsse. Allerdings scheint auch diesbezüglich eine geistige Wende stattgefunden zu haben, und es gibt einen Hoffnungsschimmer, dass sich doch noch Wissenschaftler finden, die sich der prußischen Sprache annehmen werden.

In der Vergangenheit hatte leider auch die Landsmannschaft Ostpreußen e.V. viele Gelegenheiten verstreichen lassen die Prußen angemessen darzustellen. Im Vordergrund standen andere Themen, und in den Verlautbarungen wurden oft nur rudimentäre Kenntnisse der ostpreußischen Geschichte außerhalb der Ordens- und Preußengeschichte offenbart. Aber auch hier haben sich die Zeiten geändert, die Prußen als erste Preußen werden inzwischen anerkannt und sehr gut unterstützt. Um die prußische Geschichte, Kultur und Religion zu pflegen und in der Öffentlichkeit darzustellen, haben sich die in Deutschland lebenden Prußen in der 1980 gegründeten Arbeitsgemeinschaft Tolkemita e.V." zusammengeschlossen. Der Name bedeutet „Makler, Übersetzer, Dolmetscher". Alle Bestrebungen als eigene ethnische Minderheit anerkannt zu werden wie beispielsweise Roma und Sinti, sind bisher gescheitert. Unsere jeweiligen Regierungen argumentierten, dass die Prußen als Minderheit, wenn schon nicht ein eigenes Areal, dann eine eigene gemeinsame Sprache haben müssten. All dieses wurde ihnen jedoch genommen. Dagegen sind die in Litauen lebenden Prußen seit 2002 als selbständige ethnische Vereinigung anerkannt, ebenso wurde die alte heidnische Religion mit sämtlichen anderen Religionen gleichgestellt. Seit einigen Jahren unterhält die Tolkemita Stiftung in Potsdam im „Kutschstall" ein eigenes Museum, das sich wachsender Besucherzahlen erfreut: Museums-Galerie „Die ersten Preußen", Am Neuen Markt 9d, 14467 Potsdam.

Einige Orts- und Gewässernamen

Allenburg (Natangen): 1256 wurde nach der Eroberung durch die Ordensritter die auf dem Zickelberg am rechten Alle-Ufer gelegene Prußenburg neu befestigt.

Allenstein (Galindien): Auf der Anhöhe einer Halbinsel in der Fluss-Schleife der Lyne (später Alle/ Alna) befand sich einst eine Prußenburg, die von den Ordensrittern übernommen und vom ermländischen Domkapitel ausgebaut wurde. Ihre Handfeste erhielt die Stadt 1353. Der Name Lyne leitet sich von prußisch „linis“: Schlei ab, während Alna auf die indogermanische Wurzel el-l, ol: „fließen“ zurückgeht. Einige Linguisten deuten nach prußisch „alne“: Tier, Hirschkuh oder nach „alne, alnis“: Elfe, Elfenmännchen.

Angerburg (Galindien/ Barta/ Nadrauen): Die Stadt liegt wie viele prußische Hauptorte an einer Grenze. Der Name bezieht sich auf die Angerapp (prußisch „angurys“: Aal und „ape“: Fluss). Am Übergang über die Angerapp stand eine Prußenburg, an deren Stelle der Orden 1335 eine Burg baute. Die Siedlung entstand vor 1450 und hieß ursprünglich Neuendorf oder Gerothwol. Im 17. Jahrhundert siedelten sich Schotten an. Berühmt war Angerburg, weil bereits 1740 Straßenpflaster, Straßenbeleuchtung und Wasserkunst vorhanden war.

Arys (Galindien): Arys war zwar die kleinste Stadt Masurens, hatte aber den größten Truppenübungsplatz Ostpreußens, der sich südlich des Ortes hinzieht. Der Ortsname bezieht sich auf bestimmte Witterungsverhältnisse des Aryssees (prußisch „oras“: Luft, Witterung, vgl. dazu indogermanisch „-er/ -or“).

Auxinne: Dieser Fluss gehört zum System des Pregels. Der Name bezieht sich auf Bernsteinfunde im Grund (prußisch „auksas, auxis“: golden, goldglänzend).

Balga (Warme): Der Name beschreibt die Lage auf dem Landrükken (prußisch „balgnan“: Sattel). Die ersten Ordensritter kamen **1239** über das Frische Haff und errichteten auf den Trümmern einer eroberten Prußenburg, auf einer ins Frische Haff springenden Landzunge gelegen, eine ihrer ersten Burgen.

Barten (Barta): Die erste urkundliche Erwähnung stammt von 1333. In prußischer Zeit stand hier die Hauptburg des Bartastammes. Sie wurde 1357 Deutschordensburg. Barten wurde 1628 durch Kurfürst Georg Wilhelm rechtlich zur Stadt erhoben. Die Einwohner erhielten kulmisches Recht. Der Name ist nicht eindeutig geklärt. In Hinblick auf die Wehrhaftigkeit der Burg käme prußisch „bartus, bartonastis“: Streiter, „bart“: zanken oder „bartis, barteinis“: Streitbarer in Frage. Moderne Linguisten sehen einen Hinweis auf Gewässer (prußisch „bar, bart“: fließen, schnell strömen).

Bartenstein (Barta): Bartenstein wird 1332 als Rosental erwähnt. Der Ort war einmal Hauptstadt des Bartenstammes und lag im Schutz der auf dem Schlossberg befindlichen Burg, welche 1241 an Stelle einer prußischen Festung angelegt wurde. Die Handfeste erhielt die Stadt 1332 von Hochmeister Luther von Braunschweig. Die Stadt diente dem Litauerfürsten Witold und dem Hochmeister von Jungingen als Residenz. In Bartenstein gibt es die beiden steinzeitlichen Figuren aus prußischer Zeit, den Barthel und die Gustebalde, die als früheste im Prußenland geformten menschlichen Figuren gelten. Der Name beschreibt die stattliche Wehrburg an der Alle (prußisch „bartus, bartonastis“: Streiter, „bart“:= zanken, „bartis, barteinis“: Streitbarer und „steina“: stattlich).

Bialla, Gehlenburg (Galindien): Der Ort wurde 1312 als **Gaila** erwähnt und bezieht sich wohl auf helle Lichtverhältnisse. Der polnische Name Bialla ist eine Übersetzung aus dem Prußischen. Bei Personen bezieht sich der Name auf flachsblonde Haare (prußisch „gaylis“: weiß).

Bischofstein (Pogesanien/ Barta): Der Ort liegt an der Stammesgrenze auf der Strecke Heilsberg - Rastenburg. Er entstand aus dem Dorf **Strowangen** als Doppelsiedlung aus Dorf und Stadt. Bruno von Luter, Vogt von Pomesanien, nannte das Dorf zunächst Schönfließ. Jedoch setzte sich bald wieder der alte Name Strowangen durch. Der prußische Name Strowangen bedeutet Fluss in der Lichtung („strowe“: Bach, Fluss, Strömung und „wangas“: Lichtung, Rodung).

Braunsberg (Warme): Der Name ist eine Verformung von **Brusebergue** (Preußenlager). In der Friedensurkunde vom 7. Februar 1249 wird den sich unterwerfenden Ermländern die Verpflichtung auferlegt, in ihrem Gebiet besondere Kirchen zu bauen, darunter eine in Brusebergue. Der Ort am Ausfluss der Passarge ins Frische Haff vermittelte schon in Vorordenszeiten den Ein- und Ausfuhrhandel über See. Bei Groß Tromp wurde in einem Grab ein reicher Fund römischer Goldmünzen gemacht. Ein großer Stein in der Passarge bei Grunenberg wurde bis in jüngste Zeit als Opferstein bezeichnet. Bei der Schreit führte eine Furt durch die Passarge, die von Einheimischen als „Cucke“ oder „Cuckumbrasch“ genannt wurde (Furt der Unterirdischen, also der Kaukai). Vielfach wird der Name Braunsberg vom Geschlecht der Brunonen von Brunsberg abgeleitet. Dagegen spricht, dass die neuen Siedler nicht aus Mähren kamen, der Heimat Brunos von Olmütz sondern aus Lübeck, Lüneburg, Osnabrück, Quedlingburg, Kleve, Göttingen usw. Denn in der Braunsberger Gegend wurde Käslauisch gesprochen. Braunsberg gehörte neben Elbing und Frauenburg zu den Städten, in denen nicht das Recht der Stadt Kulm (kölmisch) galt sondern das Recht der Stadt Lübeck (lübisch).

Cranz (Samland): Der Badeort entstand erst 1632. Der Name bedeutet einfach nur Strand oder Ufer (prußisch „krantas“: Strand, nehrungs-kurisch „kranta, krant“: Strand, Ufer).

Christburg (Pomesanien): Der Name ist eine Umformung, denn vor 1255 hieß der Ort **Kirsburg**. Der alternative Name **Grewose** beschreibt die Lage des Ortes an einer Flussstelle beziehungsweise in einem Dreiecksland zwischen Flüssen (prußisch „kirsa“: über, hoch beziehungsweise „greiwa“: Niederung im Flusstal, krumm, gebogen). Andere Erwähnungen sind: „Christburg ader Grewose“ (Christburg oder Grewose), „Semmai prei garbu: maista“ (Unten am Berg: das Dorf), „Unsei na garbu“ (Nach oben hin zum Berg), „Wurs pergrauts bhe perklantits Zomuklis Ordenas-Ritterin“ (das alte zerstörte und berüchtigte Schloss der Ordensritter). Die alte Prußenfestung Grewose lag zunächst in der unteren Ortslage. Unter Heinrich von Meißen wurde Grewose 1234 erobert, jedoch 1242 von den Prußen zurückgewonnen. Heinrich von Lichtenstein gelang 1247 eine erneute Eroberung. Weil die Burg aber wieder von den Prußen eingenommen wurde, suchten sich die Ordenritter den strategisch günstigeren Standort auf dem Schlossberg aus und gründeten die Christburg. Alt-Christburg wurde den bekehrten und loyalen Prußen überlassen. Während des großen Aufstandes wurde die Christburg eingeäschert. Erst 1312 erhielt der Ort die Handfeste durch Günther von Arnstein.

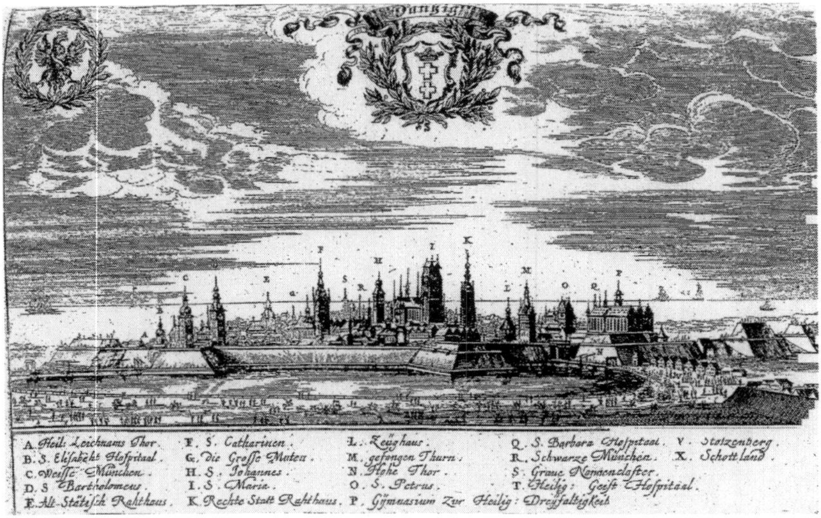

Danzig

Danzig (Kaschubei): Die älteste überliefert Schreibweise lautet Gyddanyzc und bezieht sich auf prußisch „gudûne“: Ort wo Wald ist, „gedian“: Wäldchen.

Dargeinsee: Der Name bezieht sich auf schwierige Verhältnisse (prußisch „dergia“: stürmisch; „dargis“: trüb, regnerisches trübes Wetter).

Darkehmen (Nadrauen): Der Name leitet sich von dem 1539 erwähnten Dorf Dargekyem ab und bezieht sich auf Feuchtigkeit, denn der Ort liegt in der Nähe der Angerapp (prußisch „dargelis“: Röhrricht, „dargis“: trüb, regnerisches Wetter und „caymis, kaimas“: Dorf).

Deime: Dieser Fluss ist ein Abfluss des Pregels in das Kurische Haff und gilt als Grenze zwischen dem Samland und Nadrauen. Dem Flussnamen (früher auch Deme und Deune) liegt die indogermanische Wurzel „dei-“ zugrunde: ununterbrochen vorwärtsbewegen, laufen, fließen, rinnen.

Dirschau (Pomesanien): Der Name weist entweder auf eine heidnische Kultstätte nahe am Fluss oder drückt aus, dass diese Flussniederung dem braven Mann Dirse gehört (prußisch „dirse“: fromm, brav, tüchtig, wacker und „ou, owe“: Aue, Niederung). In der kaschubischen Sprache heißt es Dërszewò, polnisch Miasto Tczew.

Dobensee: Der Name bezieht sich auf die Form (prußisch „daubis“ = Höhle, Schlucht, Einbuchtung).

Drengfurth (Barta/ Galindien/ Nadrauen): Der Ort liegt am Omet-Fluss am Fuße des 154 Meter hohen Fürstenauer Berges. Wegen ihrer ungünstigen Verkehrslage blieb die Stadt am Wachstum gehindert. Von hier führte der Masurische Schifffahrtskanal nach Allenburg. Der Name weist auf Feuchtigkeit (prußisch „dregint“: feucht werden).

Elbing (Pomesanien): Der Name bezieht sich auf den Ilfing- oder Elbingfluss, dessen Name auf die indogermanische Wurzel „el-l, ol“ (fließen) zurück zu führen ist. In der Nähe lag der 890 von Wulfstan erwähnte historische Handelsplatz **Truso** (prußisch „tružas“: Schilf, Rohr). Möglicherweise könnte dieser Platz auch Druso heißen, denn er lag beim stark zur Verschilfung neigenden Drausensee. Dieser soll zur Wikingerzeit Teil des Frischen Haffs gewesen ist.

Fischhausen (Samland): Die erste urkundliche Erwähnung von 1268 lautet „aput castrum nostrum **Schonewik**“ und bezieht

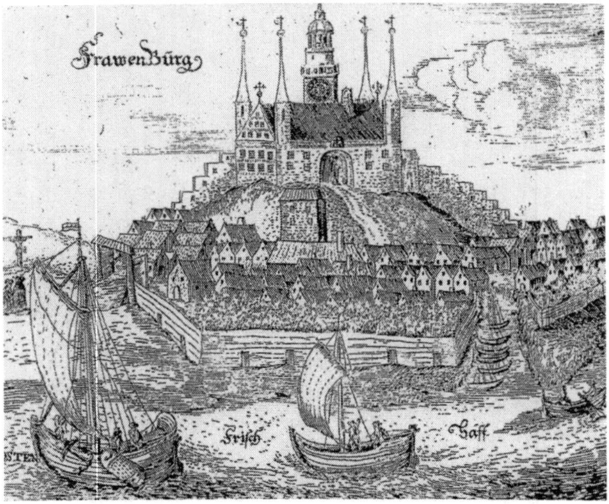

Frauenburg

sich auf die Geräusche des gleichnamigen Flusses („skanewis“: Schallender, Tönender, Klingender). Später hieß der Ort Bischoweshusen oder Bischhusen, woraus sich Vischhusen und Fischhausen entwickelten.

Frauenburg (Warme): Die Sage sagt, dass eine Witwe diese Burg dem ermländischen Kapitel zur Errichtung einer Domkirche geschenkt habe. Vermutlich steckt ein wahrer Kern dahinter, denn nach einem Anniversarienbuch der Frauenburger Domherren vom Jahr 1393 wurde das Jahresgedächtnis eines frater Heinricus de Castro alias **Pasloci** und einer Gertrud Paslocisse gefeiert, beide als einzige Laien unter den verzeichneten Namen. „terra Pasluk“ hieß das prußische Gebiet um Preußisch-Holland. Pasloci bedeutet Quartier des Anführers (prußisch „pa assis“: Anführer und „lukis“: Unterkunft, Quartier). Die Ordensburg wurde 1270 an Stelle einer Prußenfeste erbaut und nach Maria, der Patronin des Deutschen Ordens, „Unser Frawen Burg“ genannt.

Frisches Haff: Der prußische Name lautete Aismares (baltische Gewässer auf „eis, eise, ayse, ayslo“: schnell bewegen; „marri, mary“: Haff). Ansonsten gilt die Ableitung vom Frisching und nicht eine solche, die sich wegen der angesetzten Holländer angeblich auf „Friesisches Haff“ bezieht.

Frisching: Dieser Fluss entspringt südlich von Preußisch Eylau und mündet bei Brandenburg ins Frische Haff. Der Name ist ein indogermanischen Wasser-/ Flusswort („uer/ ur“: Wasser, Fluss, Quelle; vgl. dazu preußísch-litauisch „versme“: Quelle, Strudel, Brüche, Moräste).

Gdingen (Kaschubei): Der Name ist von prußisch „gudûne“ abzuleiten und bedeutet Ort wo Wald ist.

Gerdauen (Barta): Der Name geht auf den Prußenführer Girdawe zurück (prußisch „girdiu“: ich spreche, „girdet“: hören, horchen, „gerdaui, gerdawi“: ich sage, „gerdaut, gerdautun“: sagen, reden, erzählen, „gerdautas“: der Redegewandte, „gerdwainas“: der Dauerredner). 1325 wird an Stelle einer Prußenburg die Ordensburg errichtet.

Geserichsee: Der Name beschreibt ein Vogelgebiet (prußisch „geeyse“: Reiher).

Gilge: Die Gilge kann als Grenzfluss zwischen Schalauen und Nadrauen angenommen werden. Der Name weist auf eine tiefe Lage (prußisch „gilus, gilin, gillis“: tief, vgl. dazu nehrungskurisch und lettisch „dzilš“: tief, „dzilume juoame“: die Tiefe zwischen zwei Sandbänken).

Gilgenburg (Sassen): Der Ort liegt von Wasser umgeben zwischen dem Großen und dem Kleinen Damerausee und blieb trotz Eisenbahnanschlusses ein unbedeutendes Städtchen. 1316 wird die Ordensburg **Ilienburg** erbaut. Dieser Name deutet auf Schlamm (prußisch „ilus“: Schlick, Schlamm).

Goldap (Nadrauen): Die Stadt liegt auf einem Landrücken in seenreicher Landschaft am Rande der Rominter Heide. Archäologische Funde weisen auf vorgeschichtliche Besiedlung. In der Nähe liegt der 272 m hohe Goldaper Berg. Der Ortsname bezieht sich auf den gleichnamigen Fluss (prußisch „galda, galdo, gelda, gilde“: Mulde, Trog, Gefäß und „ape“: Fluss). Im Umkreis von Goldap gab es prußische Wallburgen (Kl. Wronken, bei Texeln am Rominte-Ufer, bei Ballupönen, bei Kollnischken, bei Pellkauen und bei Gut Adlerfelde).

Graudenz (Kulmerland): Der Name weist auf einen Wohnplatz am Rande des Urwaldes (prußisch „graude, grauden, graudenes“: feuchter alter dichter Wald, Laubwald, Urwald, „graudennis“: Besitzer oder Bewohner alten Waldes). Zwischen 166 und 180 n. Chr. hieß der Ort Creutungi, 1222 Grudenc und später polnisch beeinflusst Grodeck. Konrad von Masovien erwähnte 1222 die Zerstörung der Burg Graudenz.

Gumbinnen (Nadrauen): Der prußische Name ist **Pisserkeim** und bedeutet Dorf an der Pissa. Er liegt dort, wo die Rominte in die Pissa mündet (prußisch „pisa, pisse“: tiefer Sumpf, grundloser Morast, wo nur kleine Birken und Fichten wachsen und „caymis, kaimas“: Dorf, Ort). 1580 wurde der Name Gumbinnen erwähnt und beschreibt die Lage am Rande der Wildnis. Dieser Name weist auf litauische Einwanderer (litauisch „gumbine“: Knotenstock, „gumbinis“: knotig, knorrig, „gumbingas“: voller

Knorren, Knoten, Äste). Hier wurden Kolonisten aus Frankreich und der Schweiz, aus Nassau und der Pfalz angesetzt, die zunächst ihre Gottesdienste in einem Brauhaus abhielten. Später war die evangelisch-reformierte Kirche in der Neustadt an der Darkehmer Straße Gottesdienstort. Ebenso entstand eine Kirche im 5 Kilometer entfernten Sadweitschen zur Verfügung, die jedoch später einging. 1732 siedelten sich viele vertriebene Salzburger in der Umgebung an. Etwa in 5 km Luftlinie von Gumbinnen entfernt lag ein prußischer Schlossberg. Weitere Prußenburgen im Kreis Gumbinnen sind belegt.

Guttstadt (Pogesanien, im Untergebiet Glottowia in der Landschaft Gudicus): Der prußische Bezirk Glottowa (glatte oder lehmhaltige Landschaft) mit der gleichnamigen Burg war bereits in Vorordenszeiten ein religiöser Brennpunkt und wurde es erneut nach der Ansiedlung von Mitteldeutschen und Schlesiern. 1343 wurde das Kollegial-Stift zum heiligen Erlöser und zu Allerheiligen nach Glottau verlegt. Der Name weist auf Buschwald (prußisch „gudde“: Gebüsch). Ableitungen von Gotenstadt oder Gute Stadt (Dobre Miasto) gehen von einer falschen Annahme aus.

Heydekrug (Schalauen): Die Einheimischen nannten ihren Ort in der Nähe des später eingemeindeten Dorfes Werden Szillokarszmo. Das bedeutet Dorfkrug auf der Heide (prußisch „šila, sîla, sylo“: Heide, Heideland, Fichtenwald und „karcemo, karczemo, karczemo“: Krug, Dorfschenke, Wirtshaus).

Heiligenbeil (Warme): Der Name ist eine Übersetzung aus **Swento-bile** und weist auf eine heidnische Verkündigungsstätte (prußisch „swentas, swintas, swints, swentan, swentainas“: heilig, Zuflucht, Schutzgebiet und „bila“: Sprache, Predigt). Damit ist das Heiligtum **Albien** am Walde **Dalbehn** oder **Dalwin** gemeint, der wohl ein Götterbild als Andachtsstätte gehabt haben muss („dalbtwei“: meißeln, hauen). Der Ort am Ufer der Jarft hieß auch **Swento-mest** (heilige Stadt). Ein Swento-pil (heiliger Berg oder heilige Burg) ist nicht nachgewiesen, jedoch sind im Kreis einundzwanzig prußische Wehranlagen belegt. Wegen der Lage an einer uralten Heer- und Handelsstraße war die Stadt oft Kriegsschauplatz und wurde von Seuchen und Bränden heimgesucht.

Heiligelinde (Barta/ Warme): Der Name Heilige Linde geht auf eine heidnische Kultstätte zurück, an deren Stelle eine Kirche errichtet wurde. So wie die Eiche der Baum des Donnergottes Perkunos ist, ist die Linde der Baum der Fruchtbarkeitsgöttin Puskaite. Zu ihren Ehren wurden im Frühjahr und im Herbst besondere Feste gefeiert (prußisch „swentas, swintas, swints, swentan“: heilig und „lipa, lipe, lepa“: Linde, Juli, Lindenmond). Der polnische Name Swieta Lipka basiert auf der prußischen Bezeichnung. Der Sage nach erschien Maria einigen Kindern in einer Linde.

Heilsberg (Pogesanien): In der engeren Umgebung sind vorzeitliche Siedlungsspuren bekannt sowie vier Burgwälle nahe beieinander. Die Prußenburg, die direkt dort gestanden hat, wo die Sinser oder Simser in die Alle mündet, soll **Leckbard** geheißen haben. Der Name dürfte auf Pflanzen in einem wasserreichen Gebiet weisen (litauisch „lekes“: Haferspreu, „lekecius“: Pimpernuss und „bar, bart“:= fließen, strömen). Leckbard wurde 1241 von den Ordensrittern erobert und bischöfliche Burg, als das Bistum Ermland entstand. Im 2. Prußenaufstand von 1260/ 74 eroberten die Prußen sie kurzfristig zurück.

Inse (Schalauen): Das Kirchdorf am Kurischen Haff liegt auf der Insel zwischen dem Ruß-Strom und der Gilge. Durch die geografische Lage bedingt war das Dorf zur Zeit der Eisschmelze vom gefürchteten Schaktarp bedroht. Die Bevölkerung lebte vom Fischfang. Der Name beschreibt die geringe Länge des Flusses, der durch den Zusammenfluss von Griebe und Pait entsteht (prußisch „insan“: kurz). Der Kurenwimpel zeigt auf weißem Grund ein großes rotes Rechteck in der Mitte. Šaktarpis bedeutet Inseldasein und dramatisches Abgeschnittensein. Bei schwachem Frost oder Eisschmelze wurde das Eis zu dünn um den Schlitten zu tragen, jedoch war es für Boote noch zu stark.

Inster: Zum Quellfluss des Pregels gibt es mehrere linguistische Deutungen, die wahrscheinlichste dürfte die Ableitung von indogermanisch is-, eis-, ais sein und sich fließend schnell bewegen bedeuten.

Insterburg (Nadrauen): Der Name bezieht sich auf die Insterburg und wird erstmalig 1340 erwähnt: „ad castrum Insterburg“. Die Instierburg wurde nach 1256 an Stelle der Prußenburg **Unsatrapis** erbaut, was in etwa „von der Brücke nach oben“ bedeutet (prußisch „unzei“: nach oben hin und „trapt, trapuns“: treten). Hier, am Rande der Großen Wildnis, versammelte sich der Ritterorden zu den berüchtigten Heidenjagden, bei welchen zur Beschäftigung und Belustigung gelangweilter Gäste indigene Menschen ermordet oder mitgeschleppt wurden. Die Stadt wurde von Litauern und Polen niedergebrannt, jedoch wieder aufgebaut. Bei der Säkularisierung des Ordens 1525 wurde aus dem Pflegeramt ein Hauptamt. „Insterburger Reiterschnaps“ ist ein Klarer mit einem Stück Würfelzucker und zwei Kaffeebohnen, die zunächst zerkaut werden müssen, bevor sie mit dem Schnaps hinuntergespült werden. „Überall dringt Bildung durch, bloß man nicht nach Insterburch.“

Johannisburg (Galindien): Der Ort liegt an der Galinde (prußisch „galas“: Randgebiet) und in der Johannisburger Heide südlich des Spirdingsees. In der Umgebung gab es neun belegte prußische Wehranlagen. Die Stadt lebte von der Holzverarbeitung und von der Baustoffindustrie. Östlich der Stadt liegt der Warschausee. Hochmeister Heinrich Dusemer gründete am Ausfluss des Pissek aus dem Warschausee zur Sicherung des Flussübergangs das Haus Johannisburg.

Kadienen oder Cadinen (Warme): Der Name weist auf mageren lehmhaltigen Boden (prußisch „kudus“: mager, elend, ausgemergelt). Hier traten größere Mengen keramischer Tone zutage. Weithin berühmt war die Cadinen-Keramik, die unter anderem in der Königsberger Kreuzkirche auf der Lomse Verwendung fanden.

Kaukehmen/ Kuckerneese (Schalauen): Kaukehmen bezieht sich auf den Kaukefluss (prußisch „kauk“: heulen, Geist, Alraune). Kuckerneese (vgl. den lettischen Ort Koknese) deutet auf kurische Besiedlung und weist ebenfalls auf heulende Geräusche, die bei bestimmten Windverhältnissen auftreten. Zudem weist dieser Name auf eine Erhebung inmitten der Niederung (9 m über dem Meeresspiegel).

Kissainsee: Der Name bezieht sich auf Fische (prußisch „kisis“: Kaulbarsch).

Krockow (Pommern): Diesem Ortsnamen liegt ebenso wie Krakaw und Krakau prußisch „kracco“: Schwarzspecht zugrunde.

Krutinna: Der Name weist auf Sumpf und auf ein sich gemächlich bewegendes Gewässer (vergleiche litauisch „kritus“: sumpfig, litauisch „kruteti“/ lettisch „krîts“: sich fallend bewegen).

Kulm/ Culm (Kulmerland): Kulm (baltisch „kulminai, kulminacinis“: Höhenpunkt) war das Zentrum des Kulmerlandes. Die Grenzen des Kulmer Landes sind bekannt durch die urkundliche Schenkung durch Konrad von Masovien im Jahr 1230. Hier wurde 1233 die Kulmische Handfeste, also die Verfassung des Ordenslandes Preußen erlassen, durch die Rechte und Freiheiten der neuen Gemeinden gesichert wurden. Grundlage war das Magdeburgische Stadtrecht. Der Orden behielt die Monopole auf Salz, Gold, Silber, See, Jagd und Fischerei.

Lababsee: Der See gehört zum Mauersee, der sich aus mehreren Becken zusammensetzt. Er liegt im Dreieck Angerburg – Rastenburg - Lötzen. Er ist eine Verbindung zum Dobensee. Der Name beschreibt die flussähnliche Form (prußisch „labape“ = kleiner Fluss).

Labiau (Samland): Der Name weist auf ein Heiligtum und bedeutet Heilsteindorf. Erste urkundliche Erwähnungen aus 1258 sind die Bezeichnungen Kaymelabegowe und Labegowe moter („kaimas“: Dorf; „labguvyna“: Heilstein, Augenstein, Heiligenstein, Kupferalaun, ein Chalcedon aus der Gruppe der Quarze). Die hölzerne Burg Labiau wurde nach der Eroberung des Samlandes zwischen 1258 und 1259 angelegt und sollte Königsberg vor Feinden schützen, die sich über das Haff näherten. 1277 brannten die Schalauer sie nieder. Danach wurde sie aus Stein als Komturei wieder errichtet. 1352 siegte Heinrich Schindekopf über die Litauer. Die Wasserburg galt als uneinnehmbar und wurde nach 1550 von Anna Maria, der zweiten Frau Herzogs Albrecht bewohnt. Die Stadtgerechtigkeit erhielt Labiau 1642 durch den Großen Kurfürsten.

Liebemühl (Pomesanien): Lybemule liegt auf einer Halbinsel, die der aus dem Eylingsee tretenden Fluss Liebe bildet (indogermanisch „lei“: gießen, tröpfeln, fließen und prußisch „malunas“: Mühle). Die Stadt ist von allen Seiten von Seen umgeben. Die bei der Wassermühle erbaute Ordensburg war Ausgangsort für die Besiedlung des Landes Sasna. Die Stadt blieb ein bescheidenes Ackerbürgerstädtchen.

Lötzen (Galindien): Der Name wird Löötzen ausgesprochen. Erste Erwähnungen sind 1335 - 1341 Letzenburg und 1340 in **Lezcen** (prußisch „lezuns“: auf- und untersteigen). Der Name bezieht sich auf die gefahrvolle Lage auf einer Landenge in diesem seenreichen Gebiet, die den Mauersee vom Löwentinsee trennt. In der Umgebung von Lötzen lagen etliche prußische Wehr- und Burganlagen, davon eine auf der Großen Werderinsel zu Lötzen, eine Wallburg direkt in Lötzen, die später mit dem Kreisgericht bebaut wurde und schließlich die Leczenburg auf der Landenge zwischen dem Löwentinsee und dem Kissainsee. Den heutigen Namen Gisycko verdankt die Stadt dem preußischen Pfarrer Gustav Gisevius, der sich für polnischsprachigen Schulunterricht für die masurische Bevölkerung eingesetzt hatte.

Loye (Schalauen)/ Lojewo Kr. Bromberg: Der Name bezieht sich auf Sumpf und Wasser (indogermanisch „lou, luoja“: das Übergießen, der Sumpf).

Lyck (Sudauen): Im Lycker Gebiet sind dreizehn prußische Wehranlagen belegt. Der Name bezieht sich auf den Lycker See und den Lyck-Fluss (prußisch „luka“: gelbe Teichrose, Mummel; „lukna“: Wasserpflanze, Sumpfpflanze; „luktis“: Schilfgras, Rohrgras; „luknas“: Sumpfgewässer). Der polnische Name Elk bezieht sich ebenfalls auf Sumpfpflanzen, denn er entstand durch eine falsche Abtrennung aus „we Elku“. Das Schloss auf der Insel im Lycker See wurde 1390 vom Komtur zu Balga angelegt. Neben der Ordensburg entstand ein Fischerdorf, das 1425 vom Hochmeister Paul von Rußdorf die Handfeste erhielt. Bereits 1536 wurde in Lyck eine Druckerei gegründet und 1546 eine Lateinschule, aus der 1812 das Gymnasium hervorging.

Marienwerder (Pomesanien): Der Ort wurde 1233 auf der Insel Quedina (prußisch „kweita“: Blume) angelegt und im selben Jahr auf seinen heutigen Platz verlegt, da der in der Niederung gelegene Hügel keinen soliden Baugrund bot.

Mauersee: Der Name bezieht sich auf Wasserpflanzen (prußisch „maurai“: Entenflott; lettisch „maurs“: Gras, Rasen, Gänsekraut).

Mehlsack (Warme in der Landschaft Wewa): Der Name Mehlsack ist eine Verballhornung des prußischen Namens **Malzekuke**, der für die aus Deutschland stammenden Neusiedler unverständlich war („Malcekuk, Malchikuk“: Gehölz der Kaukai oder Kux, der Unterirdischen, später in christlicher Zeit Teufelsgrund). Er bezieht sich auf eine heidnische Stätte.

Die Stadt gehörte zum Frauenburger Domkapitel und erhielt 1312 ihre Handfeste sowie einen Grundbesitz von 121 Hufen. Der Markt wurde als „Schlesischer Ring“ mit Laubenhäusern angelegt. Die bäuerliche Umgebung war berühmt für die Zucht der schweren Ermländer Kaltblüter.

Melnosee: Am 27. September 1422 wurde ein Friedensvertrag zwischen dem Deutschen Orden einerseits und dem siegreichen vereinigten Königreich Polen und Großfürstentum Litauen andererseits geschlossen. Trotz des Ersten Thorner Friedens im

Jahr 1411 war es immer wieder zu Kriegshandlungen gekommen. Im 1422 geschlossenen Frieden musste der Ritterorden das 1230 eroberte Nessauer Gebiet an den König von Polen abtreten und žemaitische Gebiete an den Großfürsten von Litauen. Im Gegenzug verzichtete der König von Polen auf Pommerellen, Kulmerland und Lubawa. Der Name des Sees bezieht sich auf sein Aussehen (prußisch „melne“: blau-schwarz).

Memel (kurische Landschaft Pilsaten) und Memel-Fluss (Schalauen): In skandinavischen Quellen wird der Ort im 2. Jahrhundert Aldajaborg genannt. **Aldeska** war der schalauische Name des Memelstromes. Aldeska oder Aldajaborg beschreibt einen Hafen mit Festungsanlage (schalauisch „aldija“: Schiff, Boot, Kanu). Im Friedensvertrag vom Melnosee fiel zum ersten Mal der Alternativname Klaipeda: *„et castrum Memel in Samogitico Cleupeda appellatum“* (und die Memelburg, in Samogitien Cleupeda genannt). Der kurische Name Memel bezieht sich auf das Haff und den Unterlauf der Memel (kurisch „memelis, mimelis“: stiller, langsamer, schweigender; vergleiche dazu den lettischen Fluss Mêmele von lettisch „mêms“: stumm, sprachlos). Der Name Klaipeda/ Glaupeda/ Klawppedda/ Cleupeda beschreibt die Lage des Ortes. Frei übersetzt bedeutet es: flacher, offener Grund (kurisch „klais“: flach, offen, frei; lettisch „klajš“: offen, kurisch „ped“: Fuß, Fußsohle, auch Grund).

Minge: Die Minge (sprich Minje), auch Menye und Minige genannt, gilt als schalauisch-kurische Grenze. Sie hat ein eigenes Delta. Der Name deutet auf Sumpf (lettisch „maina“: Sumpf, Lache, Pfütze) und steht im alteuropäischen Verbund mit polnisch Mien, weißrussisch Minsk und dem deutschen Fluss Main (Moenus).

Mohrungen (Pomesanien): Im Kreis sind neunzehn prußische Wehranlagen belegt. Die erste urkundliche Erwähnung ist im Jahr 1328 lautet de Morungen. Der Name bezieht sich auf einen verlandeten See namens Marungis (prußisch „mare, mary, marre“: sumpfiges Wasser, Bucht, Haff). 1280 erfolgte der Bau eines Konventshauses am Schertingsee, 1327 die Stadtgründung durch den Elbinger Komtur Hermann von Oppen.

Narew: Der Fluss gehört zur Grenze Galindiens und gilt als einer der Einfallswege der Indoeuropäer auf ihrem Weg vom Schwarzen Meer nach Norden. Der Name deutet auf ein indogermanisches Wasserwort (nor-, ner“).

Neidenburg (Sassen/ Galindien): Der Name bezieht sich auf eine Burg an der Neide (prußisch „neid, nid, nida“: fließen, auf- und abtauchen; eine Ableitung, die auch für **Nidden** auf der Kurischen

Neidenburg

Nehrung gilt). Die Burg Neidenburg wurde auf dem Gelände der alten Wallburg errichtet. Belegt sind weiterhin ein Burgwall im

Südteil von Gardienen, einer am Südende des Gardienen See, ein Längswall von 3,1 km Länge im Wald zwischen Kaltenborn und Wallendorf sowie ein Schlossberg, 1,5 km südsüdwestlich von Malschöwen mit heidnischem Wohnsitz.

Nogat: Der Fluss ist ein ins Frische Haff mündender Arm der Weichsel. Der Name beschreibt die Form (prußisch „nogat“: Ende, Grenzstück, Tiefe, Landzunge).

Nordenburg (Barta): Der Ort an der Aschwöne oder Swine geht auf eine kleine Grenzfeste zurück, die 1366 als Wildhüterhaus erwähnt wurde. Zwei Jahre später errichtete der Deutsche Orden eine Burg.

Ortelsburg (Galindien): Die Ortulfsburg ging aus einem Jagdschloss des Ritterordens hervor und wurde 1350 auf einer prußischen Verschanzung errichtet. Ihren Namen verdankt die Stadt dem Spittler und Komtur zu Elbing, Ortolf von Trier (1349-1371). Im Kreis sind sechs prußische Wehranlagen belegt.

Osterode (Sassen): Der Ort liegt auf einer Insel am Einfluss der Drewenz in den Drewenzsee. In der Umgebung sind sechzehn Wehranlagen belegt. Der Name geht auf niedersächsische Kreuzfahrer zurück, die sich durch das äußere Bild an ihre Heimat Osterode am Harz erinnert fühlten.

Palmnicken (Samland): 1389 wird **Palwenicken** erwähnt. Der Name weist auf Heideland und Fischfang (prußisch „palwe“: wüste baumlose Moosfläche, unbeackertes Heideland, gerodete Waldfläche; „palwi“: Moosheide; „palme“: anderer Name für den Fisch Barbe). Die Kleinstadt ist berühmt durch das einzige Bernsteinwerk der Welt.

Passarge: Der Hauptfluss des Ermlandes entspringt auf dem Preußischen Landrücken nördlich von Hohenstein bei dem Dorf Grieslienen und mündet, nachdem er sich mit der Walsch vereinigt hat, unterhalb von Braunsberg in das Frische Haff. Urkundliche Erwähnungen lauten: 1251 que der Seria; 1252 Passerie; 1267 fluvii dicti Seria; 1279 circa Sergiam aquam; 1327 zcu dem wasser Serie; 1341 fluvii dicti Passeria; 1374 ad fluuium Passeriam; alias Seriam; vlyse Passeria adir Seria genannt; 1507 Passerge; um 1790 Passarge. Der Name leitet sich ab aus prußisch „pa“: bei und indogermanisch „ser-, sor-„: fließen, strömen.

Pillau (Samland): Auf einer Anhöhe im Scheitel der Bucht zwischen Frischer Nehrung und Haken lag die prußische Burg Pille oder Pillaw. („pile, pille, pils“: Burg, Festung, Berg, Schloss; „piliagarbis“: Schlossberg). Auf der Pille stand eine Pfundbude, wo der Deutsche Orden Pfundzoll verlangte. Das war ursprünglich eine hansische Abgabe von 1361 zur Finanzierung des Krieges gegen Dänemark. 1430 wurde daneben ein Störhof, also ein Umschlagplatz für den Fischhandel angelegt. 1497 bildete sich durch einen Orkan das heutige Seetief heraus, das ab 1510 für große Schiffe schiffbar war. In der Bucht westlich von Wogram und Kamstigall entstand die Siedlung Alt Pillau, die 1583 eine Handfeste erhielt.

Pillkallen/ Schloßberg (Nadrauen): Die prußische Feste lag im Südwesten auf dem Schlossberg unmittelbar bei der Stadt. Der Ort hieß bereits 1516 Schloßberg und wurde 1938 rückbenannt. Der Ortsname deutet auf litauische Neusiedler, die einen möglicherweise vorher bestehenden Ort namens Pilgarbis umbenannt haben. Pillkallen wurde im 16. Jahrhundert als Dorf erwähnt und ist litauisch abzuleiten von „pilkalnis“: aufgeschütteter Hügel, Grabhügel, Hünengrab, Schloss- oder Burgberg. Die Pillkaller wurden im übrigen Ostpreußen als arme Schlucker und streitlüsterne Händelsucher bezeichnet. Der „Pillkaller“ ist ein gut gefülltes Glas mit Klarem oder Aquavit. Oben drauf wird der Schnaps mit einer Scheibe würziger Leberwurst belegt, darauf wird ein Klacks Mostrich gegeben. „Pillkaller Stutenmilch“ ist heißer Arrak mit einem Zuckerwürfel und einem Schuss frischer Schlagsahne. Dies wird mit einem Strohhalm aus einem Sektglas getrunken.

Pissa (Nadrauen): Der Name bezieht sich auf grundlosen Morast (prußisch „pisa, pisse“: tiefer Sumpf, grundloser Morast, wo nur kleine Birken und Fichten wachsen). Die Pissa mündet bei Insterburg in die Inster. Da die wahre Bedeutung des Names aus dem Gedächtnis der Gumbinner verschwunden war und sie sich ihres Flussnamens schämten, haben sie angeblich König Friedrich Wilhelm IV. gebeten ihn umbenennen zu dürfen. Der habe den Vorschlag Urinocko gemacht, worauf die Gumbinner Bevölkerung von einer Umbenennung Abstand genommen habe.

Pogegen (Schalauen): Der Name sagt, dass der Ort am Fluss Gege liegt, auch Jegen, Gäge oder Jege genannt (prußisch „po, pa“: an, bei, in der Nähe von und „gegis“: Hain, Erlenwald, Heuwiesen, Äcker).

Pregel: Der Name des Flusses wechselte: Zur Gotenzeit hieß er Skara (preußisch-litauisch „skara“: Flachs), als der Ritterorden das Samland eroberte, nannten die Prußen ihn Lipz (1231), „flumen pregore“ (1243) und Lipsa/ Lipza (1246, prußisch „lipa, lipe“: Linde). 1302 erscheint der Name Pregel (prußisch „preigillis“: an der tiefen Stelle). Der Name „flumen pregore“ wird linguistisch unterschiedlich gedeutet: Nach Peteraitis „schnell, mutig“, nach Vanagas „Hölle, Abgrund“ und nach Gerullis „grundloser Weg, Abgrund“. In antiken Urkunden taucht der Name Chronos auf, jedoch bezog dieser sich auch auf die Memel, das Kurische Haff und andere Gewässer.

Preußisch Eylau (Warme)/ Deutsch Eylau (Pomesanien): Urkundliche Erwähnungen sind 1343 **Ilauia**, 1365 Ila, 1419 Ilaw und 1492 Eilaw. Der Name bezieht sich auf Wälder und den nahe gelegenen Eylenzsee (prußisch „ils“: sehr dunkel). Zwischen 1325 bis 1330 erfolgte der Bau der Burg Yladia. Als Vorburg entstand eine Lischke mit mehreren Krügen. Der Ort war bekannt durch Molkereiprodukte, Landmaschinenbau und regen Viehhandel. Im Umland sind sechzehn prußische Wehranlagen belegt.

Preußisch Holland (Pomesanien): Der Ort liegt an der in den Drausensee mündenden Weeske. Auch in diesem Umland sind sechzehn prußische Wehranlagen bewiesen. Der prußische Ort **Pazluk** („passis, pa assis“: Anführer und „lukis“: Unterkunft, Quartier) wurde ab 1523 mit Holländern besiedelt, die als Fachleute angeworben worden waren, das Danziger Werder zu entwässern. Die Stadt hatte die stärkste und älteste Festung des Oberlandes. Wegen der erhaltenen alten Bauten und der Berglage wurde Preußisch Holland „das ostpreußische Rothenburg“ genannt.

Putzig (Pommern): Der Name dess Fischerdorfes an der Ostsee bezieht sich auf die Brandung und klimatische Verhältnisse (prußisch „puta“: Schaum, Brandung, Wellenschaum; nehrungskurisch „put“: Gischt, „pût“: Briese, leichter Wind).

Radaune (Kaschubei): Der Fluss trägt den prußischen Namen Raudune und ist von „raudas“: rötlich abzuleiten (vgl. dazu lettisch „rauda“: Rotauge, Plötze). In pommerellischen Urkunden erscheint der Name bereits 1212 als Raduna.

Ragnit (Schalauen): Im Gebiet Tilsit - Ragnit sind achtundzwanzig schalauische Wehranlagen nachgewiesen. Auf dem 15 m hohen Südufer der Memel stand einst unfern der Burgen **Skalwa** (Paskallwen) und **Ramige** die Burg **Raganita**. Der Name ist ein Hinweis auf eine Lage an herausragender Stelle (prußisch „ragas“: Horn, Ecke, Landzunge, Spitze, Hinausragendes). 1275 erbaute der Ritterorden an dieser Stelle die Burg Landshut, welche 1355 zerstört wurde. Zwischen 1397 und 1409 errichtete er westlich des alten Burgberges ein neues starkes Haus, das Sitz eines Komturs wurde, dem auch die Burgen Tilsit und Labiau unterstanden. Im Schutze des Ordenshauses bildete sich eine Marktsiedlung, die wegen der günstigen Lage an Strom und Straßen Bedeutung erlangte.

Rastenburg (Barta): In der Umgebung von Rastenburg gab es achtundzwanzig prußische Burgen und Wehranlagen, unter anderem in Unter-Plehnen, Prömbock, Barten und Rastenburgsfelde. 1399 wurde der Ort als **Rastekaym** erwähnt. Der Name bedeutet frei übersetzt Pfahlbau-Dorf im Moosbruch (prußisch „raistan“: Moosbruch, „rast“: Pfahl und „caymis, kaimas“: Dorf, Ort). 1329 wurde über der Guber ein Ordenshaus angelegt, das zusammen mit der zugehörigen Siedlung 1344 von Litauern zerstört wurde. In der 1345 erbauten Lischke ließen sich Krüger und Handwerker nieder. Von 1360-1370 erfolgte der Wiederaufbau der Ordensburg in Stein. Der Remter des Ordenshauses wurde nach dem Vorbild der Marienburg ausgemalt. Die wieder aufgebaute Siedlung erhielt 1357 die Handfeste. Aus den roten Dächern der Stadt soll die Redensart „Er glüht wie ein Rastenburger“ hervorgegangen sein. Nahe Rastenburg befand sich ein Landgestüt der Trakehnerzucht. 1898 wurde der erste landwirtschaftliche Hausfrauenverein (Landfrauen) Deutschlands gegründet.

Rauschen (Samland): 1258 wurde **Rusemoter** im Urkundenbuch des Bistums Ermland erwähnt. Weitere Nennungen sind Rawschen, Rawssche (1458), Rauschendorf (1592) und Rauschen (1624). Der Name leitet sich nicht vom Meeresrauschen ab sondern bezieht sich auf Fischerei und auf die vom Wasser geformte Küste (prußisch „ruset“: langsam fließen, „ruszen“: Fischerhamen, sackartiges Fangnetz; lettisch „rusa“: Grube, vgl. dazu litauisch „rausis“: ausgewühlte Höhle).

Rhein (Galindien) und Rhein (Sassen): Der Name bezieht sich auf ein Gewässer und ist indogermanisch von „rin, ren, ron“ (hinablaufen) abzuleiten.

Riesenburg (Pomesanien): Der Name geht auf die prußische Landschaft Resia (Reisen) zurück und weist auf einen urbar gemachten Streifen inmitten von Wäldern. Ein prußisches Wort ist nicht überliefert, vermutlich hieß es „res, resis“. Die Prußenburg wurde 1236 zerstört.

Zwischen 1330 und 1340 erfolgte der Bau der Burg des Bischofs von Pomesanien, die 1698 und 1787 ausbrannte. Die Gründungsurkunde nach kulmischem Recht wurde zwischen 1285 und 1305 verliehen.

Rößel (Barta): Der Ort an der Zaine wurde 1254 als Resl erwähnt und wird Röößel gesprochen. Er wurde 1245 vom Ritterorden erobert. Der Name leitet sich ebenso ab wie Riesenburg. Die Steinerne Ordensburg entstand an Stelle einer Prußenburg. Im Umkreis sind lediglich fünf prußische Wehranlagen belegt.

Rominte (Nadrauen): Der Fluss mündet in die Pissa und weist auf ruhiges Dahinfließen (prußisch „ramint“: beruhigen, besänftigen). Der Ort Rominten entstand aus dem Ort Teerbude und weist auf eine alte Teer- und Pechbrennerei.

Rossitten (Samland): Der Name taucht öfter in Wegeberichten des Ritterordens auf, der die Nehrung als Nord-Süd-Weg vor dem sumpfigen Festland bevorzugte. Andere Schreibweisen sind Russiten (1395), Rossiten (1405) und Rossyten (1406). Der Name bezieht sich auf Feuchtigkeit (prußisch „rosit, rasit“: Tau, lettisch „rasoti“: sich mit Tau bedecken, „rasenti“: sprühen, rieseln). Auf der Kurischen Nehrung wurde nur in und um Rossitten Landwirtschaft betrieben, weil es hier Lehmboden gab. Ansonsten hatten die kurischen Nehrungsfischer ihre Heuwiesen und Gemüseäcker auf dem gegenüberliegenden Festland. Der Ornithologe Johannes Thienemann besuchte 1896 zum ersten Mal die Kurische Nehrung und erkannte sie als wichtigen Brennpunkt des Vogelzuges. 1901 wurde die Vogelwarte Rossitten als erstes Institut dieser Art in der Welt gegründet.

Rudau: Etliche Orte dieses Namens sind nicht polnisch abzuleiten. Die prußische Sprache bietet genügend Interpretationshilfen: „ruda“: Erz, rotbraun; „ruds“: rostfarben, braunrot; „rudaika“: Erzarbeiter, Eisenschmelzer; „rudellis, rudelitis“: Erzteiler, Eisenteilhersteller; „rudiatas“: Erzbearbeiter; „rudnikas“: Eisenschmelzer; „Rudonas“: September, Rote-Blätterfärbe-Mond.

Schippenbeil (Barta): Der Name **Waistotepila** aus dem Jahre 1326 deutet auf ein kultisches Zentrum mit dem Sitz eines Heilers (prußisch „waist, waistun“: wissen, kennen; „waistas“: Heilmittel, Medizin; „waistatas, waistenîtas, waistullis, waistnikas“: der Wissende; „bila“ = Sprache, Predigt). 1351 heißt es „die stadt Schiffenburg: Handveste Schiffenbrug alias Schippenpil“. Der neuere Name ist eine Fehlübersetzung, denn er bezieht sich nicht auf Schiffe sondern weist ausdrücklich auf die diesseitige und

Schutz bietende Lage der Burg (preußisch-litauisch „šiopus“: diesseits; „šiupas“: Schutzdach). Wegen der Halbinsellage verfügte der Ort nur über beschränkten Raum. Auf der gegenüber liegenden Seite der Alle befand sich eine ähnliche Schutz- und Trutzburg in Langendorf. Ebenfalls diente die südlich gelegene Leunenburg als Schutz. 1319 erfolgte der Bau einer Ordensburg anstelle der Prußenburg.

Schwenzaitsee: Der Name besagt, dass der See in der heidnischen Zeit als heilig betrachtet wurde (prußisch „swints“: heilig).

Sensburg (Galindien): Im Umkreis sind elf prußische Wehranlagen belegt. Zwischen 1404 und 1407 erhielt der Ort das Stadtrecht durch Hochmeister Konrad von Jungingen. Ob der Name überhaupt prußischer Herkunft ist, mag dahingestellt bleiben, zumal die Stadt auch Segensburg hieß. Allerdings gibt es unter den prußischen Orten einige Sans- und Sens-Namen. Diese deuten auf „senas: alt“.

Soldau (Sassen): Soldau lag an der Heerstraße von Königsberg nach Warschau. Trotzdem blieb die Entwicklung bescheiden.

Soldau

Der Name ist etymologisch nicht hinreichend geklärt. Er kann sich auch vom hochdeutschen Sold ableiten. Allerdings hieß der spätere Ort Sollau im Kreis Preußisch Eylau um 1349 ebenfalls Soldaw, was auf eine mit Krautwerk bestandene Landschaft weisen könnte („soalis": Krautzeug, Unkraut). Fünf prußische Wehranlagen sind in der Umgebung bekannt.

Spirdingsee: Der Name weist auf widerspenstiges Wasser (sudauisch „spirt": widerstehen).

Stallupönen (Nadrauen): Der Name beschreibt einen Altar am Fluss („stalis": Tisch und „upe": Fluss). Das Dorf bestand bereits in prußischer Zeit. Hier standen aus heidnischer Zeit ein Götterbild und ein Opferaltar, zu dem die preußisch-litauische Bevölkerung bis 1730 am Himmelfahrtstag pilgerte. Am Himmelfahrtstag wurde dem Gott Krišna, dem Beschirmer der Verstorbenen geopfert. Im Umkreis gab es vier prußische Wehranlagen und etliche Rom- und Schwent-Örtlichkeiten, die auf Heiligtümer weisen.

Stuhm (Pomesanien): Im Stuhmer Gebiet eroberte der Ritterorden eine Prußenburg, die sich zwischen dem Barlewitzersee und dem Hintersee erhoben hat. Auf diese Aufschiebung dürfte sich der Name der Stadt beziehen (prußisch „stumt": schieben).

Szillen (Schalauen): Der Ort entstand 1580 bei der Besiedlung der Großen Wildnis. Südöstlich bei Kraupischken stand die prußische Feste Sasawa. Der Name bezieht sich auf die Lage in der Heide (prußisch „šila": Heide, kiefern- und wacholderbestandene Heidefläche).

Tapiau (Samland/ Natangen/ Nadrauen): Der Ort am Zusammenfluss von Pregel und Deime ist eine Landschaftsbezeichnung, die auf ein spezielles Klima weist (prußisch „tape, teplu, toplu, tapis“: warm; „tape“: Wärme, Temperatur). Dusburg erwähnt 1326 „castrum Tapiow, quod Prutheni nominant **Surgurbi** („sur garbis“: um den Berg herum): Zahlreiche prußische Wehranlagen zwischen Wehlau und Tapiau sind belegt. Die Prußenburg Surgurbi fiel 1265 an den Orden und wurde von ihm ausgebaut. Die zwischen Deime und Pregel 1280-1290 erbaute Burg wurde auf das Ostufer der Deime verlegt und zu einem wichtigen Nachschubplatz in den Litauerkriegen. Sie hatte erhebliche verkehrswirtschaftliche Bedeutung, denn sie sollte das Samland vor den Nadrauern und Schalauern schützen (Litauer beteiligten sich erst viel später). 1385 wurde hier Witold/ Vytautas getauft, der Sohn des litauischen Kronanwärters Kynstut/ Kestutis. Vytautas errichtete zusammen mit seinem Vetter Jogaila/ Jagiello die polnisch-litauische Personalunion. 1436 hatte die auf dem linken Deime-Ufer liegende Lischke sechs Krüge, die auch noch 1731 bestanden. Nach dem Verlust der Marienburg 1457 und der Verlegung des Ordenshochsitzes wurde das Ordensarchiv bis

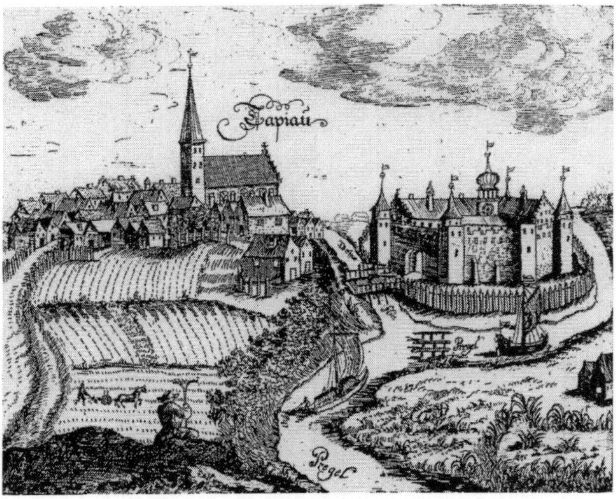

Tapiau

1722 nach Tapiau verlegt. Im 16. Jahrhundert erhielt der Ort das Marktrecht. Herzog Albrecht residierte hier zeitweise und starb hier auch 1568. Tabiau hatte eine Besserungsanstalt. „Wer zu viel wagt, kommt nach Tapiau."

Tawe (Schalauen): Der Ort Tawe liegt an der Mündung des Flusses Tawelle im Kirchspiel Inse in der Kurischen Niederung. Der Ortsname bezieht sich auf Sumpf, der mit Schlitten befahren werden musste (indogermanische Wasserbezeichnung: „tav": vergleiche dazu lettisch „toveris": Kufe; prußisch „tawe: Schneematsch). Der Kurenwimpel zeigt auf rotem Grund ein großes weißes Rechteck in der Mitte. Seit 1947 ist das Dorf als Ort erloschen und wieder von Schilf und Gestrüpp bewachsen. Da es wegen der ständigen Überschwemmungsgefahr bis 1937 keine Straßen gab, nutzte die Bevölkerung den Fluss und das Haff als Verkehrswege. Die Bevölkerung ernährte sich von Fischfang, Viehzucht und Gemüseanbau.

Thorn (Kulmerland): Der Name deutet auf das Besitztum eines Führers (prußisch „turei": haben, besitzen; „turesna": Besitz, Territorium; vergleiche dazu lettisch „torijs": führen). Alt-Thorn befand sich einige Kilometer weichselabwärts. Weil es ständig durch Überschwemmungen bedroht war, errichtete der Ritterorden 1236 seine Burg in gesicherterer Lage.

Tilsit (Schalauen): Der Name bezieht sich auf den Fluss Tilse (schalauisch „tilse": sumpfig, durchweicht; prußisch „tilte, tiltan": Brücke, auch Knüppeldamm, Moorbrücke). Neben einer prußischen Siedlung wurde 1365 die Ordensburg Splitter erbaut. Zwischen 1406 und1409 erfolgte der Bau einer Burg, in deren Schutz sich der Marktflecken entwickelte. Im Umkreis sind achtundzwanzig Wehranlagen bekannt. 1552 erhielt Tilsit das Stadtrecht. Durch den Frieden zu Tilsit am 7. und 9.Juli 1807, zwischen Napoleon I., Russland und Preußen abgeschlossen, verlor Preußen die Hälfte seines Gebietes. Napoleon, König Friedrich Wilhelm III. mit Königin Luise von Preußen und Zar Alexander hielten sich in der Stadt auf. Am 30. November 1918 unterzeichnen zwei Dutzend preußisch-litauische Intellektuelle eine Petition (Akt von Tilsit). Hierin wird die Abtrennung des nördlichen Ostpreußen (Preußisch-Litauen) von Deutschland und den Anschluss an das neu gegründete Litauen gefordert.

Tirklosee: Im baltischen Sprachbereich gibt es etliche Heiligtümer namens Tirklo (preußisch-litauisch „tirkšlis“: Mistel, bot. Viscum album). Die Mistel galt in heidnischen Zeiten als magische Heilpflanze, ein Halbschmarotzer, der kugelförmig auf Bäumen, insbesondere den Perkunoseichen wächst und nur im Winter sichtbar wird. Misteln wurden zur Wintersonnenwende an die Haustür gehängt um Schaden abzuhalten.

Tolkemit (Warme): Der Ort an der Küste des Frischen Haffs lebte vom Seehandel. Der Name bezieht sich auf einen uralten Handelsplatz mit dem Hin und Her von Waren, dem Übersetzen von Sprachen und gegenseitiger Hilfe (prußisch „tolsk“: Makler, Übersetzer und „mitint“: mieten). Ursprünglich war „talka, talke“ die freiwillige Hilfsarbeit, die sich Nachbarn bei dringender Feldarbeit leisteten und die statt mit Geld mit einem Festschmaus vergütet wurde. Seit der frühen Eisenzeit ist Besiedlung belegt. Der Sage nach soll hier die Feste Tolko des Hoggo gestanden haben, die später Schafsberg genannt wurde. Belegt ist die Burg Tolkemita einige Kilometer südlich von Tolkemit.

Treuburg (Sudauen): Marggrabowa ist die polonisierte Form von Markgraf und wurde 1560 von Herzog Albrecht gegründet.

Parallel dazu gründete der Polenkönig Sigismund II. August auf der polnisch-litauischen Seite der Grenze den Ort Augustowo. Damit sollte die Freundschaft der beiden Fürsten besiegelt werden, die hier ihre Jagdbuden hatten. **Oletzko** bezieht sich auf den gleichnamigen See (idg. *el-l, ol-*: fließen), wo eine prußische Fliehburg gestanden hat. Treuburg wurde der Ort benannt, weil die Bevölkerung nach dem 1. Weltkrieg so treu für den Verbleib bei Deutschland abstimmte. Im Umkreis sind fünf prußische Wehranlagen belegt.

Truso (Pomesanien): Der Name bezieht sich auf einen feuchten sumpfigen Wohnplatz (prußisch „tružas“: Schilf, Rohr):

Warschausee: Der Name des Sees auf der galindisch-sudauischen Grenze ist ein Hinweis auf Fischreichtum (prußisch „warza“: Wehr, Damm, Fischdamm). Die polnische Hauptstadt Warschau liegt ebenfalls im ehemaligen Gebiet der Sudauer-Jatwinger. Ihre Gründungslegende handelt von einem Fischer namens Wars und seiner Frau Sawa (prußisch „saw“: Fischerboot mit durchlöchertem Einsatz).

Wehlau (Samland/ Nadrauen): Frühe urkundliche Erwähnungen stammen von 1258 (Velowe), 1326 (Wilaw) und 1405 (Wilouwe/ Welouwe). Der Name beschreibt eine heidnische Kultstätte (prußisch „wele“: Seele, Geister der Verstorbenen: „welauks, welawa“: Seelenacker, Totenacker, Friedhof). Sechzehn prußische Wehranlagen weisen auf die strategisch wichtige Bedeutung dieser Region. Wehlau war berühmt für seinen Pferdemarkt. die alte Wehlauer Brücke galt als äußerst gefährlich, besonders an Tagen des Sommermarktes: „Wer nicht wagt, kommt nicht nach Wehlau.“

Weichsel: Der Name ist indogermanisch von „vis-, veis“ abzuleiten und bedeutet sich ergießen.

Wohnsdorf (Natangen): Der Name ist eine Verballhornung von **Unsatrapis** (von der Brücke nach oben; prußisch „unzei“: nach oben hin und „trapt, trapuns“: treten) und ist nicht mit Insterburg zu verwechseln. In den Quellen herrscht keine Eindeutigkeit ob es sich bei dieser Landschaft mit einer Prußenburg um ein eigenständiges Stammesgebiet oder eine Landschaft gehandelt hat. Urkundliche Erwähnungen lauten: Unsatrapis, Wohenstorph und Wunstorf (1326), Unsapotraps (1576) und Wusatrapen (1590).

Wormditt (Pogesanien/ Warme): Der Ort galt als die alte Hauptstadt von Warmien. Der Name bedeutet frei übersetzt: alte Siedlung im Wald gelegen (prußisch „wurammans, uremmans, wurs“: alt; „median“: Wald; „ditun“: hinlegen) Der Ort hieß 1308 Wurmdit/ Wormedith, 1313 Wurmedyten, 1313 Wormenyt, 1336 Wormditen/ Warmediten und 1343 Wormendith.

Zinten (Warme): Der Name beschreibt einfach nur eine Siedlung oder hat einen Bezug zum Hartriegel-Strauch (prußisch „sindats“: sitzen, siedeln; „sinds“: Hartriegel). Urkundliche Erwähnungen sind Sinthen (1419), Szynthen (1476) und Zcingten (1508). „Zinten liegt im Ausland“, dieser Spruch ist darauf zurückzuführen, dass Bischof Ferber den Protestanten kein ständiges Wohnrecht in seinem Bistum gewährte. So umschifften die Protestanten (besonders die aus Braunsberg) diese Verfügung, indem sie am Neujahrstag ins „Ausland“ nach Zinten gingen und am Dreikönigstag wieder zurück in die Heimatorte kamen.

Zoppot (Kaschubei): Der Ortsname geht auf einen Prußen Sapote zurück, welcher das Land gerodet haben dürfte (prußisch „sapas“:

Treibholz; „sapa“: Baumsaft, Harz; litauisch „šapuoti“: rüsten, vorbereiten, in Ordnung bringen).

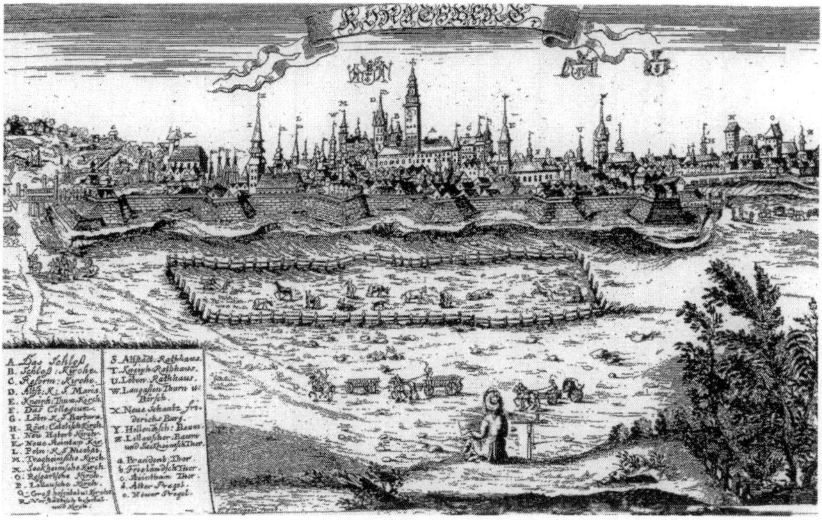

Königsberg

Königsberger Stadtteile

Königsberg Dreistadt: Königsberg bestand wie Danzig ursprünglich aus den drei Siedlungskernen Altstadt, Löbenicht und Kneiphof. Die Stadt dehnte sich aus, so dass die prußischen Dörfer des Umlandes Stadtteile wurden.

Altstadt (Samland): Die Altstadt entwickelte sich ab 1286 an Stelle der Prußenburg Twangste. Die Burgfreiheit (1255) erstreckte sich nördlich des Schlosses bei Twangste. 1262 wurde die Stadt vom Prußenführer Nalube aus Quednau überfallen und niedergebrannt. Nachdem Nalube besiegt war, wurde die Stadt 1264 wiedererbaut. Wegen ihrer bequemen Lage, durch Mauern und Türme geschützt, wurde die Stadt von deutschen Handwerkern und Kaufleuten besiedelt und von seewärts kommenden Schiffen besucht. 1286 erhielt die Altstadt ihr erstes Privileg durch den Landmeister Conrad von Tierberg. Dieser älteste Stadtteil hieß zunächst nur Königsberg und wurde erst dann Altstadt genannt, als die Neustadt Löbenicht um 1300 entstanden war. Berühmt waren die Handwerkerfeste der Altstadt.

Löbenicht (Samland): Der Löbenicht lag östlich der Altstadt. Der Name bezieht sich auf den Lebo (prußisch „loba“: Tal, Vertiefung). Es ist nicht auszuschließen, dass der Löbenicht mit dem ehemaligen Fischerdorf Lipnick identisch ist, auf dessen Grund das Nonnenkloster Löbenhospital errichtet wurde. In dem Falle wäre die Ableitung von „lipe, leipo“: Linde zu erwägen. Die genaue Entstehung des Löbenicht ist nicht bekannt, jedoch bestand er sicher im Jahre 1300, als ihm der Komtur Berthold Brühan das erste Privilegium gab. Der Stadtteil entstand durch zunächst vereinzelte Neubauten jenseits des Lebo (Katzbach) und jenseits der Stadtmauern und hieß Neustadt. 1414 wurden etliche Löbenichter Häuser von aufgebrachten Altstädtern abgerissen, angeblich, weil sie zu nahe an der Stadtmauer gestanden hätten. Die Stadt war durch Handwerksbetriebe, Zunftstuben und Mälzenbrauhäuser geprägt. Zum Löbenicht gehörten die Freiheiten Anger und Steegen, mit denen der Sudauerfürst Skomant belehnt worden war.

Kneiphof (Samland)/ Kniebau bei Danzig/ Knipaff in Mecklenburg: In den ältesten Zeiten wurde die morastige, notdürftig mit Palisaden gesicherte Flussinsel auch Pregormunde, Pregelmünde oder Vogtswerder genannt. Die Bebauung soll 1324 mit der Anlage der Langgasse, der Krämerbrücke und der Grünen Brücke begonnen haben. Seit 1327 ist die Insel als Stadt privilegiert. 1332 wurde durch den Hochmeister Luderus von Braunschweig das Domkapitel (Alter Dom) von der Altstadt auf den Kneiphof verlegt. Zum Kneiphof gehörten die vordere und die hintere Vorstadt und der Haberberg. Solange nur zwei Brücken die Dominsel mit den anderen Stadtgebieten verband, vermehrten sich in den Vorstädten die Speicher und Wirtshäuser. Von 1255 bis 1724 war der Kneiphof eine eigenständige, von Großhandel geprägte Stadt mit einer eigenen Stadtverwaltung. Zum Ende des 19. Jahrhunderts war Kneiphof dicht bebaut. Auf der nur knapp 10 Hektar großen Insel befanden sich neben dem Königsberger Dom das Grabmal Immanuel Kants, Universitätsgebäude und viele weitere Altstadtgebäude. Wegen des sumpfigen Bodens mussten vor dem Bau eines Hauses eine große Zahl Eichenpfähle in die Erde gerammt werden. Die Insel war durch fünf Brücken mit dem Festland verbunden. Diese Brücken, zusammen mit zwei weiteren Brücken über den Pregel, bildeten das bekannte Königsberger Brückenproblem, zu dem der Mathematiker Euler die Frage stellte, ob es möglich sei, bei einem Spaziergang über alle fünf Brücken gehen zu können, ohne eine Brücke mehr als einmal zu benutzen. Der Name leitet sich von „knieipe" = umflutet sein und „ape" = Fluss ab und bedeutet umflutet sein, überschwemmt werden. Es handelt sich also keinesfalls um ein studentisches Kneipenviertel. Die Dominsel war eingeschlossen von den beiden Pregelarmen: nördlich vom Neuer Pregel (Lipza) und südlich vom Alter Pregel (Natangischer Pregel). Das Kneiphöf'sche Areal begann bei den Fluss-Sperren „Litthauischer Baum" im Osten und endete am „Holländer Baum" im Westen.

Contienen (Warme): Der Name dieses südlichen Stadtteils weist auf kurischen Ursprung und beschreibt die Ortslage an der Biegung des Pregels (kurisch „kantinis": kantig, eckig). Der Stadtteil war geprägt durch Hafenanlagen und Fabriken.

Haberberg (Natangen): Das Stadtgebiet wurde eingeteilt in Unterhaberberg (nahe dem Pregel) und Oberhaberberg. In Analogie zu Haffstrom (Haberstrohm) dürfte mit Haberberg die nächste sichtbare Anhöhe am Haff gemeint sein. In der Nähe des Aschhofs am Pregel lag die **Insel Venedig**. Dieser Flurname hat nichts mit der italienischen Stadt Venedig zu tun sondern steht für prußisch-kurisch „venys“: Weideland. Auf dem Aschhof wurde aus Holz Pottasche hergestellt, die für etliche weitere Produkte Verwendung fand.

Juditten (Samland): Der ursprüngliche prußische Name **Gauditym** beschreibt die Landschaft: „gaudis“: wehmütig, „judas“: schwarz, finster.

Kalthof (Samland): Das Dorf lag am nordöstlichen Stadtrand und war ein beliebtes Ausflugsziel. Der Name ist prußisch abzuleiten und weist auf Metallvorkommen: „kalts“: Stemmeisen, „kalt“: schmieden, „kalti“: schlagen, „kalte“: Münze. Hier wurde bis Anfang des 19. Jahrhunderts ein Eisenhammer betrieben.

Kosse/ Cosse (Samland): Die Kosse am nördlichen Pregelufer galt als Spazierziel der Königsberger. Vom „Holländer Baum“ gelangte man zu der einzigen Gastwirtschaft des Dörfchens oder bevorzugte die Wiesen um im Pregel zu baden. Der Name weist auf ein bewaldetes Gebiet mit verkrüppelten Kiefern und Fichten („kuss, kusselis“: kleine kurze, gestutzte oder verkrüppelte Bäume).

Laak/ Laack/ Lastadie (Samland): Diese Vorstadt ist gegenüber dem Kneiphof gelegen. Im Osten lag der Stadtteil am Pregel gegenüber dem Kneiphof. Im Westen endete er am Stadtwall am „Holländischen Baum“, da wo später die Reichsbahnbrücke den Pregel überspannte. Der Name leitet sich vom baltischen Wortstamm „lak“ ab und weist auf ein Sumpfgebiet.

Lawsken (Samland): Der westliche Stadtteil lag zwischen Rathshof und Juditten. Der Name ist von „laukas“ abzuleiten: Feld, Acker, Rodeland mit Feldern und Wiesen.

Lauth (Samland): Der im Osten liegende Ort mit Dorf und Mühle am Lauthenfluss wurde 1263 als „in Lawte“ erwähnt. Der Name beschreibt die Gegebenheiten (lettisch „lutum“: feuchte Erde, Lehm, Ton, Dreck, Kot).

Liep/ Lieb (Samland): Zu Ordenszeiten war Liep ein kleines Fischerdorf, 1338 als Lipa (Linde) erwähnt. Dort, wo die Holzflöße von der Memel über das Kurische Haff oder durch die Gilge, den Großen Friedrichsgraben und die Deime kommend an der Stadtgrenze bei Liep angelandet wurden, errichteten Königsberger Bankiers und Großkaufleute eine Zellulosefabrik. 1913 wurde in Liep eine der drei wichtigen Pumpstationen für die städtischen Abwässer errichtet.

Lomse (Samland/ Natangen): Der östliche Stadtteil befand sich auf der gleichnamigen Insel zwischen Altem Pregel und Neuem Pregel. Er war über die Holzbrücke mit der Altstadt, über die Honig- oder Dombrücke mit dem Kneiphof und über die Kaiserbrücke mit der Südstadt Haberberg verbunden. Der Name weist auf sumpfiges Gelände („loma, lumpe, lumpsin“: morastiger Ort, der bei Betreten zittert). Hier wurde das moderne „Fischerdorf“ erbaut und entsteht das Fussball-WM-Stadion.

Maraunenhof (Samland): Dieser nördliche Stadtteil geht auf eine prußische Person Marun zurück und dürfte sich von „maronis“ (Bewohner eines Ortes am Haff) ableiten. 1571 hieß der sich zu einem Villenviertel entwickelnde Ort Mahrunen Fischer, 1606 Marauns Hoff Fischer und 1785 Maraunen oder Maraunenhof.

Neue Sorge (Samland): 1405 ist im Samland ein Dorf **Sorgin** belegt, dessen genaue Lage jedoch umstritten ist. Dieser Stadtteil lag innerhalb des Stadtwalles. Der Name verweist auf einen Wachtposten („sargs“: Wächter, Behüter, Pförtner, Schließer, Sicherung).

Palwehof (Samland): Hier, nördlich von Maraunenhof, lag die Königsberger Stadtgärtnerei. Die Palwe wird 1450 erwähnt, und zwar wurde damit die gesamte Palwefläche des Samlandes bezeichnet, also die wüste, baumlose Moosfläche, das unbeackerte Heideland, eine ausgerodete Waldfläche.

Ponarth (Warme): Bereits 1385 wurde das Dorf urkundlich erwähnt. Der Name weist auf ein Überschwemmungsgebiet („po“: in der Nähe und „nariatas“: Taucher). Berühmt wurde Ponarth durch sein gutes Bier und war an Sonntagen ein Ausflugsziel der Königsberger, die die hohen wilden Bäume des Dörfchens sowie den Ausblick auf die Stadt genossen.

Quednau (Samland): Der Ort wurde 1255 als **Quedenow** erwähnt. Archäologische Funde weisen auf eine sehr frühe Besiedlung. Das Dorf wurde durch seinen Mut bekannt, mit dem es sich dem Deutschen Orden widersetzte, jedoch auch für seine Treue zum Orden, nachdem es unterworfen worden war. Am „Apollosberg“ bei Quednau wurden häufig beachtliche Stücke Bernstein gefunden. Dem Namen liegt „kweden-aw“ zugrunde, ein im baltischen Sprachgebiet gebräuchlicher Wiesen- und Auenname (pr. „kweita“: Blume).

Rosenau (Natangen): Dieses spät eingemeindete und unbedeutende, durch Schrebergärten geprägte Dorf diente erst nach dem Bau der Eisenbahnlinie der wachsenden Stadt als Wohnsiedlung.

Der Name beschreibt eine leicht feuchte Gegend („rasa“: Tau, Feuchtigkeit).

Sackheim (Samland): Dieses erhöht liegende Gelände war von Feldern und Wäldern durchzogen. Der Sackheim (prußisch „saks“: Kiefernharz und „kaimas“: Dorf) war ein altes Dorf, das bereits 1326 eigene Gerichtsbücher hatte. Im 16. Jahrhundert hatte der Sackheim unter Seuchen, Pest, Hungersnöten und Feuer zu leiden, so dass er dreimal abbrannte. Zudem wurde das schlecht geschützte Land oft von Feinden verheert. Waren die inneren Stadtteile vorwiegend mit Deutschen besiedelt, waren Sackheim und Roßgarten gemischt-ethnisch zusammengesetzt: Im Sackheim lebte vorwiegen die prußisch-litauisch sprechende und im Roßgarten die kurisch-lettisch sprechende Bevölkerung. Die Privatgebäude, vorwiegend von deutschen Großbürgern und Adligen bewohnt, werden als „merkwürdig“ beschrieben, denn die Erbauer hatten sich von allen denkbaren historischen Richtungen beeinflussen lassen, so dass kein Haus stilistisch zum Nachbarhaus passte.

Tragheim (Samland): Der Name bedeutet ebenso wie **Trakehnen** Dorf in der Lichtung (prußisch „trakas“: Lichtung im Wald, Schneise, Gehau, Holzschlag im Walde, hochgelegene trockene Wiese mit vereinzeltem Gesträuch und „caymis, kaimas“: Dorf). Das vornehme „Geheimratsviertel“ wurde 1322 im Löbe-nichtschen Privilegium erwähnt. Dieser Stadtteil dürfte als „Freiheit“ betrachtet werden, denn hier gab es etliche Häuser, die frei von allen Abgaben waren, die die kleine Gerichtsbarkeit hatten und die unzünftigen Handwerkern das Wohnen ermöglichten. Es gab etliche Stiftungen vornehmer Bürger und Bürgerinnen zugunsten der Versorgung vornehmer Witwen und Waisen.

Twangste/ Tuwangsta (Samland): Twangste war der Name einer Burg der Prußen östlich des Schlosses in Königsberg und galt neben dem Handelsplatz Truso als Ausgangspunkt der Bernsteinrouten. Urkundlich erwähnt wird Twangste 1326 als „edicaverunt castri Kunigsberg...(apud Pruthenus dicitur) Tuwangste. Tunwangste e nomine silva, que fuit dicto loco".

Der Ortsname, auch Tuwangste, Twangst, Twongst, Twoyngst, bezeichnete einen Siedlungsplatz, der im späteren Stadtteil Burgfreiheit gelegen hat. Die Bedeutung des Namens ist „Teich mit Damm", womit der Schlossteich gemeint ist (prußisch „tuwanksta": Flusswehr, Teich, Damm; „twanka": Überschwemmung). Dieser Teich hatte in früheren Jahren einen offenen Abfluss zum Pregel, nämlich das Flüsschen Lebo (Katzbach). Nach einigen deutschen Quellen leitet sich der Name Twangste jedoch aus dem gotischen Lehnwort „wangus" ab, was einen Holzschlag in einem Eichwald bezeichnet. Es gibt in der Literatur praktisch keinerlei seriöse Informationen über Twangste. So schreibt Otto Schlüter 1921: *„Merkwürdig ist es, dass sich aus den Quellen so wenig über die Stelle von Königsberg in vorritterlicher Zeit entnehmen lässt. Eine Preußenburg ist vermutet, aber anscheinend nicht nachgewiesen. Peter von Dusburg spricht nur davon, dass die Preußen das Kastell, das die Ordensritter 1225 an der zu seiner Zeit ‚alte Burg' genannten Stelle nach dem dort befindlichen Walde Tuwangste genannte hätten."* Entweder war Twangste gar nicht existent, es war sehr unbedeutend oder die sich ausbreitende Stadt Königsberg hatte alles überdeckt, so dass Ausgrabungen wegen der dichten Besiedlung nicht in Angriff genommen werden konnten.

In der jüngeren Bronzezeit (1000 bis 500 v. Chr.) erlebten die Dörfer des Samlandes einen Aufschwung, von Twangste dagegen tritt nichts in Erscheinung. Entlang der Flüsse gab es Handelswege ins Binnenland, wie Funde in Gerdauen beweisen. Stein- und bronzezeitliche Karten zeigen lediglich Fundorte, die etwa bei

Königsberg um 1257

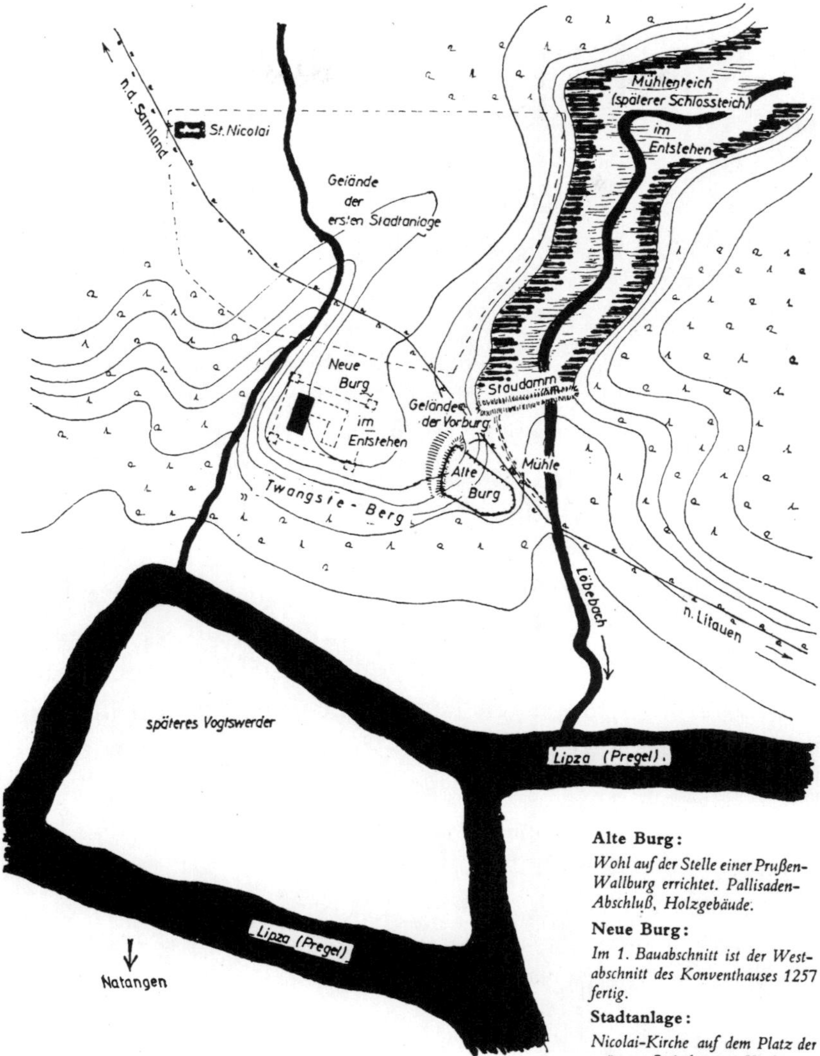

Alte Burg:

Wohl auf der Stelle einer Prußen-Wallburg errichtet. Pallisaden-Abschluß, Holzgebäude.

Neue Burg:

Im 1. Bauabschnitt ist der Westabschnitt des Konventhauses 1257 fertig.

Stadtanlage:

Nicolai-Kirche auf dem Platz der späteren Steindammer Kirche urkundlich nachgewiesen. Lage der Stadt hypothetisch.

Juditten, also westlich von Twangste, liegen. Twangste muss als Siedlungsort unattraktiv gewesen sein, obwohl es beste Siedlungsvoraussetzungen bot: Es lag etwa 20 Höhenmeter über dem Pregel auf einer wasserdurchlässigen Anhöhe, bot gute Aussicht auf eventuell sich nähernde Feinde und lag in günstiger Entfernung zu Wasserstellen.

Anders wird es zwischen 800 bis 300 v. Chr. gewesen sein, als Goten Züge in Richtung Danzig und bis zur Passarge unternommen hatten und Siedlungsdruck ausübten. Erstmals während der Gotenzeit nach der Zeitenwende weist eine archäologische Karte einen Waffenfund auf Königsberger Stadtgebiet aus. Zu erinnern ist, dass im Ortsnamen Twangste das Wort „wangus" steckt und dass dies eine Lichtung in einem durch Holzschlag gerodeten Eichwald bezeichnet. „Wangus" bedeutet im Schwedischen „freies Feld", und zwar im Sinne von *terra inculta*, also ungenutztes Land. Bekannt ist, dass es im Samland keine kompakte Besiedlung durch die Goten gegeben hat, dass sie dort aber eine Weile lang die soziale Oberschicht gebildet hatten, bis sie sich dann entschlossen abzuwandern. Aus prußischer Sicht hat der Begriff „wangus" eine religiöse Bedeutung, nämlich Eichwald des Donnergottes Perkunos. Seinen heiligen Baum auch nur anzutasten, geschweige denn eine Lichtung in seinen heiligen Wald zu hauen, war mit einem Tabu belegt und hatte den Tod zur Folge. Es scheint legitim, Twangstes Entstehung als eine der Not gehorchende Ortsgründung zur Gotenzeit anzunehmen, möglicherweise sogar eine, welche durch die nicht unter religiösen Zwängen stehenden Goten selbst angelegt wurde.

Liste baltischer Götter, Göttinnen und Gottheiten

Aitvaras (lit): Gott, Luftgötter, leben im Himmel oder in Wäldern, fliegender Getreide- Drache, man vermutet sie im Kornspeicher und bezeichnet sie als Diebe, weil sie ihren Verehrern Weizen und Gerste durch die Luft zutragen. Sie regeln menschliche Beziehungen und beeinflussen die Gesundheit, sie sind unsterblich und regenerieren sich durch die Berührung mit der Erde

Aitwaras, Aitwars (pr.): Gottheit in Sumpfgebieten, wohnen oberhalb der Erde, Gestalt Drache oder große Schlange, Kopf feurig, tun Gutes und Schlechtes, können nur mit Magie vertrieben werden. Wenn man einen Aitwars fliegen sieht, muss man mit dem Messer auf den Boden zeigen, um ihm sein eigenes Revier zu zeigen. Als Strafe kann man mit Läusen überschüttet werden oder er zündet das Anwesen an. Opfergabe: unberührtes Gebratenes oder Gekochtes.

Algis: Gottheit als Herold

Alkas, Elkas: Götterbild, Waldtempel, Heilig, Tabu, Unverletzliches, Abgeschirmtheit

alkaimas, alkakaimas, alkeimas: Götterdorf

Apidemis: Gottheit für den Wohnungswechsel

Aŝwiniai: Göttliche Zwillingssöhne der Saule in Gestalt von weißen Hengsten mit goldenen Mähnen, die Saules Himmelswagen ziehen.

Audrus, Audras: Gottheit für Sturmflut und Orkan, Windsbraut

Ausca (pr), Wâkarîne (pr), Šwierine, Švoruna, Aušrine (lit): Göttin der Morgenröte, Morgenstern, Göttin Venus, zweite Tochter der Saule, Morgensternbewacherin, in Gestalt einer Stute durchschwimmt sie Wellen, als weiße Kuh erscheint sie in Märchen, verschmolz ebenfalls mit der Jungfrau Maria. Ihr zweiter Aspekt als Wâkarîne: Abendsternbewacherin, beides sind Sonnenmägde. Ausca macht der Sonne morgens das Feuer an, Wâkarîne richtet ihr abends das Lager.

Aušauts (pr), Aušveitis: Gott der Verschuldung, der Kranken, der Genesenden, der Gesunden, Gott für die Gesundheit, der gute Gott, entspricht Saturn und Äskulap

Auseklis: Gott, Bruder der Ausca beziehungsweise ihr Pendant aus der männlichen Ära, zeigt sich in Gestalt eines Hengstes oder Stieres

Austeja, Austaja: Göttin der Bienen, der Fruchtbarkeit und des Frühlings, Vermehrerin der Bienen und Menschen, Beschützerin heiratsfähiger Mädchen und schwangerer Frauen

Autrimpas (pr): Gott des Meeres, Seegott

Autrimpus, Natrimpus, Potrimpus: Gott der Vorjahreszeit, Schmiedegott, später Kriegsgott

Ažpelenie: Gottheit, Herdwinkelbewacherin

Bangputtis, Bangputijs: Göttin der Wellen, des Meeres, des Wellenschlagens, Tochter der Windmutter, fährt in einem Boot mit goldenem Anker über das sturmgepeitschte Meer

Bardoaitis, Bardoyats, Perdoyts: Gott der Schiffer und Seeleute, kann Schiffe umblasen, braucht deshalb als Opfergabe Fische

Baube: weibliche Gottheit des Viehbrüllens, die Brüllerin

Baubis: männliche Gottheit des Viehbrüllens

Brekšta: Göttin der Dämmerung

Budintâja: Gottheit als Wachmacherin, Erweckerin, die Summerin

Ceroklis: Gott der Gastlichkeit

Deiwas, Dewus, Deiwan, Deiws, Dievas, Diev, Okkopirmas, Occopirmus, Uokopirmas (pr), **Dievas, Praamzius** (lit) , **Prakurimas, Ikurejas, Sotvaras** (Suvalkija), **Nrnadeeves** (13.Jh.), **Triglav** (slaw. dreiköpfiger Gott **Jarovit-Ruevit-Svantevit**): Gott, der Allererste, versinnbildlicht den Jahreszyklus. Zu Weihnachten erwacht er als Hirsch mit 9 Geweihsprossen und triumphiert zur Sommersonnenwende als Birke. Seine Entscheidungen sind in Stein geschrieben, es gibt keine Flucht davor, er symbolisiert das Gestern-Heute-Morgen

deiwinat: Gottesdienst halten

deiwiskai: göttlich

Deiws ast teikawuns switan (pr.): Gott hat die Welt geschaffen

Deiwus dat dantis; Deiwus wirst datun geidis (pr.): Gott gab Zähne, Gott wird Brot geben

deiwutiskan (pr.): göttlich, selig, Gottseeligkeit

Dekla: Göttin der Gebärenden und Kinder

Derintis, Derrintois: Gott, der Verträge besiegelt

Diewe wam padek! (pr.): Gott helfe mir!

Diewe pasutin mus! (pr.): Gott sättige uns!

Dimstipati (weibl.), Dimstipattis (männl.): Göttin des Hauses, die am wichtigsten Platz in der Ecke hinter dem Tisch vermutet wird, nur von Frauen angebetet, später Gott für Hofherren

Drebkullys: Gott des Erdbebens, des Zitterns der Moore

Dugnaija: Gottheit für das Bierzubereiten

Duotaias, Dowidatis: Gott als Geber

Dwargautis: Gottheit für das Hofhüten

Ezerine (pr.); Ežerinis (lit.): Göttin der Land-Seen

Eratinis, Eraiciu: Gott der Lämmer und Schafe

Gabija: Göttin des personifizierten Feuers

Gabjauija (weibl. pr.), Gabjaujis (männl. lit.), Jagaubis: Göttin für das Feuer auf der Dreschdiele (jauja), der gefüllten Scheunen, beschützt nicht nur das Feuer, auch Hof und Vieh, wird zur Dreschzeit in der Tenne angerufen, man opfert ihr einen Hahn, den man unter einem übergestülpten Topf aufbewahrt hatte

Gabwartei: Gott als Feuerabwender

Gaddinauti, Dworgantis: Gottheit, die Hof und Gehöft bewacht

Ganîklus Dewas: Gott für das weidende Vieh

Ganda, Janda: Gottheit des Schicksals für Mädchen, wendet Schrecken ab

Ganiklis (lit): Gottheit für das Herdenbehüten, Gott der Schafhirten

Gardetis, Gardonaitis: Gottheit für das Herdenbehüten, Gott der Schafhirten

Giltine, Gelténe, Giltene: Göttin, freundliche Todesgöttin, die Sorge trägt, dass Menschen auf Erden nicht als überflüssig empfunden werden, unter christlichem Einfluss Göttin für den schmerzhaften Tod, giftiger Zungenstich (indische Kali), Würgerin in Pestzeiten, Schwester der Laima beziehungsweise ihr dritter Aspekt

Giraitis, Girristis, Gyrsystis: Gott des Waldes

Giristis, Girîstis, Girystis: Gottheit für das Bewachen des Waldes, Waldwächter

Grigo ratas: Sternbild Großer Bär/ Großer Wagen, Wohnsitz der ruhigen Seele (Wele) eines Verstorbenen

Guze, Gusze, Guže: Göttin der Wanderer und Reisenden

Indraja, Indre, Indra, Indira: von „endre, lendre, nendre“: Rohr im Sinne von altgriechisch „andreia“ Tapferkeit, Tüchtigkeit, Mannhaftigkeit, fünfte Tochter der Sonnengöttin Saule, entspricht dem Planeten Jupiter, Göttin für Landwirte und für die Gesundheit der Kinder

Jagaubis, Ugniszwenta: Gott des Feuers

Jauci Baûbis: Gottheit für das Brüllen der Ochsen, Ochsenbrüller

Juras Mâte (lett), Jurate: Göttin für das Meer, Meermutter

Kaikoratas: Gottheit derPferde

Kalwelis, Kalivs, Kalwaitis: Gott als Himmelschmied, hämmert am Ufer des Himmelsmeeres, schafft alljährlich eine neue Sonne, weil die alte in der Winterszeit durch böse Mächte verschlungen wurde, indem er einen Ring, eine Krone oder einen goldenen Becher schmiedet

Karweitis, Karwaitis, Karwaiciu: Gottheit für Kälber und Lämmer

Kaugaris, Kaugarbis: Gottheit der Berge, Hügelbewacher

Kaukas: Unterirdischer Geist, Helfer der Puskaite, braucht Opfer unter dem Holunderstrauch und bewacht dann das Anwesen

Kaupuole, Kupole: Göttin für die Blütenpracht, Keimkraft und Feldvegetation, eine sterbende und wieder auferstehende Göttin, Mutter der Morgentaugöttin Rasyte

Keliu Dewas: Gott der Wege

Kellukis: Gottheit der Wanderer, der auf die Wege achtet

Kerpczus, Kerpintjus, Kerpiszus: Gottheit der Moose und Flechten

Kiauliu Kruke: Gott der Schweine

Kibelka: das Sonnenpferd im Sternbild Stier, Gottheit für Schwäche, Siechtum, weiche Beschaffenheit, Unbeständigkeit, Unbestimmtheit, Unsicherheit

Kovas (lit): Gott für den Krieg

Krišna: Gott, Beschirmer der Verstorbenen

Krukis: Gott als Grunzer

Krumine, Krûminie: Gottheit für die ersten Ähren, Kernansätze der Ähren, Buschfrau, Halm-Jungfrau

Kurke, Kurkis, Kurcho, Churche, Chorcho, Korche: Gott der Ernte und Spender der Nahrung, gibt die letzten Ähren, Pendant der Rugia Boba.

Laimâ und Semina (pr.), Dalia (lit), Karta (lett): Göttinnen der zweitobersten Ebene, Erd- und Glücksgöttinnen, zeichnen sich aus durch von Ehrfurcht geprägtem Wissen um Pflanzen, Reptilien, Haus- und Wildtieren, Vögel

Laima, Laimâ: Göttin des Allwissens, des Schicksals, der Geburt, Schwangerschaft und der Neugeborenen, Glücksgöttin

Laukpatis: Gottheit über die Felder und Fluren, Flurenherr

Lauksargs: Gott der Feldhüter

Laume: Göttin für Entführung und Missbildung bei Kindern, Göttin der Bösartigkeit, weiblicher Unhold

Lazdona (lit): Göttin der Haselnussernte

Ligiejus, Lygiejus, Lîgizus: Gott der Eintracht und Rechte, der Ausgleicher

Lîgo (lett): Göttin der Fröhlichkeit, Sonnengöttin

Lîtuwanis, Lituwas (pr.): Gottheit für das Regenmachen, Regengott

Lytuvonis (lit): Göttin des Regens

Mara: Göttin Milchmutter. Sie hält sich in Gestalt einer schwarzen Schlange oder eines schwarzen Käfers oder einer schwarzen Henne im Stall auf und überwacht die Geburt von Kälbern. In Gestalt einer weißen Henne heißt sie Laima-Kuh, später identisch mit der Jungfrau Maria

Medienė, Medeina: Göttin des Waldes, der Bäume, der Jagd und der Hasen

Meletete, Meletette, Tete Melu: Tante-Göttin für Farben, besonders für Kräuter zur blauen Farb-Herstellung, Muhme des Blaufärbekrauts, Zorngöttin

Menulis, Mênulis: Gott Mond, schöner Himmelsfürst, der in Hengstgestalt mit einem sternenübersäten Mantel das Nachthimmelsmeer durchschwimmt; Gewährer und Beschützer von Gesundheit, Schönheit, Zufriedenheit, Wohlhabenheit; geschiedener Gatte von Saule, der, weil er ein Verhältnis mit ihrer gemeinsamen Tochter Ausca hatte, aus ihrem Angesicht verbannt wurde, beziehungsweise von Perkunos in zwei Teile gehauen wurde

Milda (lit): Göttin der Liebe und Freiheit

Nijole (lit): Göttin für unterirdisch Lebendes, zu christlicher Zeit abgewertet zur Frau des Unterweltgottes

Nonadieve (lit): Göttin des Hauses, die Braut betet zu einem Idol aus einem Strohbündel, damit ihr vergeben wird, dass sie das väterliche Haus verlässt und nun anderen Hausgöttinnen verpflichtet ist

Okopirn: Gottheit des Windes

Ostéja, Austaja: Gottheit für das Bienensummen, Bienensummerin

Pânike, Ponike, Ažupelene: Gottheit als Herdfeuerbewacherin, lebt im heimlichen Winkel zwischen Herd und Wand

Patolos, Patollus (pr), Vels, Velinas, Velionis (lit): freundlicher hilfreicher Gott des Sterbens, unter polnisch-katholischem Einfluss zu Pikollos, dem Teufel abgewertet

Patrimpas, Potrimpos (pr): Gott der Ernten und des Lebensglücks, jung, bartlos mit einem Kranz aus Kornähren

Perdoitos, Perdoutus, Bardoayts: Gottheit für Kaufleute, Handel und Fischfang, Schiffsleute. Er kann Schiffe umblasen und braucht Fischopfer zur Besänftigung

Pergrubins, Pergrubius: Gott der Feldfrüchte, der Blüte und des Gedeihens, lässt Laub und Gras wachsen

Pergubre (weibl), Pergubrius (männl): Göttin/ Gott, welche die Erde mit Blüten ausstattet und die erste Feldarbeit beschützt, später Frühlingsgott. Ihr zu Ehren entstand der Osterbrauch des Schmackostern (šmakôsterît), bei dem Schlafende mit Birkenrutenstreichen geweckt und Drachen ausgetrieben werden

Perkunos und Potrimpos und Patolos: Die drei wichtigsten Götter der zweiten Rangebene, Götter für Donner, Fruchtbarkeit und Tod

Perkunos, Perkûnas, Perkunas: Gott des Donners, des Zorns, Befruchter und Reiniger der Erde (Thor), kräftiger Mann mit Kupferbart, lässt sich von einem Ziegenbock über den himmlischen Steinhügel ziehen und verursacht so das Gepolter, nimmt die Gestalt eines Ziegenbocks oder Stieres an, mit dem Wurf seiner Axt oder Pfeile bringt er Fruchtbarkeit. Sein Baum ist die Eiche. Er ist der Befruchter und Reiniger der Erde, herrscht über Sonne, Donner und Regen, Gatte der Semina, unter christlichem Einfluss im Volk aufgewertet zu Okkopirmas, weil der oberste Gott Deiwus ansprechbar wurde.

Picullus, Peckols (poln. Lehnw): Gott der Hölle und Finsternis

Pilnitus, Pilnitis (pr), Pilwitis: Gott als Vollmond, Gott der vollen Scheunen, Scheunenfüller

Pilnytis (lit): Gott der Verschuldung, der Kranken, der Genesenden, Gott für die Gesundheit

Ponike, Ponyke: Göttin, die das Herdfeuer bewacht

Potrimpos: Gott des Glücks, der Fruchtbarkeit, des Wohlstands, der Saat, des Frühlings

Prei prusnas poligun Deiwas (pr.): nach Gottes Ebenbild

Prigirstis: Gott für das Vermögen hören zu können, unter christlichem Einfluss abgewertet zum Geist des Horchens, Mithörens, Belauschens

Pûškaite (weibl.), Puskaitis (männl.): Göttin für Fruchtbarkeit und Getreide, lebt unter den ihr geweihten Holundersträuchern, Herrin über die unterirdischen Barstukai/ Parštukai/ Kaukai. Ihr zu Ehren finden zum Frühling und Herbst Feste statt. Sie steht auch für den Monat Juli, ihr Symbol ist die Linde (Heilige Linde), später abgewertet zur Gottheit der grünen Wildnis und des Waldes.

Ragaina, Ragana (slaw. Baba Jaga): Göttin des Lebens, des Todes und der Regeneration, Schlangengöttin in menschlicher Gestalt, Seherin, die im Walde wohnt, später zur Hexe abgewertet

Rasyte (Tochter der Kaupuole): Göttin für das Wässern der Vegetation mit Silbertau, wie ihre Mutter eine sterbende und wieder auferstehende Göttin

Raugupatis: Gott des Gärens und des Bieres, Brotteigzubereiter, Brotvater

Rugia Boba: Göttin des Getreides, Roggenmuhme. Bei der Getreideernte wurde der letzten Garbe die Gestalt einer Frau gegeben. Die wurde beim Erntedank umjubelt und bis zur nächsten Ernte im Haus aufbewahrt. Entspricht dem Kurke/ Churcho

Saule Maitašana: Göttin der Sonnen- und Mondfinsternis, Vernichterin

Saule, Ridolele (lit), Ligo (lett): oberste Göttin, Mutter der Semina und ihrer Schwestern, Ehefrau von Deiwus und Perkunos und Menulis

Šulinis: Gottheit für das Brunnenbewachen

Seimes Dewas: Gottheit für das Hofgesinde

Selija: Sechste Tochter der Saule, entspricht dem Planeten Saturn

Silinizus: Gott als Heidekrautmacher, Heidegott

Sirinzus, Szericzius: Gott der Hirten, der das Vieh füttert

Srutis: Göttin für die Farben der Blumen

Suaixtis (pr.), Zvaigste (lit): Gott des Lichtes (pr), Stern (lit)

Sutwaras: Gottheit für das Viehvermehren

Swaigxtig: Gottheit des Sternenglanzes, des Lichtes

Szlotrazys: Gottheit für Saunabirken-Reiser mit Blättern

Szullinnys: Gottheit, die Brunnen beschützt

Tartois Kibirksztu: Gottheit als Besprecher der Funken, Funkenflugabwender

Tawalis: Gott für die Begabten

Têljawélis: Gottheit, die morgens und abends die Sonne schmiedet, Gott der Handwerker und Künstler

Tete Melu, Meletete: Tante-Göttin des Blaufärbe-Krauts

Tiklîs: Gottheit für das Geraten des Getreides, der Feldfrüchtebewacher

Tillusoûnis und Lîgašônas: Gottheiten der Sänger, Dichter, Ärzte und Richter

Tratitas Kirbixtu: Gottheit als Vernichter der Funken

Trimpus: Gottheit der Säufer und Alkoholkranken

Uckapirmos, Occopirmus, Ukkopirmas, Deiwus, Dievas, Dewus, Dews: Allererster, Allerhöchster

Upinis, Upints Dewas: Göttin/Gott der Flüsse und Bäche, braucht als Opfergabe weißhäutige Spanferkel, damit das Wasser klar und sauber bleibt

Vaiggantas, Vaižgantas: Gottheit des Flachses und Hanfes, der fröhlichen Trunkenheit, symbolisiert das Leiden des Flachses: Brechen, Trocknen, Wässern, Riffeln. Im 16. Jahrhundert abgewertet zum Gott der Frauen, damit sie nicht nackt herumlaufen müssen; im 18. Jahrhundert Schutzgott der Bräute und Huren

Vaivora, Waiwora:
Erste Tochter der Saule, entspricht dem Merkur

Vejopatin: Gott, Windgott, Sohn der Windmutter

Veli: Festtage des Totengottes

waidlit (pr.): Gottesdienst halten, sehen, vorhersehen

Waisgautis: Gottheit der Fruchtbarkeit, Bräute und Huren

Wâkarîne, Świerine, Švoruna: Gottheit, Abendsternbewacherin, Göttin Venus als Abendstern im Gegensatz zu Ausca (Venus als Morgenstern), zu christlicher Zeit abgewertet zur Göttin, die für menschliche Speisen sorgt

Wârpulis: Gottheit, die das Nahen und Abziehen des Gewitters anzeigt, der Zitterer

Wêlonis: Gottheit der Seelen, der Toten

Welow, Wehlau: Acker der unruhigen Seelen, die noch nicht zu den Göttern aufsteigen konnten

Wištobratis: Gottheit für das Bewachen des Federviehs, Huhnbruder

Zallus: Gottheit der Fehde, des Streites

Zedeklele: Göttin der kleinen Blüten

Zelus: Gott der grünen Gräser, Gottheit für das Wachsen des Grases

Zembaris: Gottheit der guten Ackerkrume, Bestreuer der Erde

Žemepatis, Žemininkas: Gottheit der Erde, Gott zum Schutz der Hofstatt, Bruder der Seminele (pr), Žeminele (lit)

Zeminele, Zemyna, Jawinne: Göttin der Erde, des Lebens, der Fruchtbarkeit, Erdmutter und Blutspenderin, dritte Tochter der Saule

Ziezdre: Vierte Tochter der Saule, entspricht dem Mars

Zlotrazis: Gott der Baderuten

Žvoruna suka: Gottheit Sternbild Großer Hund, Zeit der größten Sonnenwärme auf der nördlichen Halbkugel (Römer opferten rötliche Hunde), gemeint ist wohl Sirius als dessen größter Stern

Zwaigsdszukas, Zwaigstiks: Gott der Sterne, Gott, der die Gestirne in ihren Bahnen lenkt

Zwaigsdunoka: Sterngöttin, Gefährtin des Zwaigstiks

Žemyna (lit.), Semine (pr.): Göttin Erde, Tochter der Saule und des Menulis, bei den Prußen teilweise Synonym für Laima

Žwierine, Žvoruna, Wakarine, Ausca Aušrine: Göttin Venus als Abendstern

Zeittafel

Vor- und Frühgeschichte bis 700 n. Chr.

Ab 11.000 v. Chr.: Jäger, Sammler aus a) dem Hamburger Kulturkreis, eine Variante der französischen Magdalenien-Kultur, zunächst bei Königsberg, spätere Phase auch im Memelgebiet und b) der Swidry-Kultur aus Südeuropa

Ab 7.000 v. Chr.: Jäger, Sammler, Fischer, Kiefern- und Föhrenzeit; das Klima wird wärmer und feuchter, die Gletscher sind verschwunden; nachgewiesene Besiedlung bis zum Memelgebiet. Zuzug der Maglemose-Kultur aus dem Westen, Erben der Magdalenien-Kultur.

Um 6.000 v. Chr.: Vermischung von Maglemose- u. Swidrykulturen.

Ab 4.000 bis 2.500 v. Chr.: Mittlere Steinzeit, Knochen-Kultur-Kreis, Jüngere Steinzeit, Steinwerkzeuge, Knochen, Holz, noch alteuropäisch, nicht indoeuropäisch. Matriarchat. Siedlungsplätze dort wo der Haselnussstrauch wächst (laxte, lagzde, lazdynas). Funde: Knochen- und Geweihhaken, bearbeiteter Bernstein. Um 1.500 v. Chr: Funde lassen auf erstes Sesshaftwerden von Menschen an Flussläufen schließen

Ab 2.500 v. Chr.: Ende der Steinzeit, Ankunft der Indoeuropäer aus Zentralasien, damit zusammenhängend andere Kulturtechniken. Patriarchat. Baben mit Trinkhorn werden wie in Zentralasien und Persien errichtet, Kugel-Amphoren-Kultur. Handelsbeziehungen mit Griechenland (Bernstein). Knochenfunde weisen auf

Vermischung mit den vorhandenen Menschen, keine Ausrottung, Entstehung eines neuen schlankeren Menschentyps. Die urbaltische Sprache entsteht, sie hat Ähnlichkeit mit Sanskrit und Latein. Die Kultur der westbaltischen Prußen und Kuren ähnelt derjenigen der Kelten. Die Kultur der ostbaltischen Litauer, Žemaiten und lettischen Stämme ähnelt derjenigen der Finno-Ugrier und der Mongolen. Die Besiedlung wird dichter.

Bronzezeit

Ab 1.500 v. Chr.: Hügelgräber, Leichenfunde in Hockerstellung, mitteleuropäische Expansion, die aber im Memelgebiet sehr geschwächt und verspätet ankommt. Beginnende Metallkultur im Austausch mit Bernstein.

Ab 1.000 v. Chr.: Jüngere Bronzezeit, Frühe Eisenzeit, Kulturwelle der „Lausitzer Kultur“ um 500 v. Chr., Leichenverbrennung, Asche in Tongefäßen, Gefäßdeckel mit Seelenloch. Wegen der Großen Wildnis zwischen Pregel und Memel erreicht die Lausitzer Kultur nicht Schalauen.

Ab 200 v. Chr.: Expansion der Germanen bis an die Weichsel.

Eisenzeit

98 n. Chr.: Tacitus erwähnt in der „Germania“ den Bernsteinreichtum, römische Münzfunde.

100 n. Chr.: Vordringen der Gepiden bis zur Passarge. Creutungi (Graudenz) wird erwähnt.

180 n. Chr.: Der griechische Philosoph Ptolemäus aus Alexandria erwähnt die Galinder und Sudauer.

Ab 500 n. Chr.: Eindringen von Slawen (Massageten?) in die südlichen prußischen Stammesgebiete und im Norden ins Ostbaltikum. Litauer und Letten werden zur Ostsee gedrängt. Eindringen der Goten bis ins Samland, reger kultureller Austausch und Aufschwung, auch im Memelgebiet. Handel mit Rom nachgewiesen durch Münz-, Glas-, Emaillefunde und Metallimport. Skelettgräber. Goldenes Zeitalter der Balten. Differenzierung zwischen Memelgebiet und Altpreußen. Im Memelgebiet dringen Schweden und Wikinger ein. Die Handelsbeziehungen nach Süden zwischen abgewanderten Goten und Prußen reißen nicht ab. Nach Abwanderung der Goten findet die Aufspaltung der Prußen in verschiedene Stammesgebiete mit unterschiedlichen Kulturen statt. Sage Waidewut und Bruteno. Die so genannte „Dekadenzperiode" trifft nicht auf das Memelgebiet zu, weil hier stattdessen eine starke Eigenentwicklung stattfindet. Die Beziehungen zwischen Altpreußen und Memelländern verblassen.

Ab 400 n. Chr.: Expansion der Slawen von Süden und Osten; sie drängen die Balten in Richtung Ostsee.

Um 520 n. Chr.: Cassiodorus berichtet von einer Gesandtschaft der Ästen zu Theoderich d. Gr.

Um 550 n. Chr.: Der Geschichtsschreiber Jordanes erwähnt die Ästier.

Um 600 n. Chr.: Blütezeit gotisch-germanischer Kultur, Ausgrabungen im Kreis Allenstein.

600 – 700 n. Chr.: Auftreten der Wikinger an der Ostseeküste

Von 700 n. Chr. bis zur Ankunft der Deutschen

Ab 700: Das Memelgebiet orientiert sich nach Norden und Osten. Es entwickelt sich eine eigenständige „Memelgebiet-Kultur".

Um 820: Einhard nennt die Prußen in seiner „Vita Caroli Magni" die Ästii.

850 – 1000: Wikingerzeit, dänische Einfälle bei den Schalauern und Kuren, die ihrerseits Beutezüge bis Dänemark machen. Die Kuren werden in der Island Saga erwähnt. Die Schalauer bilden das Königreich Ruß, Feindseligkeiten mit Dänemark, gegenseitiger Menschenraub.

Um 890: Wulfstan kommt bis Truso, nennt es Estenland.

Um 900: 180 Grabhügel in Wiskiauten im Samland weisen auf Wikinger.

Nach 950: Saxo Grammaticus berichtet vom Einfall ins Samland.

960: Miesko I. nimmt das Christentum an und bildet den polnischen Staat der Piasten.

1019 – 1059: Bildung der Kiewer Rus, Annahme des Christentums.

1025: Boleslaw I., der Sohn Mieskos wird König von Polen.

1071: Adam von Bremen beschreibt die Prußen in seiner Kirchengeschichte.

10. - 11. Jh. n. Chr.: Die Feindseligkeiten mit den Skandinaviern hören auf, stattdessen gibt es regen Handel und kulturellen Austausch. Bizarr wirkender, fast barocker Bronzeschmuck deutet auf regen Erfindergeist. Wikinger-Kämpfer setzten sich als Kaufleute fest. Die Schalauer unterhalten Heiratsbeziehungen mit Dänemark.

Ordenszeit

1192: Die Prußen verhindern des masovischen Herzogs Durchbruch zur Ostsee.

1190: In Akkon (Palästina) wird der Deutsche Orden gegründet. Heinrich Walpot ist Hochmeister.

1201: Bischof Albrecht gründet Riga, der dänische Kleriker Saxo Grammaticus erwähnt die Prußen. Otto von Kerpen ist Hochmeister.

1202: Der Schwertbrüderorden wird gegründet. Hochmeister des Deutschen Ordens ist Heinrich Bart. Von 1209 bis 1239 folgt Hermann von Salza.

1210: Heinrich von Lettland schreibt die Livländische Chronik. Herzog Konrad von Masovien beauftragt den Missionar Christian mit der Bekehrung der Prußen.

1215: Christian wird Bischof des Prußenlandes, wird aber von den Prußen davon gejagt.

1221: Der Kreuzzug gegen die Prußen wird von Papst Honorius III. angeordnet und von den Prußen abgewehrt. 1223 Erwähnung von Grudenc (Graudenz).

1224: Konrad von Masovien versucht die Schwertbrüder an der Drewenz anzusiedeln. Das Vorhaben scheitert am Widerstand der Prußen.

1226: Konrad von Masovien ruft den Deutschen Orden zu Hilfe. Kaiser Friedrich II. sanktioniert in der Goldenen Bulle von Rimini das Expansionsprogramm des Ordens.

1228: Die neue Burg Nessau an der Weichsel bildet die Vorhut des Ordens.

1231 - 1235: Eroberung von Thorn, Kulm, Rehden, Graudenz, Marienwerder und Marienburg.

1233: Ein Kreuzfahrerheer von 21.000 Mann beginnt den Ordensfeldzug gegen die Prußen.

1234: Bau der Marienburg.

1237: Der Zugang zur Ostsee wird von den Kreuzrittern erkämpft.

1239: Die Prußenburg Honeda wird erobert, die Burg Balga wird vom Orden errichtet. Konrad von Thüringen ist Hochmeister.

1241: Erster Prußenaufstand. Gerhard von Malberg ist bis 1244 Hochmeister.

1242: Niederlage des Schwertbrüderordens gegen die Russen, Esten und Ostbalten am Peipus-See, der fortan als Grenze akzeptiert wird.

1243: Der die Prußen unterstützende Herzog Swantepolk von Pomerellen wird zur Aufgabe gezwungen.

1235 – 1245: Eroberung von Elbing, Braunsberg, Balga, Creuzburg, Christburg, Heilsberg und Rößel. 1240 soll eine Kirche in Brusebergue (Braunsberg) erbaut werden. Heinrich von Hohenlohe ist bis 1249 Hochmeister. In der Schlacht von Šiauliai besiegen die Žemaiten unter Vykantas den Schwertbrüderorden. Daran erinnert der „Berg der Kreuze" und das goldene Standbild des Armbrustschützen. 1241 Eroberung von Leckbard (Heilsberg).

1249: Friedensverhandlungen zwischen dem Deutschen Orden und den Prußen. Günther von Wüllersleben wird bis 1252 Hochmeister. 1251 Erwähnung „que der Seria" (Passarge).

1252: Der Schwertbrüderorden erbaut die Burg Memel. Poppo von Osterna (Osternohe) wird bis 1256 Hochmeister.

1253: Mindaugas d. Gr. von Litauen erhält nach seiner Taufe im Jahre 1251 die Unterstützung des Deutschen Ordens. Vom Papst erhält er 1253 die Königskrone. Das stößt auf Ablehnung bei der litauischen Bevölkerung. Seine Machtposition ist insbesondere bei den Žemaiten umstritten.

1254: Eroberung des Samlandes unter Beteiligung eines 60.000 Mann starken Kreuzfahrerheeres, König Ottokar von Böhmen und Rudolph von Habsburg. Urkundliche Nennung von Resl (Rößel).

1255 - 1260: Eroberung von Rudau, Königsberg, Labiau und Wehlau. Anno von Sangershausen ist von 1256 bis 1273 Hochmeister. Bau der Burg Königsberg. 1255 wird Tapiow genannt und 1258 finden Kaymelabegowe (Labiau) und Rusemoter (Rauschen) urkundliche Erwähnung.

1260: Schlacht an der Durbe. Die Žemaiten fügen dem Deutschen Orden ohne Mindaugas Beteiligung eine schwere Niederlage zu. Mindaugas fällt vom Christentum ab und verbündet sich mit Triniotas, dem žemaitischen Sohn seiner Schwester, welcher dann an seiner Ermordung beteiligt sein wird.

1260 – 1275: Eroberung von Tapiau, Löbau, Neidenburg, Gilgenburg und Kampswykus. 1266 Erwähnung „aput castrum nostrum Schonewik“ (Fischhausen/ Samland)

1257 – 1272: Großer Freiheitskampf der Prußen. Hartmann von Heldrungen ist von 1273 bis 1283 Hochmeister. 1258 Nennung Velowe (Wehlau).

1276: Unterjochung der Nadrauer.

1277 – 1285: Besetzung Schalauens, Umsetzung und Zersiedlung der Bevölkerung, erste Eroberungen von Lötzen, Lyck und der Suwalki-Region. Der Orden versucht erfolglos, die bis Grodno geflüchteten Prußen zurück zu holen. Burchard von Schwanden ist von 1283 bis 1290 Hochmeister.

<u>1288:</u> Besetzung des schalauischen Gebietes um Ragnit – Tilsit. Konrad von Feuchtwangen ist von 1291 bis 1296 Hochmeister. Ihm folgt bis 1303 Gottfried von Hohenlohe. Von 1303 bis 1311 folgt Siegfried von Feuchtwangen. 1301 Erwähnung Heiligenstadt (Heiligenbeil). Um 1300 wird die Wassermühle Lybemule (Liebemühl) erwähnt.

<u>Um 1310:</u> Der Orden erobert Pomerellen, die Litauer fallen ins Ordensgebiet ein. Von 1311 bis 1324 ist Karl von Trier Hochmeister. Ihm folgt bis 1330 Werner von Orseln. 1316 Bau der Ordensburg Ilienburg (Gilgenburg).

<u>Um 1326:</u> Erster Ordenschronist ist Peter von Dusburg. Er schreibt das „Chronikon terra Prussia“. Erwähnung von Girdawen (Gerdauen) nach dem Prußenführer Girdawe sowie Waistopila (Schippenbeil) .

<u>1328:</u> Die Komturei Memel wird vom livländischen Ordenszweig abgetrennt und mit dem preußischen Ordenszweig vereinigt. 2/3 des Areals fällt an den Deutschen Orden, 1/3 behält der Bischof von Kurland. 1328 namentliche Nennung „de Morungen“. Von 1331 bis 1335 ist Luther von Braunschweig Hochmeister. Ihm folgen bis 1341 Dietrich von Altenburg und bis 1345 Ludolf König.

<u>1325 – 1346:</u> An den Grenzen betreibt der Orden einen intensiven Burgenbau. 1327 führt er seinen ersten Kriegszug gegen

Polen.1332 wird Bartenstein als Rosental erwähnt. Weiter werden urkundlich genannt: 1330 Wurmedyten (Wormditt),1333 der Ort Barten, 1334 Bialla als Gailen, 1335 Letzenburg (Lötzen), 1340 „ad castrum Insterburg" an der Stelle der Prußenburg Unsatrapis. 1342 Errichtung einer Ordensburg in Johannisburg, 1343 Erwähnung Soldow und Ilauia (Deutsch Eylau). Der 1345 erfolgte Einfall des Ordens in Litauen wird von den Litauern mit einem Einfall ins Samland beantwortet. 1333 – 1380 Bau des Königsberger Domes.

<u>1345 – 1400:</u> Von 1435 bis 1351 ist Heinrich Dusener Hochmeister. Endgültige Eroberung von Lötzen, Angerburg, Johannisburg, Ortelsburg, Methenburg, Region Suwalki. Die beiden letzteren werden an Litauen abgetreten. 1399 Erwähnung Rastekaym (Rastenburg).

<u>1350 – 1380:</u> Die Pest wütet 1350 im Ordensland, Winrich von Kniprode wird von 1352 bis 1382 Hochmeister. 1353 civitas Allemsteyn wird erwähnt. Mehrere Kreuzzüge gegen die Litauer finden statt, welche sich mit Einfällen ins Ordensland revanchieren. In der Schlacht von Rudau 1370 siegen die Ordensritter. 1380 Unterzeichnung eines 10jährigen Friedensvertrages zwischen dem Orden und den Litauern.

<u>1380 – 1400:</u> Versuche des Ordens die Žemaiten zu unterjochen. 1385 Vertrag zwischen Litauen und Polen. 1386 Hochzeit Jagailas von Litauen mit der polnischen Thronfolgerin Hedwig von Anjou, einer Tochter des ungarischen Königs. Mit der Taufe erhält er den Namen Jagiello und wird als Wladyslaw II. König von Polen. 1396 Friedenverhandlungen zwischen dem Orden und Litauen. Konrad von Rotenstein ist von 1382 bis 1390 Hochmeister, ihm folgt Konrad von Wallenrode von 1391 bis 1392. Bis 1407 ist Konrad von Jungingen im Amt. Ordenskriegszüge gegen die

Seeräuber auf Gotland. 1400 Eroberung Žemaitiens mit Hilfe von Kriegsgästen. 1389 Erwähnung Palwenicken (Palmnicken).

1397: Gründung des Eidechsenbundes, eine geheime Vereinigung der Ritterschaft im Kulmerland zum Schutz vor der Herrschaft des Ordens. 1410 verweigerte der Bund dem Orden die Gefolgschaft in der Schlacht von Tannenberg, tritt später dem Preußischen Bund bei und unterstützt ihn gegen den Orden.

1402 – 1410: König Sigismund von Ungarn kauft dem Orden die Neumark/ Ost Brandenburg ab. 1404 Vertrag zwischen dem Orden und Polen bezüglich Žemaitiens. Ulrich von Jungingen ist von 1307 bis 1410 Hochmeister des Deutschen Ordens. 1406 erste žemaitische Einwanderer ins Memelgebiet. Aufstand der Žemaiten 1408. Der Orden fällt 1409 in Polen ein.

1410: Heinrich von Plauen ist von 1410 bis 1413 Ordenshochmeister. Schlacht von Tannenberg zwischen den Orten Tannenberg und Grünfelde im Landkreis Osterode im Stammesgebiet Sasna. Die Polen nennen es „Schlacht von Grünwalde". Nur mit Hilfe starker litauischer Heere können die Polen den Orden besiegen.

1411 – 1420: Thorner Friedensvertrag zwischen dem Orden und Polen; der Orden tagt in Elbing, das Ordenskapitel setzt in Marienburg den Hochmeister ab. Bis 1422 wird Michael Küchmeister Hochmeister. Das Konzil zu Konstanz behandelt Ordensfragen. Erneuter Aufstand der Žemaiten. 1419 Erwähnung von Sinthen (Zinten).

1422: Niederlage des Ordens gegen Polen-Litauen. Friede vom Melno-See, dessen Verhandlungsergebnisse bis 1945 gültige Grenzverläufe ausweisen. Der Melnosee liegt im prußischen

Stammesgebiet Lubawa im Dreieck Graudenz – Strasburg – Deutsch Eylau. Der Name des Sees bezieht sich auf das blauschwarze Erscheinungsbild des Wassers.

1424 – 1450: Paul von Rusdorf ist Hochmeister von 1422 bis 1441. Der Orden legt den Konflikt mit Polen bei. Der Vetter des polnischen Königs Jogaila, Großfürst Vytautas (Witold) von Litauen stirbt. Dessen Vater Kestutis war ein litauischer Thronanwärter gewesen, der von Jogaila getötet wurde. Wiltold konnte flüchten, lief zum Orden nach Preußen über und ließ sich taufen. 1424 stirbt auch Jogaila-Jagiello-Wladyslaw. Die Kreuzritter unternehmen einen Feldzug nach Nowgorod und unterliegen. Bis 1449 wird Konrad von Erlichshausen (Ellrichshausen) Hochmeister. Es wird versucht den Preußischen Bund aufzulösen.

1447 – 1457: Königsberg wird Hauptstadt des Deutschordensstaates, die Burg wird Residenz der Hochmeister.

1453 – 1460: Kaiser Friedrich III. stimmt der Auflösung des Preußischen Bundes zu. Ludwig von Erlichshausen (Ellrichshausen) ist von 1450 bis 1467 Hochmeister. Der Preußische Bund wird von Polen unterstützt, es kommt 1454 zum offenen Kampf zwischen dem Orden und dem Bund. Ab 1456 muss der Orden Burgen verkaufen um seine Söldner zu bezahlen. Aus diesen Söldnern wurde dann der west- und ostpreußische Adel. 1459 findet in Petrikow der Polnische Reichstag statt, wo sich der Orden unter polnische Lehnshoheit begeben muss.

1466: Zweiter Friedensvertrag von Thorn. Ende des 13jährigen Krieges, in den auch die Hanse mit hineingezogen worden war. Das Ordensland wird aufgeteilt, der Orden erfährt einen entscheidenden Machtverlust. Das Ermland, Pomerellen, Kulmerland, Lubawa und Pomesanien unterstellten sich als „Preußen königlichen Anteils“ der Krone Polens. Das Restgebiet wird das spätere Herzogtum Preußen, muss aber dem polnischen König den Treueeid schwören. Der Ordenshochmeister hat dem polnischen König den Treueid zu schwören und muss Heerfolge leisten. Heinrich Reuß von Plauen ist von 1469 bis 1470 Hochmeister. Verstärkte Zuwanderung aus Litauen und Masovien. Das Ermland fällt bis 1772 an Polen.

<u>1470 – 1510:</u> Heinrich Reffle von Richtenberg wird von 1470 bis 1489 Ordenshochmeister. Nikolaus Kopernikus wird 1473 geboren. Seine ethnische Herkunft ist umstritten, jedoch wurde bisher noch nicht bedacht, dass seine Vorfahren prußischer Herkunft sein könnten, denn der Begriff „koperniker“ bezeichnet die Nehrungsbewohner. 1474 gibt es innerhalb des Ordens Streit wegen der Ablassbriefe. Von 1477 bis 1489 wird Martin Truchseß von Wetzhausen Hochmeister. Er verweigert den Polen den Lehnseid und besetzt das Ermland. Polen erobert es zurück und erzwingt den Lehnseid. Johann von Tiefen wird von 1489 bis 1497 Hochmeister, ihm folgt von 1498 bis 1510 Friedrich von Sachsen. Dieser stirbt ohne den Lehnseid geleistet zu haben.

<u>1511 – 1525:</u> Albrecht von Brandenburg-Ansbach wird Hochmeister. Krieg zwischen dem Orden und Polen. 1534 bekennt sich der samländische Bischof zum Luthertum. Die Lehre Luthers greift bald auf das gesamte Ordensland über. Der Hochmeister bekennt sich ebenfalls zur Lutherlehre und leistet zu Krakau den Lehnseid als Herzog von Preußen. Die Stände erkennen den Herzog an. Trotz der über ihn verhängten Reichsacht treibt er die Reformation voran. Er förderte das Schulwesen, indem er Lateinschulen sowie die Königsberger Universität „Albertina“ gründet. Ostpreußische Abiturienten schmückten sich mit den „Alberten“, den goldenen oder silbernen Anstecknadeln mit dem Konterfei des Herzogs,

denn das Abitur berechtigt, in Königsberg zu studieren. Ab 1523 Zuwanderung von Holländern und Schotten.

1545 und 1547: Zwei Katechismusversionen sowie der „Kleine Katechismus“ erscheinen in prußischer Sprache, 1561 in erweiterter Fassung.

Um 1550: Der Dominikanermönch Simon Grunau schreibt die „Preußische Chronik“.

Ab 1573: David Lucas schreibt die „Preußische Chronik“.

1656: Tatareneinfall, Bevölkerungsverluste fast ausschließlich bei der preußisch-litauischen und masurischen Bevölkerung.

1660: Das Lehnsverhältnis zu Polen wird im Frieden von Oliva beendet.

Um 1684: Christoph Hartknoch „Alt und Neues Preußen“ wird veröffentlicht und überliefert viele Bilder.

Ab 1685: In Ostpreußen werden 8.000 Hugenotten und 500 Franzosen aufgenommen.

1708 – 1711: Während der Pest werden in Nadrauen, Schalauen und im Memelgebiet über 10.000 Bauernhöfe wüst. Unter der verarmten ausgehungerten baltischstämmigen Bevölkerung sind die meisten Opfer zu beklagen. Aufsiedlung der Höfe mit einheimischer prußisch-litauischer Bevölkerung; Zuzug polnischer Siedler sowie 15 Schweizer Familien.

1712 – 1725: Nach der Entvölkerung durch die Pest große Einwanderung von Schweizern sowie Deutschen aus der Pfalz, Franken, Anhalt, Braunschweig, Magdeburg, Halberstadt, Pommern, Mark Brandenburg und der Grafschaft Mark. 1714 werden im Kreis Stallupöhnen 8 Waldenserfamilien angesetzt. 1715 kommen 55 reformierte Familien aus dem Gebiet Nassau-Siegen. Zusätzliche Einwanderung Pfälzer Familien in die Schweizer Kolonie, Zuwanderung aus Hessen-Kassel sowie etliche zwangsweise umgesiedelte Bauern aus der Mark und Pommern. 1000 westpreußische Mennoniten wandern ab, weil sie die Einziehung zum Militärdienst verweigern.

1733: Etwa 15.000 bis 20.000 Salzburger Exulanten, die 1731 vom Erzbischof Firmian rechtswidrig ausgewiesen wurden, werden vorwiegend in Nadrauen angesiedelt.

1738 - 1740: Königliche Verfügung, in litauischen und masurischen Schulen den deutschen Sprachunterricht einzuführen. Zuwanderer einiger Schweizer Siedler im Amt Lötzen sowie knapp über 1.000 Ankömmlinge aus Lothringen und Nassau. Nach Jurkat betragen die Bevölkerungsanteile: 38,5% Prußen, 12,2% Litauer, 18,8% Masuren und 30,5% Deutsche. Die Kuren wurden bereits zu früher Ordenszeit den Prußen zugerechnet. Die Bevölkerung besteht also aus etwa 50% Balten, etwa 20% Masoviern und etwa 30% Zuwanderern aus deutschen Gebieten sowie aus Böhmen, Holländer, Mennoniten, Schotten, Hugenotten, Franzosen, französische und deutsche Schweizer, Salzburger.

1794: Allgemeines Landrecht in Preußen

1807: Aufhebung der Leibeigenschaft

1840 – 1910: Emigration von über 700.000 Ostpreußen in westliche Industriegebiete und nach Übersee.

Literaturliste

Ambrassat, August: Die Provinz Ostpreußen, ein Handbuch der Heimatkunde, 1912, Nachdruck Weidlich, Frankfurt a.M. 1978

Arnold, Udo , **Biskup**, Marian: Der Deutschordensstaat Preussen in der polnischen Geschichtsschreibung der Gegenwart, Elwert Vlg, 1982

Babickiene, Zofija, **Jasiunaite**, Birute, **Peèeliunaite**, Angele, **Bagužyte**, Ruta: Mokomes Dialektologijos, Centrine Šiaures Žemaicziu Kretingiškiu Tarme, baltos lankos, Vilnius 2007

Baczko, Ludwig von: Versuch einer Geschichte und Beschreibung von Königsberg, Königsberg 1804

Baldowski, Jan: Ermland und Masuren, Reiseführer, Laumann-Verlag Dülmen1995

Balys, Jonas: Grundzüge der Kleinlitauischen Volksdichtung, in Tolkemita-Texte „Lieder aus Schalauen“ Nr.53, Dieburg 1997

Barfod, Jörn: Volkskunde des Memellandes, Die Sammlung Hugo Scheu in Heydekrug, Husum 2002

Barkowski, Otto: Die Besiedlung des Hauptamtes Insterburg unter Herzog Albrecht und Markgraf Georg Friedrich von Ansbach 1525-1603, Prussia 1928/ 1930, S.159-243, Prussia 1933, S.3-131, Nachdruck Verein für Familienforschung in Ost- und Westpreußen Hamburg 199

Bartsch, Charlotte: Das Amt Grünhof im Samland 1600 und 1745 bis 1750 in Jacob Heinrich Serneken summarischer Entwurf des Geehrten und Gelehrten Thorns, Hamburg 1981

Bartsch, Christian: Über die preußisch-litauischen Musikinstrumente, in Tolkemita-Texte „Lieder aus Schalauen“ Nr.53, Dieburg 1997

Batûra, Romas: Kartenbeilage zu Peter Dusburg Chronik Terrae Prussia, Vilnius 1985, in Tolkemita-Texte Nr. 60, Dieburg 2001

Baumann, Karl: Die Prußen, Rautenberg Leer 1991

Beheim-Schwarzbach, Maximilian: Colonisatorisches aus Ostpreußen, Ploetz, 1863

Berndt, Richard: Die Kolonisation des Ermlandes bis zum Jahr 1410 in Jacob Heinrich Serneken summarischer Entwurf des Geehrten und Gelehrten Thorns, Hamburg 1981

Berneker, Erich: Die preussische Sprache, Texte, Grammatik, Etymologisches Wörterbuch, Verlag Karl J. Trübner, Strassburg 1896

Bertuleit, H.: Das Religionswesen der alten Preussen mit litauisch-lettischen Parallelen, in Sitzungsbericht d. Altertumsgesellschaft Prussia, H. 25 Kbg 1924

Beutner, Bärbel: Die Darstellung der Prußen im Werk von Agnes Miegel, in Wege zur Identität, Tolkemita-Texte 58 Dieburg

Bezzenberger, A. (Hrsg): Urbaltischer Sprachschatz, in Vergleichendes Wörterbuch von A. Fick, Bd.2, 1894

Bezzenberger, Adalbert/ W.Simon(Hrsg): Das Elbinger Deutsch-Preußische Vokabular, Kbg. 1897

Bink, Karl Wilhelm: Ostpreussisches Niederdeutsch in Jahrbuch der Albertus-Universität zu Königsberg / Pr., Holzner- Verlag Kitzingen/ Main 1953 Bd. 3

Biolik, Maria: Hydronymia Europaea, Die Namen der stehenden Gewässer im Zuflußgebiet des Pregel und im Einzugsbereich der Zuflüsse zur Ostsee zwischen Pregel und Memel, Stuttgart 1993

Biolik, Maria: Hydronymia Europaea, Die Namen der fließenden Gewässer im Flußgebiet des Pregel, Stuttgart 1996

Biolik, Maria: Hydronymia Europaea, Zuflüsse zur Ostsee zwischen unterer Weichsel und Pregel, Stuttgart 1989

Blažiene, Grasilda: Hydronymia Europaea, Sonderband II, Die baltischen Ortsnamen im Samland, Wolfgang Schmid Hrsg., Steiner Verlag Stuttgart 2000

Bötticher, Adolf: Die Bau- und Kunstdenkmäler der Provinz Ostpreußen, Heft V. Litauen, Königsberg 1895

Brauer, Wilhelm Reinhold: Baltisch-Prussische Siedlungen westlich der Weichsel, Nicolaus-Copernicus-Verlag, Münster 1988

Bûga, Kazimieras.: Die Vorgeschichte der aistischen Stämme, Leipzig 1924

Bukantis, Jonas, **Leskauskaite,** Asta, **Saliene**, Vilija: Vakaru Žemaièiai, Lietuviu Kalbos Institutas, Vilnius 2006

Crome, Hans, Die Burgen der alten Preußen, Burg „Kadina", 1926, Mitteilungen des Vereins für die Geschichte Ost- und Westpreußens 1926-1931, Tolkemita-Texte Dieburg

Crome, Hans, Längswälle in Ostpreußen, Königsberg 1937, Tolkemita-Texte Dieburg

Crome, Hans: Die Kriegsführung der alten Preußen, in Mitteilungen des Vereins für die Geschichte von Ost- und Westpreußen, Jahrgang 8 1934, Tolkemita-Texte Dieburg

Diehlmann, Hans Heinz: Die Türkensteuer im Herzogtum Preußen 1540, Band 1 Fischhausen - Schaaken - Neuhausen - Labiau, Verein für Familienforschung in Ost- und Westpreußen Hamburg 1998

Diehlmann, Hans Heinz: Die Türkensteuer im Herzogtum Preußen 1540, Band 2, Memel – Tilsit, Hamburg 2006

Diehlmann, Hans Heinz: Erbhuldigungsakten des Herzogtums Preußen, 1.Teil 1525 bis 1642, Hamburg 1980

Doennig, E. und M.: Kochbuch, Gräfe und Unzer Königsberg 1938, Marburg 1950

Dönhoff, Marion Gräfin von: Namen die keiner mehr nennt, Diederichs Köln 1962

Dopkewitsch, Helene: Die Burgsuchungen in Kurland und Livland, Riga 1933

Dörr, F., **Kerl,** W.: Ostdeutschland und die deutschen Siedlungsgebiete in Ost- und Südosteuropa in Karte, Bild und Wort, Südwest Verlag München 1991

Dusburg, Peter von: Chronica Terre Prussie, Darmstadt 1984

Ebert, Max: Ein Spät-La-Tène-Depot Fund von Sprindt, in Sitzungsberichte Altertumsgesellschaft Prussia für die Vereinsjahre 1909-1922

Eckert, Rainer/ **Bukevicziute**, Elvire-Julia/ **Hinze**, Friedhelm: Die baltischen Sprachen, eine Einführung, Langenscheidt 1994, 5. Auflage 1998

Eckert, Rainer: Altpreussische Studien, Tolkemita-Texte 61 , Dieburg 2001

Ehrlich, Bruno: Fundberichte. Das neolithische Dorf bei Wieck-Luisental (Kr.Elbing), in Sitzungsberichte Altertumsgesellschaft Prussia für die Vereinsjahre 1909-1922

Endzelin, J.: Altpreußische Grammatik, Riga 1944/ 1974

Endzelin, J.: Über die Nationalität und Sprache der Kuren, in Finnisch-Ungarische Forschungen,XII, 1912

Engel, Carl: Vorgeschichte der altpreußischen Stämme, Königsberg 1935

Engel, Carl: Die Kultur des Memellandes in vorgeschichtlicher Zeit, Memel 1931

Essen, Werner: Die ländlichen Siedlungen in Litauen mit besonderer Berücksichtigung ihrer Bevölkerungsverhältnisse. Mit Kartenband, Leipzig 1931

Feldmann, Hans: Verzeichnis lettländischer Ortsnamen, Harry v. Hoffmann, Hamburg 1963

Fenzlau, Walter: Die deutschen Formen der litauischen Orts- und Personennamen des Memelgebietes, Halle 1936, in Zs.f. Mundartenforschung Theutonista, Beiheft 13

Fischer, Gerhard: Ostpreußische Frauen und Männer im Dienste der Landwirtschaft, Rostock 2000

Forstreuter, Kurt: Die Entwicklung der Nationalitätenverhältnisse auf der Kurischen Nehrung, Altpreuß. Forschungen 1931, S.239-261

Forstreuter, Kurt: Der Ursprung der ostpreußischen Familie Gisevius, APGNF, Bd.4, Verein für Familienforschung in Ost-und WestpreußenHamburg, S. 113 ff

Franz, W.: Gesetzmäßigleiten bei ost- und westpreußischen Familiennamen, in: Ostd. Beiträge, Bd.IX

Frischbier, H.: Hexenspruch und Zauberbann, Berlin 1870/ Hannover 1970

Frischbier, H.: Preußische Sprichwörter, Berlin 1865-76

Frischbier, H.: Preußisches Wörterbuch Ost- und Westpreußische Provinzialismen, Bd.1,2, Berlin 1882-82

Froelich, G.: Beiträge zur Volkskunde des preußischen Litauens, Insterburg 1902, in Beilage zum Osterprogramm des königlichen Gymnasiums Insterburg

Fuchs, H.: Die Bewohner der Kurischen Nehrung im Spiegel der Sagen, Göttingen 1969/ Oldenburg 1971

Gaerte, W.: Das altpreußische Weiberfest, Tolkemita-Texte Dieburg

Gaerte, Wilhelm: Die Zeichnung einer Harpune, in Sitzungsberichte Altertumsgesellschaft Prussia für die Vereinsjahre 1909-1922

Gaerte, Wilhelm: Urgeschichte Ostpreußens, Gräfe und Unzer, Königsberg 1929

Gaerte, Wilhelm: Volksglaube und Brauchtum in Ostpreußen, Würzburg 1956

Gause, Fritz Hrsg.: Ostpreussen. Leistung und Schicksal, Essen 1958

Gause, Fritz: Die Geschichte der Stadt Königsberg in Preußen, 3 Bde, Böhlau, Köln 1996

Gause, Fritz: Königsberg in Preußen, Rautenberg Leer 1987

Gerullis, Georg: Die altpreußischen Ortsnamen, Berlin, Leipzig 1922

Gerullis, Georg: Litauische Dialektstudien (Slavisch-baltische Quellen und Forschungen, Heft 5), Leipzig 1930

Gerullis, Georg.: Zur Sprache der Sudauer-Jadwinger, in Festschrift A. Bezzenberger, Göttingen 1927

Gimboth, Leo: Siedlungsgeographie Natangens zur Preußenzeit, Ungedr. Dissertation Königsberg 1923

Gimbutas, Marija: Die Balten, Herbig München 1983 (1963 engl.)

Glagau, Otto: Littauen und die Littauer, Tilsit 1869

Goldbeck, Johann: Volständige Topographie vom Ost=Preußischen Cammer=Departement, Königsberg und Leipzig 1785, Nachdruck Hamburg 1990

Görlitz, W.: Die Prußen, Landsmannschaft Ostpreußen 1980

Gorys, Erhard: Litauen und Königsberg, Dumont Köln 1996

Gottesidee und Cultus bei den alten Preussen. Ein Beitrag zur vergleichenden Sprachforschung, Berlin 1870

Grenz, Rudolf: Die Moorleichenfunde aus Ostpreußen, in Beiträge zur Geschichte der Prußen, Tolkemita-Texte 60, Dieburg 2001

Grudde, H.: Plattdeutsche Volksmärchen aus Ostpreußen, Königsberg 1931

Grunau, Simon: Preussische Chronik, Duncker & Humblot, 1892

Grunenberg, R.: Entwicklung der prußischen Bevölkerung bis 1939, in Tolkemita-Texte 62, Dieburg 2002

Handbuch der historischen Stätten Ost- und Westpreußen, Kröner Verlag Stuttgart, 1966-1981

Hartknoch, Christoph: Alt und Neues Preußen oder Preußischer Historien zwey Theile , Franckfurt und Leipzig, 1684

Haffner, Sebastian: Preußen ohne Legende, Goldmann 1979

Hagemann, Günter: Die Große Wildnis – Kulturraum in Unkultur, in Westpreußen-Jahrbuch Nr. 61, 2011, S. 5-24

Hein, Max und **Philippi,** Rudolf: Preussisches Urkundenbuch, Hartungsche Verlagsdruckerei 1882

Heister, Bernhard: Frisches Haff- Frische Nehrung, Landsmannschaft Ostpreußen

Heling, Reinhold: Die männliche Bevölkerung in den 48 ländlichen Kirchspielen der Diözesen Rastenburg und Creuzburg im Jahre 1778, Hamburg 1979

Heling, Reinhold: Lötzener Fragmente 1799-1900, Verein für Familienforschung in Ost-und Westpreußen, Hamburg 1976

Henning, Kurt und Charlotte: Der Landkreis Insterburg Ostpreußen, ein Ortsnamen-Lexikon, Grasdorf-Laatzen 1981

Hermann, Arthur: Preußisch-Litauer und die Evangelische Kirche Ostpreußens 1871-1933, in „Selbstbewußtsein und Modernisierung, Sozialkultureller Wandel in Preußisch-Litauen vor und nach dem Ersten Weltkrieg“, fibre Verlag Osnabrück 2000

Hermanowski, Georg: Das Ermland, Landsmannschaft Ostpreußen, Leer 1983

Hermanowski, Georg: Ostpreußen Lexikon, Adam Kraft Verlag Mannheim 1980

Hoffmann, Hermann: Der ländliche Grundbesitz im Ermlande von der Eroberung Preußens durch den Deutschen Ritterorden bis zum Jahre 1375, Altpreuß.Monatsschrift 1877, S. 51-100, 193-250

Hoppe, F.: Ortsnamen der Provinz Preußen

Hubatsch, Walter: Geschichte d. evangelischen Kirche Ostpreussens, III Dokumente, Vandenhoeck Ruprecht, Göttingen 1968

Hubatsch, Walter: Wege und Wirkungen ostpreußischer Geschichte, Rautenberg Leer 1956

Hubatsch, Walter: Das Memelland, 1920-1939 und das Problem der Minderheiten, Vortrag 22. März 1964 in Oldenburg, „Memeler Dampfboot" 10-13, Oldenburg 1964

Hungerecker, Siegfried: Die Untersuchung der Ämter des Litauischen (Gumbinner) und des Ostpreußischen (Königsberger) Kammerdepartements im Jahre 1777, Verein für Familienforschung in Ost- und Westpreußen Hamburg 1992

Hungerecker, Siegfried: Die Untersuchung der litauischen Ämter durch die Kommission Blanckensee im Jahre 1727, Verein für Familienforschung in Ost- und Westpreußen Hamburg 1995

Jackiewicz-Garniec, Malgorzata, **Garniec,** Miroslav: Schlösser und Gutshäuser im ehemaligen Ostpreußen (Polnischer Teil), Studio Arta, Olsztyn 2001

Jähnig, Bernhart, **Biewer,** Ludwig: Kleiner Atlas zur deutschen Territorialgeschichte, Kulturstiftung der deutschen Vertriebenen, Bonn 1991

Jankus, Gerhard: Prökuls, Kirchspiel und Marktort im Memelland, Iserlohn 1984

Jenkis, Helmut: Die Wandlungen und Wanderungen des Pfarrers Dr. Wilhelm Gaigalat in Annaberger Annalen 2006

Jenkis, Helmut: Der „Führerbrief" des Pfarrers Dr. Wilhelm Gaigalat in Annaberger Annalen 2007

Johansons, Andrejs: Der Wassergeist und der Sumpfgeist, Almquist & Wiksell, Stockholm 1968

Jonge, de, John „Die westliche Suvalkija", in Annaberger Annalen Nr. 8, 2000

Jurkat, Klaus-Peter: Gedanken und Fakten zur Bevölkerungsentwicklung in Ostpreußen, in Tolkemita-Texte 62, Dieburg 2002

Kabus, Ronny: Ostpreußen Landschaft-Geschichte-Kultur im

Ostpreußischen Landesmuseum Lüneburg, Husum 1997

Kalwaitis, W.: Wardu Kletele, litauischer Namenschatz, Otto von Mauderode, Tilsit 1910

Karge, Paul: Die Litauerfrage in Altpreußen in geschichtlicher Beleuchtung, Königsberg 1925

Kaunas, Domas: Mažosios Lietuvos Veidei Ir Vaizdai (Kleinlitauische Persönlichkeiten, Fotoband), Vilnius 2000

Kenkel, Horst: Amtsbauern und Kölmer im nördlichen Ostpreußen um 1736, Hamburg 1972

Kenkel, Horst: Bauernlisten des Amts Tilsit aus der Zeit vor und nach der großen Pest von 1709/10, Verein für Familienforschung in Ost- und Westpreußen, Hamburg 1968

Kenkel, Horst: Französische Schweizer und Réfugiés als Siedler im nördlichen Ostpreußen (Litauen), Hamburg 1970

Kenkel, Horst: Rat und Gericht der Stadt Tilsit, Verein für Familienforschung in Ost-und Westpreußen, Hamburg 1974

Kenkel, Horst: Zur Entstehung von „wüsten Hufen" im Amt Tilsit in der Zeit vor der großen Pest 1709/10, Hamburg 1976

Keyser, Erich: Westpreußen, Aus der deutschen Geschichte des Weichsellandes, Holzner Verlag Würzburg, 1967

Klein, Manfred: Ein interkulturelles Produkt: der „Putzmalûnas". Ethnische Identität und Sprache in Preußisch-Litauen, in „Selbstbewußtsein und Modernisierung, Sozialkultureller Wandel in Preußisch-Litauen vor und nach dem Ersten Weltkrieg", fibre Verlag Osnabrück 2000

Kibelka, Ruth: Ostpreußens Schicksalsjahre 1944-1948, Aufbau-Verlag Berlin 2000

Kibelka, Ruth: Wolfskinder, Grenzgänger an der Memel, Basis-Druck Berlin 1997

Kilian, Lothar: Zu Herkunft und Sprache der Prußen Wörterbuch Deutsch-Prußisch, Bonn 1980

Kisch, Guido: Das Fischereirecht im Deutschordenslande Deutschrechtliche Forschung 5, Stuttgart 1932

Kling, Gerhard: Das Territorium der Stadt Elbing und die Elbinger Hospitalgüter bei der Preußischen Landesaufnahme von 1772/ 73, Erster Band, Die Ortschaften der Elbinger Höhe, VFFOW Nr. 83/ 1 u.2

Klose, H.: Über Waldbienenzucht in Lithauen und einigen Nachbargebieten. Abhandlg. der Bayerischen Akademie d. Wissensch., Mathem-naturw. Abtlg. Suppl.-Bd. München 1922-1932 (1925) S.343-406

Kluge, Friedemann: Ein vielfach verändertes Kaschubenbild (1994) in: Kreplin, Klaus-Dieter (Hrg): Über Kaschuben, Ein Reader zur eigenen Verwendunbg hergestellt

Klussis, Mikkels: Deutsch-Prußisches Grundwörterbuch, Institut Européen des Minorités Ethniques Dispersées mit Unterstützung des deutsch-prußischen Vereins Tolkemita, Vilnius 1999

Knapke, Werner: Das Geldwesen Ostpreußens im Siebenjährigen Krieg, in Sitzungsberichte Altertumsgesellschaft Prussia für die Vereinsjahre 1909-1922

Koch, Hansjoachim W.: Geschichte Preußens, List München 1978

Köhler, H.J.: Tempelhüter Symbol der Trakehner Pferdezucht und des Landes Ostpreußen, Reich Verlag Luzern 1975

Kopp, Das Volk der Prussen, Vortrag gehalten auf der 13. Baltischen Konferenz am 16.10.1987 in der Ostakademie Lüneburg, Tolkemita Dieburg 1988

Kopp, Jenny: Geschichte des Landkreises Tilsit, Tilsit 1918

Korth, Siegfried: Die Entstehung und Entwicklung des ostdeutschen Großgrundbesitzes in Jahrbuch der Albertus-Universität zu Königsberg / Pr., Holzner- Verlag Kitzingen/ Main 1953 Bd. 3

Kossert, Andreas: Masuren, Ostpreußens vergessener Süden, Siedler, Berlin 2001

Kossert, Andreas: Ostpreussen, Geschichte und Mythos, Siedler, München 2005

Kraft-Skalwynas, G.: Vocabularium Neoprussicum, I.Prußisch-Deutsch, II. Deutsch-Prußisch, und Grammatik der prußischen Sprache, vervielfält. Typoskript, bei TOLKEMITA, Dieburg 1983

Kraft-Skalwynas, Günther: Grammatik der neuprussischen Sprache, Tolkemita, Dieburg 1989

Kraus, Ernst: Geologischer Führer durch Ostpreußen, Berlin 1924

Kreutzfeld, Johann Gottlieb: Eine Meynung über den Adel der alten Preussen nebst einigen urkundlichen Beylagen, Königsberg 1784, Tolkemita-Texte Dieburg

Krollmann, C.: Das Religionswesen der alten Preußen, Tolkemita-Texte Dieburg

Krollmann, Christian: Die Herkunft der deutschen Ansiedler in Preußen. Zeitschrift des Westpreuß. Geschichtsvereins 1912, S.1-103

Krollmann, Christian: Die Ratslisten der drei Städte Königsberg im Mittelalter, Verein f. Geschichte von Ost- u.Westpreußen, Königsberg 1935

Kudnig, Margarete: Die Kurische Nehrung, Landsmannschaft Ostpreußen 1994Landsmannschaft Ostreußen: Rezepte aus Ostpreußen, Hamburg

Kudnig, Margarete: Vom Bernsteinland, Landsmannschaft Ostpreußen, Leer 1994

Kulakov, V.I. Silbertauschierte Artefakte aus der Wikingerzeit, in: Zur Vorgeschichte der Prußen, Tolkemita-Texte 54 Dieburg 1998

Kulakov, W. I.: Die Alten Prußen (5.-13. Jahrhundert n.Chr.), Russian Academy of Sciences, Institute of Archaelogy, Moscow „Geoeco" 1994, Volume 3

Kunstmann, Heinrich: Die Slaven, Ihr Name, ihre Wanderung nach Europa und die Anfänge der russischen Geschichte in historisch-onomastischer Sicht, Franz Steiner Verlag Stuttgart, 1996

Kurschat, Alexander: Litauisch-Deutsches Wörterbuch, Vandenhoeck & Ruprecht, 1968

Kurschat, Friedrich, Wörterbuch der litauischen Sprache, 1. Teil deutsch-litauisch, Halle 1870

Kurschat, Heinrich A.: Das Buch vom Memelland, Siebert Oldenburg 1968

Kwauka, Paul, **Pietsch,** Richard: Kurisches Wörterbuch, Verlag Ulrich Camen Berlin, 1977

Kwauka, Paul: Namen des Memellandes/ Unsere „fremdartigen" Familiennamen, Archiv AdM, Oldenburg

La Baume, Wolfgang: Moorbrücken in Ostpreußen, Königsberg 1942, Tolkemita-Texte Dieburg

Labuda, Gerard: Schlüsselprobleme zur Geschichte der Kaschuben auf Grund der Geschichte Pommerns (1992) in: Kreplin, Klaus-Dieter (Hrg): Über Kaschuben, Ein Reader zur eigenen Verwendung hergestellt

Landsmannschaft Ostpreußen: Erhalten und Gestalten, Landsmannschaft Ostpreußen1982

Landsmannschaft Ostpreußen: Lebendige Volkskunst Ostpreussen, Leer 1984

Landsmannschaft Ostpreußen: Natangen, Leer 1983

Landsmannschaft Ostpreußen: Volkskunst in Ostpreußen, Leer 1984

Landsmannschaft Ostpreußen: Wir binden den Plon, Ostpreußischer Erntedank, Leer 1987

Lange, Erwin Rudolf: Sterben und Begräbnis im Volksglauben zwischen Weichsel und Memel, Holzner-Verlag Würzburg 1955

Leibrandt, Reinhard: Ostpreußische Fischertänze, Königsberg 1927, Nachdruck Landsmannschaft Ostpreußen, Referat Jugend und Kultur, 1956

Lepa, Gerhard (Hrsg): Die Schalauer, Die Stämme der Prußen, Tolkemita-Texte 52, Dieburg 1997

Lepa, Gerhard (Hrsg): Die Sudauer, in Tolkemita-Texte Nr. 55, Dieburg 1998

Lepa, Gerhard: Fragen zur Identität, in Wege zur Identität, Tolkemita-Texte 58 Dieburg

Lepa, Gerhard: Gedanken über die Prußen und ihre Lieder, in Tolkemita-Texte „25 Lieder der Sudauer“ Nr. 56, Dieburg 1999

Leskien, A.: Litauische Personennamen in Indogermanische Forschungen XXVI

Leßner, Eva-Maria: Motive ostpreußischer Bauernteppiche, Landsmannschaft Ostpreußen, Druckerei Sollermann, Leer, 1986

Lewy, Ernst: Die altpreußischen Personennamen, Breslau 1904

Liedtke, Waltraud, **Linge**, Hildegard: Läwe un Sproak tuhos oppen Land, Landsmannschaft Ostpreußen, Heide 1997

Lietuvos istorijos atlasas: (Litauischer Geschichtsatlas), Leidykla Briedis, Vilnius, ISBN 9955-408-67-7

Lindenau, Richard: Die Kirchenbücher der französisch-reformierten Gemeinde/ Ostpr., Hamburg 1971

Lölhöffel, Hedwig v.: Danze, datt de Steebel kracht, Ostpreußische Tänze für alle, Landsmannschaft Ostpreußen, Referat Jugend und Kultur

Lölhöffel v., Hedwig: Landleben in Ostpreußen, Landsmannschaft Ostpreußen, 1976

Lölhöffel-Tharau v., Hedwig: Vom Festefeiern in Ostpreußen, Landsmannschaft Ostpreußen, Leer 1987

Lohmeyer, Karl: Geschichte von Ost und Westpreussen, Königsberg 1881, Kessinger Publishing´s Legacy Reprints

Lorentz, Friedrich: Pomoranisches Wörterbuch Band I: A-P, Akademie-Verlag-Berlin 1958

Mannhardt, Wilhelm: Letto-Preussische Götterlehre, Lettisch-Literärische Gesellschaft, Riga 1936

Marienwerder 1820: Übersicht der Bestandteile und Verzeichnis aller Ortschaften des Marienwerderschen Regierungsbezirks, VFFOW Nr. 77, Hamburg 1994

Martinkus, Andrius „Über Religion, Politik und janusköpfige Normen", in Annaberger Annalen Nr. 8, 2000

Mast, Peter: Ostpreussen und Westpreussen und die Deutschen aus Litauen, Studienreihe der Stiftung Ostdeutscher Kulturrat, Band 10, Langen Müller 2001

Matulaitis, K.A.: Die Schalauer des Altertums, Tauto praeitis II, 2, 1965, in Tolkemita Texte 52, Dieburg 1997

Mažeika, Umbrüche bei den Kleinlitauern, „Akiracziai", Chicago, 5/93, aus dem Litauischen in Tolkemita Texte 52, Dieburg 1997

Mažosios Lietuvos Enciklopedija (Kleinlitauische Enzyklopädie), Vilnius 2000

Mechow, Max: Deutsche Familiennamen prussischer Herkunft, Tolkemita, Dieburg 1994

Meškauskas, Pranas: Volksbräuche im litauischen Familienleben (Niederkunft, Taufe, Hochzeit und Begräbnis der preußischen Litauer), Inaugural-Dissertation, Tilsit 1936

Metz, Hans Jürgen: Nassauer-Siedler in Ostpreussen und die Herrschaft Beilstein, Verein für Familienforschung in Ost-und Westpreußen, Hamburg 1974

Meyer, H./ **v. Pantzer,**G.: Verzeichnis lettländischer Ortsnamen, Hamburg-Hamm, 1963

Meyer, Richard (Kreisschulrat in Heydekrug): Heimatkunde des

Memelgebietes, Robert Schmidt's Buchhandlung, Memel 1922

Mortensen, Wenskus, Jäger: Historisch-Geographischer Atlas des Preußenlandes, Franz Steiner Verlag Wiesbaden 1981

Mortensen, H. u. G.: Die Besiedlung des nördlichen Ostpreußen bis zum Beginn des 17.Jh., in Deutschland und der Osten. Die preußisch-deutsche Siedlung am Westrand der Großen Wildnis um 1400, Bd.8, Leipzig 1937

Mortensen, H. u. G.: Die Wildnis im östlichen Preußen, Ihr Zustand um 1400 und ihre frühere Besiedlung, Leipzig 1938

Mortensen, Hans und Gertrud: Kants väterliche Ahnen und ihre Umwelt, Rede von 1952 in Jahrbuch der Albertus-Universität zu Königsberg / Pr., Holzner- Verlag Kitzingen/ Main 1953 Bd. 3

Mortensen, Hans: Die landwirtschaftliche Bedeutung der Ausdrücke Wildnis, Wald, Heide, Feld usw. in den Quellen des deutschen Nordostens, in Vom deutschen Osten. Max Friedeichsen zum 60.Geburtstag, Breslau 1934

Mortensen, Hans: Die litauische Wanderung. Nachrichten der Gesellschaft der Wissenschaften zu Göttingen Philol.-Histor. Kl.,Göttingen 1927 S.177-195

Mortensen, Hans: Kritik an Schlüters Karte mit Gegenerwiderung, Referat auf der Generalversammlung der Altertumsgesellschaft Prussia, Königsberg 1921

Mortensen, Hans: Litauen, Grundzüge einer Landeskunde, Hamburg 1926

Mortensen, Hans: Siedlungsgeografie des Samlandes. Forschungen zur deutschen Landes- und Volkskunde, Stuttgart 1923

Natau, O.: Mundart und Siedlung im nordöstlichen Ostpreußen, Königsberg 1937, in Schrift d. Albertus-Universität, Geisteswiss. Reihe, Bd.4

Nesselmann, G.H.F.: Die Sprache der alten Preußen, Berlin 1845

Nesselmann, G.H.F.: Thesaurus Linguae Prussicae, Berlin 1873/ Wiesbaden 1969

Neuerwerbungen des **Prussia-Museums**, in Sitzungsberichte Altertumsgesellschaft Prussia für die Vereinsjahre 1909-1922

Nolde, Herbert und Manfred: Die Salzburger Emigranten, 1992

Ozolinš, Ed. / **Endzelin,** J.: Latviski-vârdnîca, A.Gulbis Verlag, Riga 1935

Palmaitis, Letas: Prussian Reconstructions; based upon „The Etymological Dictionary of Prussian" by Vytautas Mažiulis (Mažiulis V. Prûsø kalbos etimologijos žodynas. Mokslas, Vilnius, I/ 1988, II/ 1993, III/ 1996, IV/ 1997)

Penners, Theodor: Untersuchungen über die Herkunft der Stadtbewohner im Deutsch-Ordensland Preußen bis in die Zeit um 1400, Hirzel Leipzig 1942

Perlbach, W.: Die ältesten preußischen Urkunden kritisch untersucht, Königsberg Ferd.Beyer 1873, Tolkemita-Texte Dieburg

Peteraitis, Vilius: Mažoji Lietuva ir Tvanksta, Vilnius 1992

Peteraitis, Vilius: Mažosios Lietuvos ir Tvankstos Vietovardžiai, Ju kilme ir reikšme, Vilnius 1997

Petersberg, v., Bodo, **Bechstein,** Ludwig: Deutsche Städtesagen, Magnus Verlag

Pietsch, Richard (künstlerischer Entwurf und Text): Bildkarte rund um das Kurische Haff, Heimat-Buchdienst Georg Banszerus, Höxter, Herstellung: Neue Stalling, Oldenburg

Pietsch, Richard: Deutsch-Kurisches Wörterbuch, Verlag Nordostdeutsches Kulturwerk Lüneburg 1991

Pietsch, Richard: Fischerleben auf der Kurischen Nehrung dargestellt in kurischer und deutscher Sprache, Verlag Ulrich Camen Berlin 1982

Piskorski, Jan M.: Die mittelalterliche Ostsiedlung – ein alter Streit und neue Ergebnisse (1996) in: Kreplin, Klaus-Dieter

(Hrg): Über Kaschuben, Ein Reader zur eigenen Verwendunbg hergestellt

Pocyte, Silva: Die litauische Presse und die Kulturvereine in Kleinlitauen 1871-1933, in „Selbstbewußtsein und Modernisierung, Sozialkultureller Wandel in Preußisch-Litauen vor und nach dem Ersten Weltkrieg", fibre Verlag Osnabrück 2000

Podehl, H.G.: Die prußischen Gedichte (m.Übersetzung), Dieburg 1984

Podehl, H.G.: Prußisches Ostpreußen, Husum 1985

Podehl, Hans Georg: 4444 ostpreußische Namen prußisch erklärt, Rautenberg Leer 1987

Prellwitz, Walther: Lehnwörter im Preussischen und Lautlehre der deutschen Lehnwörter im Litauischen, Vandenhoeck & Ruprecht´s Verlag Göttingen 1891

Preuss, Evalotte: Die ostpreußische Landarbeiterschaft, Kbg.1926, Staatswissenschaftliche Dissertation

Preußenland und Deutscher Orden, Würzburg 1958

Przybytek, Rozalia, Hydronymia Europaea, Ortsnamen baltischer Herkunft im südlichen Teil Ostpreußens, Stuttgart 1993

Purvinas, Martynas: Historische Orte am Unterlauf der Memel, in Annaberger Annalen 12/ 2004

Raether, Manfred, Polens deutsche Vergangenheit, Schöneck 2004

Ramm, Helmut: Wie lebten die Bauern in Albrechtsdorf und Umgebung in früherer Zeit, www.people.freenet.de/helmut .ramm/

Reilly, F. J.: Großherzogtum Litauen, nordwestlicher Teil, 1789, in Wege zur Identität, Tolkemita-Texte 58 Dieburg

Rethwisch, Conrad: Die Berufung des Deutschen Ordens gegen die Preussen: Inauguraldissertation zur Erlangung der philosophischen Doctorwuerde bei der Georg-Augusts-Universitaet zu Goettingen, Berlin 1868

Rhesa, Ludwig: Dainos oder Litthauische Volkslieder, Königsberg 1825

Rigasches Kochbuch: Riga, Kymmel 1880, Nachdruck Hinstorff Verlag Rostock 1995

Rimantiene, Rimute: Die Kurische Nehrung aus dem Blickwinkel der Archäologen, Vilnius 1999

Roehrich, V.: Die Besiedlung des Ermlandes mit besonderer Berücksichtigung der Herkunft der Siedler (1925), in Tolkemita-Texte 62, Dieburg 2002

Rogge, Adolf: Der preussische Landberg, das älteste Romowe

Rogge, Adolf: Urpreussen

Russwurm, C.: Heilige Bäume, in Inland, Nr.17, Jg.1857

Salemke, Gerhard: Lagepläne der Wallburganlagen von der ehemaligen Provinz Ostpreußen, Gütersloh, 2005

Salys, Anatanas: Schalauen, Lietuviu Enciklopedija, 1962, Boston, Band 27, S. 536-541, aus dem Litauischen in Tolkemita-Texte 52, Dieburg 1997

Salys, Anton: Die zemaitischen Mundarten, Teil 1: Geschichte des zemaitischen Sprachgebiets Tauta ir Zodis, Bd-VI Kaunas 1930 (= Diss.Leipzig 1930

Schiller, Christiane: Das Preußisch-Litauische vor und nach dem Ersten Weltkrieg. Eine soziolinguistische Perspektive, in „Selbstbewußtsein und Modernisierung, Sozialkultureller Wandel in Preußisch-Litauen vor und nach dem Ersten Weltkrieg“, fibre Verlag Osnabrück 2000

Schleicher, August: Handbuch der Litauischen Sprache, Prag 1856

Schlüter, Otto: Entgegnung auf Hans Mortensen Kritik mit Gegenerwiderung von Hans Mortensen, Halle a.d.Saale

Schlüter, Otto: Wald, Sumpf und Siedlungsland in Altpreußen vor der Ordenszeit mit Karte, Halle 1921

Schmid, Wolfgang P.: Das Nehrungskurische, ein sprachhistorischer Überblick

Schmid, Wolfgang, Hrsg.: Hydronymia Europaea, Ortsnamen baltischer Herkunft im südlichen Teil Ostpreußens, Franz Steiner Verlag Stuttgart 1993

Schmid, Wolfgang P. (Hrg): Nehrungskurisch, Sprachhistorische und instrumentalphonetische Studien zu einem aussterbenden Dialekt, Stuttgart 1989

Schmidt, Ingrid: Götter, Mythen und Bräuche von der Insel Rügen, Hinstorff, Rostock 1997

Schneidereit, Otto A.: Die Prussen und der Deutsche Orden, dietz berlin 1994

Schroetter, Frey Herrn von: Karte von Ost-Preussen nebst Preussisch Litthauen und West-Preusssen nebst Netzedistrict 1796-1802, Historisch-Geographischer Atlas des Preußenlandes, Franz Steiner Verlag Wiesbaden

Schultz, Fr.: Chronik der Stadt Seebad Zoppot, Verein für Familienforschung in Ost-und Westpreußen, Hamburg 1976

Schultz, Horst: Der Natanger Kreis Preußisch-Eylau, Bd.1 Köln 1971

Schütz, Fritz: Französische Familiennamen in Ostpreußen aus der Zeit der Schweizerkolonie, Gumbinnen 1933

Schwarzien, Otto: Bilder aus der Vergangenheit des Kirchspiels Willkischken, Hamburg 1973

Sedow, W.W.: Die Schalauer, Archäologie der UdSSR, Moskau 1987, aus dem Russischen in Tolkemita-Texte 52, Dieburg 1997

Seeberg-Elverfeldt, Roland: Die Bürger der Stadt Angerburg 1653-1853, Verein für Familienforschung in Ost-und Westpreußen, Hamburg 1977

Sembritzki, Johannes: Geschichte der Königlich Preussischen See- und Handelsstadt Memel, Siebert Memel 1926

Sembritzki, Johannes: Geschichte des Kreises Memel, Memel 1918

Sembritzki, Johannes und **Bittens,** Artur: Geschichte des Kreises Heydekrug, Memel 1920

Slaski , Kazimirs: Volkstumswandel in Pommern vom 12. bis zum 20. Jahrhundert (1987), in: **Kreplin**, Klaus-Dieter (Hrg): Über Kaschuben

Soltyk, Roman: Polen, geographisch & historisch geschildert, Stuttgart 1834

Spehr, Erwin: Die Domänenämter Uschpiaunen und Grumbkowkaiten, Dörfer, Güter und ihre Bewohner 1723-1858, erster Halbband Bereich Uschpiaunen, Verein für Familienforschung in Ost- und Westpreußen Hamburg 1995

Spekke, A.: Die Baltischen Völker im ersten Jahrtausend der christlichen Ära, : Zur Vorgeschichte der Prußen, Tolkemita-Texte 54 Dieburg 1998

Stahl, Friedrich: Nassauische Bauern und andere deutsche Siedler in Ostpreußen, Verein für Familienforschung in Ost-und Westpreußen, Hamburg 1967

Stamm, Hans-Ulrich: Königsberg im Spiegel alter Graphik, Rautenberg Leer 1969

Staßewski, Kurt von, **Stein,** Robert Hrsg.: Was waren unsere Vorfahren?, Amts-, Berufs- und Standesbezeichnungen aus Altpreußen, Königsberg 1938, Verein für Familienforschung in Ost- und Westpreußen Hamburg 1991

Stein, Robert: Die Umwandlung der Agrarverfassung Ostpreußens; Die ländliche Verfassung Ostpreußens am Ende des achtzehnten Jahrhunderts, VFFOW Hamburg 1997

Strakauskaite, Nijole: Der Einfluss politischer Faktoren auf das kleinlitauische Schulwesen 1871-1933, in „Selbstbewußtsein und Modernisierung, Sozialkultureller Wandel in Preußisch-Litauen vor und nach dem Ersten Weltkrieg“, fibre Verlag Osnabrück 2000

Strakauskaite, Nijole: Kuršiu Nerija – Europos Pašto Kelias, 2001 (deutsche Übersetzung 2006)

Ströfer, Fritz: Die Kartei Ehmer Ansiedler im nördlichen Ostpreußen nach der großen Pest von 1709, Hamburg 1988

Ströfer, Fritz: Einwanderer aus Franken nach Ostpreußen. Frankenkartei Ehmer, Hamburg 1993

Sudermann, Hermann: Litauische Geschichten, Aufbau Verlag Berlin Weimar 1979

Syskowski, H.M.E.: Rominter Heide, Landsmannschaft Ostpreußen 1996

Szillis-Kappelhoff, Beate: Prußischer Wortschatz, ein Vokabelheft aus allgemein zugänglicher Literatur zusammengeschrieben, Privatbesitz

Tauber, Joachim: Überlegungen zur Bedeutung der kleinlitauischen Bewegungen in Ostpreußen in der ersten Hälfte des 20. Jahrhunderts, in „Selbstbewußtsein und Modernisierung, Sozialkultureller Wandel in Preußisch-Litauen vor und nach dem Ersten Weltkrieg“, fibre Verlag Osnabrück 2000

Tautorat, Hans-Georg: Am Memelstrom, Von Tilsit bis Waldheide, Landsmannschaft Ostpreußen, Leer 1987

Tautorat, Hans-Georg: Im Land der Elche, Die Memelniederung, Landsmannschaft Ostpreußen 1983

Tettau, v.: Volkssagen Ostpreußens, Litthauens und Westpreußens, Berlin 1837

Thomas, A.: Litauen nach den Wegeberichten im Ausgang des 14. Jahrhunderts, in Beiträge zur Geschichte der Prußen, Tolkemita-Texte 60, Dieburg 2001

Tiesler, Kurt: Verzeichnis von Lebensläufen aus der Zeit von 1579-1724 aus 507 Königsberger Leichenpredigten, Leipzig 1927, Nachdruck Hamburg 1992

Töppen, Max: Geschichte der Preussischen Historiographie von P.v.Dusburg bis auf K.Schütz, Berlin 1853

Töppen, Max: Historisch-comparative Geographie von Preussen, nach den Quellen, namentlich auch archivalischen dargestellt, Gotha 1858

Tolkemita Mitteilungen (waistsennei): Informationsschrift für Prußen und Prußenfreunde, fortlaufend

Tolksdorf, Ulrich: Fischerei und Fischerkultur in Ostpreußen, Landsmannschaft Ostpreußen, Heide 1991

Toporov, Vladimir: Philologica slavica, Moskau, 1993

Traba, Robert: Einführung in die Problematik: Vereinsleben und Modernisierung als identitätsstiftende Faktoren in den ethnisch gemischten Gebieten von Preußisch-Litauen, in „Selbstbewußtsein und Modernisierung, Sozialkultureller Wandel in Preußisch-Litauen vor und nach dem Ersten Weltkrieg", fibre Verlag Osnabrück 2000

Traba, Robert (Hrg.): Selbstbewusstsein und Modernisierung, Sozialkultureller Wandel in Preußisch-Litauen vor und nach dem Ersten Weltkrieg, fibre 2000

Trautmann, Reinhold: Die altpreußischen Personennanmen, Göttingen 1974

Trautmann, Reinhold: Über die sprachliche Stellung der Schalwen. Streitberg Festgabe Leipzig 1924, S.355 ff

Trinkunas, J.: Prusa – Der Brennpunkt baltischer Kultur, in Tolkemita-Texte 62, Dieburg 2002

Uszpurwies, Johann**:** Saugener Mundart, Foundation of Lithuania Minor, Chicago, Illinois 1990

Vanagas, Aleksandras.: Lietuviu Pavardžiu Žodynas, Vilnius 1985

Vareikis, Vygantas:. Migrationsprozesse und der Wandel der sozialen Struktur Kleinlitauens, in „Selbstbewußtsein und Modernisierung, Sozialkultureller Wandel in Preußisch-Litauen vor und nach dem Ersten Weltkrieg“, fibre Verlag Osnabrück 2000

Vater, Johann Severin: Die Sprache der alten Preußen Wörterbuch Prußisch-Deutsch, Katechismus, Braunschweig 1821/Wiesbaden 1966

Vater, Johann Severin: Mithridates oder allgemeine Sprachenkunde mit dem Vater Unser als Sprachprobe, Berlin 1809

Veckenstedt, E.: Die Mythe, Sagen und Legenden der Zamaiten, Bd 1,2, Heidelberg 1883

Venohr, Günther: Königsberger Mundart, Beiträge zur Geschichte der Prußen, Tolkemita-Texte 60, Dieburg 2001

Verein für Familienforschung in Ost-und Westpreußen Hrsg.: Der Regierungs-Bezirk Gumbinnen, Hamburg 1981

Vogel, Kurt: Amt Barten, Orte, Wohnplätze und ihre Einwohner 1774-1819, Hamburg 1980

Vogel, Kurt: Amt Bartenstein, Ort, Wohnplätze und ihre Einwohner 1774-1851, Hamburg 1983

Vogel, Kurt: Amt Preußisch Eylau, Orte, Wohnplätze und ihre Einwohner 1756-1876, Hamburg 1990

Vogel, Kurt: Amt Rastenburg, Orte, Wohnplätze und ihre Einwohner 1772-1876, erster und zweiter Halbband, Hamburg 1984 bzw. 1985

Vortrag „Die Wikinger in Ostpreußen“ gehalten am 10. November 1932 vor der Altertums-Gesellschaft Prussia, Tolkemita-Texte Dieburg

Wald, Samuel Gottlieb: Topographische Übersicht des Verwaltung-Bezirks der Königlichen Preussischen Regierung zu Königsberg Preussen, Königsberg 1820

Walsdorff, Helmut: Die untertänigen Leute in den Fresinschen Gütern 1797, Verein für Familienforschung in Ost-und Westpreußen , Hamburg 1980

Weber, Lotar: Preußen vor 500 Jahren, Danzig 1878

Wenskus, Reinhard: Ausgewählte Aufsätze zum frühen und preußischen Mittelalter, Jan Thorbecke Verlag Sigmaringen, 1986

Wenskus, Reinhard: Namengebung und Namenwechsel im nordöstlichen Ostpreußen in der frühen Neuzeit, Sonderdruck aus „Altpreußische Geschlechterkunde", Bd. 20, 38. Jahrgang

Wernicke, Erich: Die Geschichte der 72 Großbürgerhäuser in Marienwerder, Verein für Familienforschung in Ost-und Westpreußen, Hamburg 1976

Wernicke, Erich: Kreis Marienwerder, Aus der Geschichte des Landkreises bis zum 19. Jahrhundert, Verein für Familienforschung in Ost-und Westpreußen, Hamburg 1979

Wiesner, J.: Die Herkunft der ostpreußischen Bildsteine, in Alt-Preußen Jahrgang 7 Heft 3, Tolkemita-Texte Dieburg

Willoweit, Gerhard: Die Wirtschaftsgeschichte des Memelgebiets, 2 Bde., Marburg/ Lahn 1969

Woede, Hans: Fischer und Fischerei in Ostpreußen, Landsmannschaft Ostpreußen, Leer 1985

Wolter, E.: Perkunastempel und litauische Opfer- und Deivensteine, in Mitteilungen der Lit.-liter.Gesellschaft,4, 1899

Wunder, H.:(Hrsg): Das Pfennigschuldbuch der Komturei Christburg, Köln, Berlin 1969

Wüstendorfer, Chr.: Patulne und Tyrune, Königsberg 1930, Leer 1981

Žadeikiene, Daiva, **Krajinskas**, Albertas: Kurenkahnwimpel, ISBN 9986-830-63-X

Ziesemer, Walther: Die ostpreußischen Mundarten, Ferdinand Hirt Breslau, 1924

Ziesemer, Walther: Tiere im ostpreußischen Volksglauben, Helsinki 1934, in Annales Academiae scientiarum Fennicae, Bd.30

Ziesemer, Walther: Wirtschaftsordnung des Elbinger Ordenshauses, in Sitzungsberichte Altertumsgesellschaft Prussia für die Vereinsjahre 1909-1922

Žileviczius, Juozas: Grundzüge der kleinlitauischen Volksmusik, in Tolkemita-Texte „25 Lieder der Sudauer“ Nr. 56, Dieburg 1999

Žulkus, Vladas: Viduramžiu Klaipeda, Miestas ir pilis Archeologija ir istorija, Vilnius 2002

Belletristik

Bobrowski, Johannes: Litauische Claviere, Reclam Leipzig 1987 (Kleinlitauische Bewegung)

Brock, Paul: Der Strom fließt, 1942, Nachdruck Gollenberg Seesen, 1979 (Schifffahrt)

Karschies, Erich: Der Fischmeister, Zeitgeschichte-Verlag, Berlin (um 1940) (Fischereirecht)

Keyser, Charlotte: Von Häusern und Höfen daheim klingt es nach, F.W.Siebert, Oldenburg (Oldb), 1962 (Geschichte der Gutsbesitzerfamilie Kuwert)

Lenz, Siegfried: Heimatmuseum, Hoffmann und Campe 1978 (Sudauer)

Naujok, Rudolf, Daheim am Strom, Nölke Verlag Hamburg, 1949 (Memelgebiet)

Naujok, Rudolf: Der Herr der Düne, K.Thienemanns Verlag, Stuttgart, 1955 (Dünenbepflanzung)

Sudermann, Hermann: Litauische Geschichten, Aufbau Verlag Berlin Weimar 1979, S.62ff (schalauisches Dorfleben)

Swars, Ewald: Die Geige, in „Ostpreußische Liebesgeschichten“, Gräfe und Unzer, 1967 (Memelgebiet)

Wichert, Ernst: Eine litauische Geschichte, Deutsche Bibliothek des Ostens bei Nicolai, Berlin 1888, (schalauisches Dorfleben)

Wichert, Ernst: Der Schaktarp – Eine litauische Geschichte, Nicolai Berlin 1988 (ördliches Ostpreußen)

Wiechert, Ernst: Die Jeromin-Kinder, Roman, 1945 (masurisch)

Weblinks

http://www.vaidilute.com/books/gimbutas/figure-1.jpg (Baltische Stämme nach Marija Gimbutas)

http://postilla.mch.mii.lt/Kalba/baltai.en.htm (Baltische Stämme 13. Jh. nach Kazimieras Bûga)

http://www.ostpreussen.de/lo/startseite.html (Landsmannschaft Ostpreußen)

http://www.westpreussen-online.de/ (Landsmannschaft Westpreußen)

http://www.Memelland-adm.de/ (Arbeitsgemeinschaft der Memellandkreise)

http://www.ostdeutsches-forum.net/ (umfangreiche Darstellung, Diskussionsforen)

http://www.ostpreussen.net/ (umfangreiche Darstellung)

http://www.schafzuchtverband.de/ (Skuddenschafe)

http://www.trakehner-verband.de/ (Trakehner)

http://www.balticmall.com/ (Baltischer Schmuck)

http://www.bildarchiv-ostpreussen.de/index.html (Bildarchiv Ostpreußen)

http://www.flickr.com/photos/27639553@N05/ (Bilder bei flickr)

http://www.youtube.com/watch?v=lpyTHolbyuI&feature=related (Kantele-Lied "Prûšu vedîbu dziesma")

http://www.youtube.com/watch?v=XvALtGanrRI (Tarpan-Lied „Es Izjâju Prûšu Zemi")

http://www.webarchiv-server.de/pin/archiv08/0520080202paz30.htm (Jostenband-Weben)

http://www.westpreussen.de/

http://www.wiskiauten.eu/ (Wikinger im Samland)

http://www.annaberger-annalen.de/ (Aufarbeitung kleinlitauischer Geschichte)

http://wiki-de.genealogy.net/Zemaiten

http://samogitia.mch.mii.lt/ISTORIJA/istorija.en.htm (Žemaitien/ Samogitia)

http://wiki-de.genealogy.net/Die_Kuren

http://wiki-de.genealogy.net/Karschauen

http://www.mitteleuropa.de/kurhaf01.htm (Bildkarte rund um das Kurische Haff, R. Pietsch)

http://www.memelland-adm.de/kurenwimpel.html (Arbeitsgemeinschaft der Memellandkreise)

Zum Mitmachen:

http://wiki-de.genealogy.net/Portal:Memelland (Portal Memelland)

http://wiki-de.genealogy.net/Portal:Ostpreu%C3%9Fen (Portal Ostpreußen)

http://wiki-de.genealogy.net/Portal:Westpreu%C3%9Fen (Portal Westpreußen)

http://wiki-de.genealogy.net/Kategorie:Familienname_in_Ostpreu%C3%9Fen (Familiennamen in Ostpreußen)

Bei facebook:

https://www.facebook.com/#!/groups/202109866554327/ (Die Prussen)

https://www.facebook.com/#!/groups/114807951874651/ (Ostpreußen)

https://www.facebook.com/#!/kulturreferentinfurwestpreussen (Westpreußen)

https://www.facebook.com/#!/groups/2360257681/ (Children of Ostpreussen) https://www.facebook.com/#!/groups/BundJungesOstpreussen/ (Bund Junges Ostpreußen)

https://www.facebook.com/#!/groups/167203013333737/ (Memelland)

https://www.facebook.com/#!/groups/151389671577781/ (Verein für Familienforschung in Ostpreußen und Westpreußen)

Bei Xing:

https://www.xing.com/net/pri712bd5x/europaundseinegeschichte (Gebiete jenseits der Oder-Neiße-Linie)

Autorin

Beate Szillis-Kappelhoff wurde im Mai 1945 direkt nach der Flucht aus Memel über Königsberg und Dresden im Kreis Uelzen geboren. Ihre ersten Lebensjahre verbrachte sie in der Lüneburger Heide und zog dann mit ihrer Familie nach Emden, wo sie 1965 das Abitur machte. Ihren Eltern und Großeltern verdankt sie tiefe Einblicke in die prußische und ostpreußische Kultur, insbesondere wurde ihr von ihrem Vater die Gedanken- und Gefühlswelt der immer noch lebendigen heidnischen Religion vermittelt. Bis zu ihrer Pensionierung war sie Lehrerin an einer Hauptschule mit den Fächern Physik, Chemie, Mathematik und Musik. Ihre Interessen sind breit gefächert: Archäologie, Geschichte, Geografie, heidnische Religion, baltische Musik, Kulturgeschichte und Kulturtechniken in Handwerk, Hauswirtschaft, Landwirtschaft und Fischerei, baltische Sprachen, baltische Völker und Stämme, Kriegsführungen, Namenkunde und vieles mehr. Der Name Szillis stammt übrigens von litauischen Einwanderern ab und leitet sich von „žylis“ (graue Haare) ab. Das Engagement der Autorin gilt der Darstellung der vergangenen Heimat mit all ihren Facetten, damit sie zukünftigen Generationen prußischer Abkömmlinge ebenso von Nutzen sein möge wie all jenen russischen, polnischen und litauischen Menschen, die in der ihnen fremden Heimat verwurzeln möchten.